# THÉATRE COMPLET

DE

# ALEX. DUMAS

V

DON JUAN DE MARANA — KEAN — PIQUILLO

NOUVELLE ÉDITION

PARIS
MICHEL LÉVY FRÈRES, ÉDITEURS
RUE AUBER, 3, PLACE DE L'OPÉRA
LIBRAIRIE NOUVELLE
BOULEVARD DES ITALIENS, 15, AU COIN DE LA RUE DE GRAMMONT

1876

Droits de reproduction et de traduction réservés

COLLECTION MICHEL LÉVY

ŒUVRES COMPLÈTES

# D'ALEXANDRE DUMAS

THÉATRE

V

# OEUVRES COMPLÈTES D'ALEXANDRE DUMAS
## PUBLIÉES DANS LA COLLECTION MICHEL LÉVY

| | |
|---|---|
| Acté | 1 |
| Amaury | 1 |
| Ange Pitou | 2 |
| Ascanio | 2 |
| Une Aventure d'amour | 1 |
| Aventures de John Davys | 2 |
| Les Baleiniers | 2 |
| Le Bâtard de Mauléon | 3 |
| Black | 1 |
| Les Blancs et les Bleus | 3 |
| La Bouillie de la comtesse Berthe | 1 |
| La Boule de neige | 1 |
| Bric-à-Brac | 2 |
| Un Cadet de famille | 3 |
| Le Capitaine Pamphile | 1 |
| Le Capitaine Paul | 1 |
| Le Capitaine Rhino | 1 |
| Le Capitaine Richard | 1 |
| Catherine Blum | 1 |
| Causeries | 2 |
| Cécile | 1 |
| Charles le Téméraire | 2 |
| Le Chasseur de Sauvagine | 1 |
| Le Château d'Eppstein | 2 |
| Le Chevalier d'Harmental | 2 |
| Le Chevalier de Maison-Rouge | 2 |
| Le Collier de la reine | 3 |
| La Colombe. — Maître Adam le Calabrais | 1 |
| Le Comte de Monte-Cristo | 6 |
| La Comtesse de Charny | 6 |
| La Comtesse de Salisbury | 2 |
| Les Compagnons de Jéhu | 3 |
| Les Confessions de la marquise | 2 |
| Conscience l'Innocent | 1 |
| Création et Rédemption. — Le Docteur mystérieux | 2 |
| — La Fille du Marquis | 2 |
| La Dame de Monsoreau | 3 |
| La Dame de Volupté | 2 |
| Les Deux Diane | 3 |
| Les Deux Reines | 2 |
| Dieu dispose | 2 |
| Le Drame de 93 | 3 |
| Les Drames de la mer | 1 |
| Les Drames galants. — La Marquise d'Escoman | 2 |
| La Femme au collier de velours | 1 |
| Fernande | 1 |
| Une Fille du régent | 1 |
| Filles, Lorettes et Courtisanes | 1 |
| Le Fils du forçat | 1 |
| Les Frères corses | 1 |
| Gabriel Lambert | 1 |
| Les Garibaldiens | 1 |
| Gaule et France | 1 |
| Georges | 1 |
| Un Gil Blas en Californie | 1 |
| Les Grands Hommes en robe de chambre : César | 2 |
| — Henri IV, Louis XIII, Richelieu | 2 |
| La Guerre des femmes | 2 |
| Histoire d'un casse-noisette | 1 |
| Les Hommes de fer | 1 |
| L'Horoscope | 1 |
| L'Ile de Feu | 2 |
| Impressions de voyage : En Suisse | 3 |
| — Une Année à Florence | 1 |
| — L'Arabie Heureuse | 3 |
| — Les Bords du Rhin | 2 |
| — Le Capitaine Arena | 1 |
| — Le Caucase | 3 |
| — Le Corricolo | 2 |
| — Le Midi de la France | 2 |
| — De Paris à Cadix | 2 |
| — Quinze jours au Sinaï | 1 |
| — En Russie | 4 |
| — Le Speronare | 2 |
| — Le Véloce | 2 |
| — La Villa Palmieri | 1 |
| Ingénue | 2 |
| Isabel de Bavière | 2 |
| Italiens et Flamands | 2 |
| Ivanhoe de Walter Scott (traduction) | 2 |
| Jacques Ortis | 1 |
| Jacquot sans Oreilles | 1 |
| Jane | 1 |
| Jehanne la Pucelle | 1 |
| Louis XIV et son Siècle | 4 |
| Louis XV et sa Cour | 2 |
| Louis XVI et la Révolution | 2 |
| Les Louves de Machecoul | 3 |
| Madame de Chamblay | 2 |
| La Maison de glace | 2 |
| Le Maître d'armes | 1 |
| Les Mariages du père Olifus | 1 |
| Les Médicis | 1 |
| Mes Mémoires | 10 |
| Mémoires de Garibaldi | 2 |
| Mémoires d'une aveugle | 2 |
| Mémoires d'un médecin : Balsamo | 5 |
| Le Meneur de loups | 1 |
| Les Mille et un Fantômes | 1 |
| Les Mohicans de Paris | 4 |
| Les Morts vont vite | 2 |
| Napoléon | 1 |
| Une Nuit à Florence | 1 |
| Olympe de Clèves | 3 |
| Le Page du duc de Savoie | 2 |
| Parisiens et Provinciaux | 1 |
| Le Pasteur d'Ashbourn | 2 |
| Pauline et Pascal Bruno | 1 |
| Un Pays inconnu | 2 |
| Le Père Gigogne | 1 |
| Le Père la Ruine | 2 |
| Le Prince des Voleurs | 2 |
| La Princesse de Monaco | 2 |
| La Princesse Flora | 1 |
| Les Quarante-Cinq | 3 |
| La Régence | 1 |
| La Reine Margot | 2 |
| Robin Hood le Proscrit | 2 |
| La Route de Varennes | 1 |
| Le Saltéador | 1 |
| Salvator (suite des Mohicans de Paris) | 5 |
| Souvenirs d'Antony | 1 |
| Les Stuarts | 1 |
| Sultanetta | 1 |
| Sylvandire | 1 |
| La Terreur prussienne | 2 |
| Le Testament de M. Chauvelin | 1 |
| Théâtre complet | 25 |
| Trois Maîtres | 1 |
| Les Trois Mousquetaires | 4 |
| Le Trou de l'enfer | 2 |
| La Tulipe noire | 1 |
| Le Vicomte de Bragelonne | 6 |
| La Vie au Désert | 2 |
| Une Vie d'artiste | 1 |
| Vingt Ans après | 3 |

# DON JUAN DE MARANA

ou

## LA CHUTE D'UN ANGE

MYSTÈRE EN CINQ ACTES, EN NEUF TABLEAUX

Porte-Saint-Martin. — 30 avril 1836.

### DISTRIBUTION

| | | |
|---|---|---|
| LE BON ANGE............................ | } Mlle | IDA. |
| SŒUR MARTHE......................... | | |
| DON JUAN............................... | MM. | BOCAGE. |
| DON LUIS DE SANDOVAL................ | | CHILLY. |
| DON JOSÉ............................... | | DELAFOSSE. |
| DON CRISTOVAL......................... | | ÉMILE. |
| DON MANUEL............................ | | CHARLES G. |
| DON PEDRO.............................. | | TOURNAN. |
| DON HENRIQUEZ........................ | | ALFRED. |
| DON FABRIQUE.......................... | | ALBERT. |
| DOM MORTÈS............................ | | HÉRÉT. |
| DOM SANCHEZ........................... | | AUGUSTE. |
| LE MAUVAIS ANGE...................... | | MÉLINGUE. |
| LE COMTE DE MARANA.................. | | DUROCHER. |
| LE SÉNÉCHAL........................... | | VISSOT. |
| GOMEZ................................... | | MARCHAND. |
| HUSSEIN................................. | | EUGÈNE. |
| UN VALET............................... | | ERNEST. |
| UN PAGE................................. | | JULES. |
| TERESINA............................... | Mmes | ADOLPHE. |
| INÈS..................................... | | MORALÈS. |
| VITTORIA................................ | Mlle | GEORGES CADETTE. |
| PAQUITA................................. | Mmes | ASTRUC. |
| CAROLINA............................... | | ISABELLE. |
| JUANA................................... | | CORDIER. |
| SŒUR URSULE.......................... | | AIMÉ. |
| L'ANGE DU JUGEMENT.................. | MM. | DUPUIS. |
| UN ANGE................................ | | LEQUIEN. |
| LA VIERGE. | | |

## ACTE PREMIER

### PREMIER TABLEAU

Au lever du rideau, le théâtre est dans l'obscurité : aucun acteur n'est en scène, excepté le bon Ange et le mauvais Ange de la famille de Marana, placés sur un piédestal, à la droite des spectateurs. Le mauvais Ange est renversé sur le dos, dans l'attitude d'un vaincu ; le bon Ange est debout près de lui, le glaive à la main et un pied sur sa poitrine. Ils doivent avoir l'apparence d'un groupe de bois sculpté et peint.

---

### SCÈNE PREMIÈRE

#### LE MAUVAIS ANGE, LE BON ANGE.

LE MAUVAIS ANGE.

O toi que le Seigneur a commis à ma garde,
Baisse un instant les yeux, archange, et me regarde !...
Depuis que mon orgueil, contre Dieu, vainement
Entreprit de lutter, et que, pour châtiment,
Me suivant au plus bas de ma chute profonde,
Tu posas sur mon sein ton pied lourd comme un monde,
Tant de jours ont pour moi renouvelé leur cours,
Tant de nuits ont passé, plus longues que les jours,
Et les heures des nuits et des jours avec elles
Ont mené lentement tant de douleurs mortelles,
Que je crois que du Dieu que j'avais offensé
Le courroux, à la fin, se doit être lassé,
Puisqu'il souffre aujourd'hui que ma bouche de pierre
Se ranime à la plainte et s'ouvre à la prière !...
Donc, je te prie, au nom miséricordieux
Du Seigneur, je te prie, archange radieux,
Je te prie, au doux nom de la vierge Marie,
Au saint nom de Jésus, archange, je te prie,
De soulever ton pied de mon sein condamné ;
Car c'est trop de douleurs, même pour un damné !...

LE BON ANGE.

C'est une volonté plus forte que la nôtre
Qui, dans les jours passés, nous lia l'un à l'autre,
Et nous en subirons les ordres absolus,
Jusqu'à ce que pour nous les jours soient révolus.
Or, je ne sais quel temps doit durer ton martyre,
Mais voici ce que Dieu me permet de te dire :

Sur ce marbre, celui dont la main t'enchaîna
Est le comte don Juan, seigneur de Marana,
Tige des Marana, dont l'illustre famille
Fut, depuis trois cents ans, l'honneur de la Castille.
Or, lorsque son esprit eut quitté ce bas lieu,
Saint Pierre le reçut et le mena vers Dieu,
Qui, lui tendant les bras, lui dit : « Comme un archange,
Vous avez, ô don Juan, vaincu le mauvais ange ;
Vous pouvez disposer de son sort aujourd'hui ;
Dites ce qu'il vous plaît qu'il advienne de lui. »
A cette grande voix, le pieux solitaire
Tomba les deux genoux et le visage en terre,
Puis, ayant adoré l'Éternel, répondit :
« Seigneur, Seigneur, Seigneur, faites que le maudit
Ne puisse plus tenter, de sa parole immonde,
Ni mon fils, ni les fils qu'il doit laisser au monde.
Car je sais trop, Seigneur, lorsqu'il vous vient tenter,
Combien le cœur de l'homme est faible à résister ;
Et je voudrais sauver à ma race future
Les éternels combats de l'humaine nature,
Jusqu'à ce que, parmi ces fils d'avance élus,
Il en naisse un, enfin, d'esprits si dissolus,
Que, sans être poussé par Satan vers l'abîme,
De son propre penchant il commette un grand crime.
Or, ajouta don Juan, Seigneur, pour que cela
S'accomplisse, ordonnez que l'ange que voilà
(Et c'est moi qu'il montrait) descende sur la terre,
Avec la mission d'accomplir ce mystère. »
Dieu dit : « Il sera fait comme vous le voulez. »
Et, se tournant vers moi, Dieu dit encore : « Allez ! »
Alors, je descendis de la voûte éternelle,
Et, depuis ce moment, céleste sentinelle,
J'ai sur toi, nuit et jour, veillé silencieux,
Immobile, debout, et sans fermer les yeux.
Ainsi, pour que ma main abandonne son glaive,
Pour que mon pied vengeur de ton sein se soulève,
Il faut qu'obéissant au décret éternel,
Un des fils de don Juan devienne criminel.
Maudit ! sois donc encor patient au supplice,
Jusqu'à ce que l'arrêt prononcé s'accomplisse.

LE MAUVAIS ANGE, riant.

Ah ! merci : maintenant, lâche esclave de Dieu,
Fais jaillir les éclairs de ton glaive de feu,
Charge d'un nouveau poids ma poitrine épuisée,
Jusqu'à ce que ton pied sente qu'elle est brisée.

Poursuis ta mission, bourreau de Jéhova!
Et, tant que le Seigneur te dira d'aller, va!
La vengeance pour lui n'aura plus de longs charmes,
Et mon œil a saigné ses plus sanglantes larmes.
Ah! ce fut un don Juan, seigneur de Marana,
Dont la main, sur ce marbre, as-tu dit, m'enchaîna :
Eh bien, il a céans un fils qui, je l'espère,
Est né pour délier ce que lia son père;
Ou je me trompe fort, ou bien, par lui, la loi
S'accomplira.

(Éclats de rire dans le fond.)

LE BON ANGE.

Silence!

LE MAUVAIS ANGE.

A moi, don Juan!... à moi!...

(Éclats de rire dans le fond.)

## SCÈNE II

Les Mêmes, DON JUAN, DON CRISTOVAL, DON MANUEL, CAROLINA, JUANA, VITTORIA, Pages, Valets.

La porte du fond s'ouvre; on aperçoit une salle à manger toute resplendissante de lumières; de jeunes cavaliers et de jeunes femmes se lèvent de table; deux Nègres, vêtus en pages, entrent en portant des flambeaux; la scène s'éclaire.

DON JUAN, à Cristoval, qui reste en arrière, un verre à la main.

Allons, Cristoval, assez de xérès et de porto comme cela! c'est boire en muletier et non en gentilhomme. Au salon, pour les glaces et les sorbets! (Tendant les bras.) A moi, Carolina!

CAROLINA, passant son bras autour du cou de don Juan.

Me voilà, monseigneur!...

DON CRISTOVAL, vidant son verre.

Alors décidément, don Juan, tu me l'enlèves?

CAROLINA.

Il ne m'enlève pas, je te quitte.

DON CRISTOVAL.

Et pourquoi me quittes-tu, infidèle?

CAROLINA.

Parce que, depuis trois jours que nous nous connaissons, il y en a deux que je ne t'aime plus, et un que je te déteste.

DON MANUEL.

Plains-toi encore de la fausseté des femmes, Cristoval!

DON CRISTOVAL.

Cela tombe admirablement bien ; car, pendant le dîner, je me suis fiancé à la Juana.

DON MANUEL.

M'aurais-tu fait cette infidélité, païenne?...

JUANA.

Au contraire, j'agis par pure charité chrétienne : ce pauvre Cristoval est si triste d'avoir perdu Carolina, qu'il mourrait de chagrin s'il ne trouvait à la minute quelqu'un qui le consolât.

DON MANUEL.

Très-bien ! alors, à moi la Vittoria !

VITTORIA, adossée au piédestal, et repoussant don Manuel.

Non pas, monseigneur ! j'aime don Juan et pas un autre.

DON JUAN, se levant et allant à Vittoria.

Oh ! sur mon honneur, voilà un trait merveilleux et qui demande récompense.

(Il porte la main à sa chaîne d'or.)

VITTORIA, l'arrêtant.

Si tu as quelque chose à me donner, monseigneur, donne-moi ton poignard.

DON JUAN.

Qu'en veux-tu faire?

VITTORIA.

Que t'importe?

DON JUAN.

Prends, ma jalouse.

(Vittoria prend le poignard à la ceinture de don Juan et le passe à la sienne.)

CAROLINA.

Si tu fais de tels cadeaux à la femme que tu n'aimes plus, que donneras-tu à celle que tu commences à aimer?

DON JUAN, se couchant sur un divan.

Je lui donnerai une fois ce qu'elle me montrera du doigt, deux fois ce qu'elle me demandera des yeux, et trois fois ce qu'elle exigera des lèvres.

CAROLINA.

Tu es magnifique, seigneur don Juan; mais je serai encore

plus généreuse que toi... (L'embrassant au front.) Je ne veux pas que tu me donnes, je veux que tu me rendes.
### DON JUAN.
Si j'étais roi, voilà un baiser qui me coûterait une province.
### CAROLINA.
Mais, comme tu n'es que comte, je me contenterai d'un de tes châteaux. Combien en as-tu?
### DON MANUEL.
Il n'en sait pas le nombre.
### DON JUAN.
Non; seulement, ils sont à moi comme les Espagnes sont à l'infant.
### CAROLINA.
C'est égal, je te prête dessus. (Lui effeuillant son bouquet de roses sur la tête.) L'infant deviendra roi.
### DON JUAN, l'embrassant.
C'est chose dite, j'emprunte.
### DON CRISTOVAL.
Tu oublies que la moitié des biens que tu engages appartient à don José.
### DON JUAN, négligemment.
Qu'est-ce que don José?
### DON MANUEL.
Mais ton frère aîné, ce me semble.
### DON JUAN.
Ah! oui. Eh bien, si j'ai un conseil d'ami à lui donner, à ce frère, c'est de trouver un juif qui lui achète son droit d'aînesse pour un plat de lentilles; le juif sera volé.
### JUANA.
Mais il est donc décidé à vivre toujours, le vieux comte?
### DON JUAN.
Tiens, ne m'en parle pas, Juana; tu as peut-être entendu dire qu'il y a un Père éternel au ciel, n'est-ce pas? Eh bien, je crois, Dieu me pardonne! qu'il est descendu sur la terre.
### UN DOMESTIQUE, levant la portière de la chambre à gauche du spectateur.
Monseigneur don Juan, votre père se meurt.

(Silence d'un instant.)

### DON JUAN, se soulevant.
Et il m'envoie chercher?

LE DOMESTIQUE, traversant la scène.

Non ; il a entendu vos éclats de rire, et il ne veut pas vous attrister ; il envoie chercher son confesseur dom Mortès.

(Le Domestique sort.)

DON CRISTOVAL, se levant.

Adieu, don Juan ; nous ignorions la maladie du vieux comte, et nous demandons pardon à Dieu d'avoir blasphémé dans une maison qui appartenait à la mort.

JUANA.

Adieu, don Juan ; tu es un impie, et tu perdrais l'âme d'une sainte en soufflant dessus.

CAROLINA.

Adieu, don Juan ; j'espère que Dieu me pardonnera dans l'autre monde de t'avoir aimé un instant dans celui-ci.

DON JUAN.

Surtout si nous faisons pénitence ensemble. Prenons jour.

CAROLINA.

Jamais !

DON JUAN.

Alors, je t'attendrai de huit à neuf heures du matin, à la petite maison du parc.

CAROLINA, souriant.

J'y serai.

DON JUAN.

Et toi, Vittoria, tu ne me dis rien ?

VITTORIA.

Si fait ; je te dis que, tel que tu es, don Juan, maudit et damné d'avance, je t'aime ; et je te dis encore que, si Carolina vient au rendez-vous que tu lui donnes, foi d'Espagnole, je la tuerai.

DON JUAN.

Adieu, ma charmante. (A ses Pages.) Éclairez.

## SCÈNE III

LE BON ANGE, LE MAUVAIS ANGE, DON JUAN.

DON JUAN.

Adieu, jeunes fous et belles courtisanes, qui jouez comme des enfants avec des baisers et des poignards, sans savoir ce qu'on en peut faire ; partez avec vos flambeaux, vos rires et votre bruit, et laissez-moi seul et dans l'obscurité : mes pensés ont besoin de silence et de ténèbres. Puissent, cette nuit, mes richesses, mes châteaux et mes titres, ne pas s'évanouir comme vous!... Mon père ne me demande pas, je m'en doutais; il demande dom Mortès, je m'en doutais encore. Il faut que ce prêtre passe par ici pour entrer dans la chambre de mon père, je lui parlerai le premier. Allons, don Juan, il ne s'agit plus de séduire une jolie femme ou de combattre un brave cavalier; plus de paroles dorées, plus de bottes secrètes: tu as affaire à un prêtre, parle-lui la sainte langue de l'Église.

## SCÈNE IV

#### Les Mêmes, DOM MORTÈS.

DON JUAN.

Vous êtes un digne serviteur de Dieu, mon père, toujours prompt à la prière et à la consolation.

DOM MORTÈS.

C'est mon devoir, monseigneur.

DON JUAN.

Aussi, n'avons-nous pas douté quand nous vous avons fait mander...

DOM MORTÈS.

Pardon, mais je croyais que le comte seul avait besoin...

DON JUAN.

Tous deux, mon père, tous deux : la parole divine est peut-être plus nécessaire encore à ceux qui doivent vivre qu'à ceux qui vont mourir. N'avez-vous pas quelques minutes à me consacrer, mon père?

DOM MORTÈS.

Parlez, monseigneur.

DON JUAN.

Vous avez connu mon noble père dans sa jeunesse?

DOM MORTÈS.

J'ai eu l'honneur d'étudier avec lui à l'université de Salamanque.

DON JUAN.

Vous savez qu'il était d'un caractère...

DOM MORTÈS.

Plein de grandeur et de seigneurie.

DON JUAN.
Mais en même temps fougueux et passionné.
DOM MORTÈS.
Cela lui a fait faire de grandes armes en Italie, monseigneur.
DON JUAN.
Et de grands péchés en Espagne, mon père.
DOM MORTÈS.
Il a toujours obéi aux ordres de son roi, comme doit le faire un bon Castillan.
DON JUAN.
Certes; mais il n'a pas toujours suivi les commandements de Dieu, comme aurait dû le faire un bon catholique.
DOM MORTÈS.
Je ferai tout pour l'amener là.
DON JUAN.
Il y a un péché qui doit lourdement charger sa conscience.
DOM MORTÈS.
Lequel?
DON JUAN.
Vous savez qu'avant d'épouser ma mère, il avait eu de... je ne sais quelle esclave mauresque, gitane ou bohémienne, qu'il avait ramenée d'Afrique, un fils qu'il a traité comme mon frère, et à qui il a permis de s'appeler don José, comme je m'appelle don Juan?
DOM MORTÈS.
Je le sais.
DON JUAN.
Eh bien, mon père, voilà ce dont il est urgent qu'il se repente pour le salut de son âme; et il se repentira certainement, si un saint homme comme vous lui reproche sa faiblesse pour cet enfant, s'il lui défend de le revoir avant sa mort, et s'il lui présente ce sacrifice comme une expiation de sa faute.
DOM MORTÈS.
Et pourquoi?
DON JUAN.
Parce que, comme un païen et un hérétique qu'il est, il dissiperait les richesses des Marana en des jeux de cartes et de dés, au lieu d'en doter de saints couvents, comme je le ferais, moi;... en orgies avec de jeunes étudiants, au lieu de donner une châsse d'argent à Saint-Jacques de Compostelle, et une

1.

chape d'or à Notre-Dame del Pilar, comme je le ferais, moi ;... enfin, en débauches avec de belles courtisanes du démon, au lieu de récompenser largement les saints hommes qui se dévouent au salut et à la consolation des mourants, comme je ferais encore, moi... Comprenez-vous, mon père?...

DOM MORTÈS.

Oui, oui, monseigneur... Cependant, je crois que, si don José était à votre place...

DON JUAN.

Mais il n'y est pas... et savez-vous où il est? A Séville en Andalousie, dans la ville des amours, des sérénades et des fleurs, tandis que son père bien-aimé vous envoie chercher pour se préparer à la mort... Et que fait-il à Séville?... Il chante des chants mauresques sur une guitare grenadine, aux pieds de je ne sais quelle Teresina, qu'il séduit en lui faisant croire qu'elle sera sa femme, et cela au lieu d'accourir ici pour prier et pleurer avec moi au chevet du lit mortuaire... Et voilà ce qu'il faut que mon père sache de votre bouche; car, si au moment de mourir... la faiblesse humaine est si grande à l'heure suprême!... il allait, ce qui est possible, légitimer ce bâtard... Il ne faut pour cela qu'un parchemin, deux lignes, une signature, et le sceau des Marana près de cette signature... et alors ce ne serait plus moi, ce serait l'autre qui deviendrait comte de Marana, grand d'Espagne de première classe, et maître de vassaux assez nombreux pour faire à son propre compte la guerre au roi de France!...

DOM MORTÈS.

Rassurez-vous, monseigneur, car je sais, dans ce cas, quelles seraient les intentions de votre frère.

DON JUAN.

Il vous les a dites?... Oui, il a fait le grand, le généreux, le magnanime... Il est vrai que cela ne lui a coûté que des paroles. Il vous a dit, n'est-ce pas, qu'il me laisserait la seigneurie d'Olmedo ou d'Aranda, qui rapportent ensemble cinq cents réaux et vingt-cinq maravédis de rente? puis encore, peut-être, qu'il consentirait à ce que l'on continuât de m'appeler don; c'est-à-dire qu'il me fait l'aumône d'un morceau de pain et d'une épée... Oh! le digne, le noble, l'excellent fils, qui dispose de la succession paternelle du vivant même de son père!... oh! le digne, le noble, l'excellent frère, qui se fait une part de lion, qui étend l'ongle sur l'héritage des Marana, et qui dit : « Ceci est à moi, don José ! Cela est à toi, don Juan !... »

DOM MORTÈS.

J'espère que don José arrivera à temps pour que votre noble père règle, de son vivant, ses intérêts et les vôtres.

DON JUAN.

Oh ! pour cela, vous vous trompez... Non !... il laisserait mourir son père dans la solitude et l'abandon, si je n'étais pas là, moi... Je lui ai écrit dix lettres.

DOM MORTÈS.

Eh bien, moi, monseigneur, je ne lui en ai écrit qu'une, mais je suis sûr du messager qui la porte.

DON JUAN, furieux.

Tu as écrit à don José, prêtre !... et qui t'a permis de le faire ?

DOM MORTÈS.

Celui qui en avait le droit : votre père.

DON JUAN.

Eh ! que ne me disais-tu cela plus tôt, tu m'aurais épargné depuis une demi-heure cette comédie que je joue !... Ah ! nous voilà enfin tous deux face à face, nos masques à la main, et pouvant tout nous dire !... Eh bien, donc, écoute, et retiens bien ce que tu vas entendre... Je ne veux pas, entends-tu bien, prêtre ? je ne veux pas que le vieillard reconnaisse don José pour mon frère... et cela, non pas parce qu'il est le fils d'une bohémienne, non pas parce qu'il est un païen, non pas parce qu'il déshonorerait mon nom dans l'autre monde, dont je m'inquiète fort peu ; mais parce que, dans celui-ci, il me prendrait mon titre de comte, dont j'ai besoin pour faire grande et noble figure par les Espagnes ;... mes richesses, qu'il me faut pour acheter l'amour qu'on ne voudra pas me donner, et mes dix mille vassaux, qui me sont nécessaires pour m'assurer l'impunité que la justice se lassera peut-être de me vendre... Souviens-toi que je m'appelle don Juan, et qu'un de mon nom, si ce n'est de ma race, est descendu vivant en enfer, y a soupé avec un commandeur qu'il avait tué après avoir déshonoré sa fille ; que j'ai toujours été jaloux de la réputation de cet homme, comme le roi Charles-Quint de celle du roi François Ier... et que je veux la surpasser, entends-tu ? afin que le diable ne sache lui-même qui préférer de don Juan Tenorio ou de don Juan de Marana... Maintenant, entre chez mon père ou sors de cette maison, sois pour don Juan ou pour don José, pour Dieu ou pour Satan, à ton choix; mais n'oublie pas que je suis là, et que je ne perds pas une parole, pas un geste, pas un signe... et que, selon ce que tu feras, je ferai.

DOM MORTÈS, entrant dans la chambre.

Dieu prenne pitié de vous, monseigneur!

DON JUAN.

Priez pour vous-même, mon père.

## SCÈNE V

### LE BON ANGE, LE MAUVAIS ANGE, DON JUAN.

DON JUAN.

Allons, la lutte est engagée... il faut la soutenir : le prix est magnifique, don Juan! Tu as enfin rencontré un adversaire digne de toi; il est fâcheux que ce soit sous la robe d'un moine; car je m'entends mieux à me servir de l'épée que du poignard. (Soulevant la tapisserie.) Ah! le voilà qui s'approche du lit de mon père. Prêtre, fais ton office de prêtre et pas autre chose, je te le conseille... Pourquoi t'éloignes-tu? que veux-tu faire de cette encre et de cette plume?... Ah! tu tires un parchemin de ta poitrine; ne mets pas la plume aux mains de mon père, ou, si tu le fais, tu vois bien que c'est toi qui cherches ta destinée, que c'est toi qui vas au-devant du malheur que j'ai voulu éviter... Ah! ah! voilà le vieillard qui écrit... Suis des yeux chaque ligne qu'il trace... Chaque ligne m'enlève un titre, un trésor, un château, n'est-ce pas? Une seconde encore, et il ne me restera rien... Il va signer... il... Prêtre maudit!... (Il s'élance dans la chambre. La musique indique la situation, elle est interrompue par un cri; au même instant, le bon Ange s'envole, laissant tomber son épée et cachant sa tête dans ses deux mains, tandis que le mauvais Ange s'enfonce dans la terre, en riant. Lorsque tous deux ont disparu, don Juan reparaît, pâle, soulevant la tapisserie d'une main et tenant le parchemin de l'autre.) Il était temps! la signature manque seule, car ils avaient eu la précaution d'appliquer le sceau d'avance. Personne n'a vu entrer le vieillard. (Allant à une fenêtre qui domine un précipice.) Personne ne l'a vu sortir! Mon père s'est évanoui... et, quand il reviendra à lui, il prendra tout cela pour quelque songe de la fièvre... pour quelque vision infernale! (Mettant le parchemin dans sa poitrine.) Allons, je suis

toujours don Juan, seigneur de Marana, fils aîné du comte !
(Il cherche à s'appuyer contre le piédestal, et s'aperçoit que le groupe du bon Ange et du mauvais Ange n'est plus là.) Ah ! disparu ! Cette vieille tradition de la famille serait-elle vraie ? Le mauvais ange des Marana devait reprendre, disait-on, sa liberté, lorsqu'un crime serait commis par un Marana. Eh bien, le crime est commis, le mauvais ange est libre. (Croisant les bras et regardant le ciel.) Après ?

LE COMTE, appelant de la chambre voisine.

Don Juan !

DON JUAN.

J'attendais une réponse du ciel et la voilà qui me vient de la tombe : c'est la voix de mon père. Pourquoi cette voix me fait-elle tressaillir jusqu'au fond des entrailles ? pourquoi me senté-je malgré moi tout prêt à lui obéir ? Ah ! ah ! ah ! c'est qu'on m'a dit quand j'étais enfant : « Cet homme est ton père, et tu dois obéir à ton père. » (Il s'approche comme malgré lui.) Préjugés de l'enfance, qui s'enracinent au cœur de l'homme !... chaînes qui sortent de la bouche des nourrices, et qui garrottent les générations aux générations, ceux qui s'élèvent à ceux qui tombent, la vie à la mort !... Pourquoi le dernier cri du prêtre m'a-t-il moins ému que cette voix ?... Don Juan, don Juan ! poitrine de lion où bat un cœur de femme, obéis !

LE COMTE.

Don Juan !

DON JUAN, soulevant la tapisserie.

Me voilà, mon père...

(Au moment où il va entrer, on entend une voix du côté opposé : c'est celle de don José.)

DON JOSÉ, dans l'antichambre.

Don Juan !

DON JUAN, laissant retomber la portière.

C'est la voix de mon frère, celle-là... Ah ! celle-là aussi m'a fait tressaillir jusqu'au fond des entrailles, mais de haine et de jalousie !... Elle vient bien pour combattre l'autre. Merci, Satan !

(Il revient tranquillement en scène.)

## SCÈNE VI

### DON JOSÉ, DON JUAN.

DON JOSÉ, s'élançant en scène.

Don Juan! don Juan! est-il encore temps? verrai-je encore mon père?

DON JUAN, mettant le doigt sur sa bouche.

Silence, frère!... il dort!...

DON JOSÉ, se jetant au cou de don Juan.

Que je t'embrasse pour cette bonne nouvelle, frère! Comprends-tu? si je n'avais pas reçu cette lettre du digne dom Mortès, mon père mourait sans que je le revisse; il m'aurait appelé dans son agonie et je n'aurais pas été là pour lui répondre! la terre aurait recouvert cette face vénérable sans que la dernière expression de ses traits fût restée éternellement en ma mémoire... Oh! cela n'était pas possible! Dieu n'a pas voulu que cela fût... Laisse-moi pleurer, frère, car j'ai le cœur plein de sanglots et de larmes... Oh! mon père, mon père, mon digne père!...

(Il pleure.)

DON JUAN, lui passant un bras autour du cou.

Pauvre José! et tu as ainsi quitté Séville, tes amours enchantées, ta belle Teresina?

DON JOSÉ.

Tais-toi, don Juan, tais-toi; ne parle pas des amours du fils pendant l'agonie du père... Si j'ai quitté Teresina! oh! j'aurais quitté ma vie si j'avais cru que mon âme vînt plus vite! Est-ce que sa maladie est mortelle? est-ce qu'il souffre bien? t'a-t-il parlé de moi? s'est-il souvenu de José?

DON JUAN.

Oui, frère, nous avons souvent parlé de toi ensemble... Et tu disais que doña Teresina?...

DON JOSÉ.

Oh! frère! elle est belle parmi les belles, comme mon père était bon entre tous... Qu'il eût aimé ma Teresina, mon pauvre père! Si j'avais pu voir sa bouche se poser sur ses beaux cheveux blancs, comme ces roses des Pyrénées qui fleurissent dans la neige, oh! j'aurais été heureux, trop heureux!...

DON JUAN.
Et tu l'as abandonnée à Séville, seule et si loin de toi?
DON JOSÉ.
Non, non!... elle m'a accompagné jusqu'en Castille; je l'ai laissée dans notre château de Villa-Mayor; je ne voulais pas la faire assister à la scène de deuil qui m'attendait ici...
LE COMTE.
Don José!
DON JOSÉ.
N'ai-je pas entendu mon nom? mon père ne m'a-t-il pas appelé?
DON JUAN.
Non, tu te trompes... Oublieux, tu ne te rappelles donc pas combien de fois, enfants tous deux, nous avons écouté avec effroi le bruit du torrent qui roule au pied de ces murs, et dont l'eau parfois semblait se plaindre, comme une âme errante et qui demande des prières?
DON JOSÉ.
Oui, c'est vrai; mais moi seul tremblais... Tu n'avais pas peur, toi, et, tandis que je tombais à genoux, moi, tu chantais quelque vieille ballade impie où l'ennemi du genre humain jouait le principal rôle.
DON JUAN.
Oui, et, alors comme aujourd'hui, esprit dégagé des liens terrestres, tu oubliais les choses les plus nécessaires à la vie, comme de se reposer quand on est las, et de manger quand on a faim. Viens dans cette chambre, don José!... assieds-toi devant une table, et je te servirai comme je dois le faire, mon aîné, mon seigneur, mon maître... Viens, tu boiras à la santé de ta belle Teresina.
DON JOSÉ.
Oui, tu as raison, j'aurais bien besoin de réparer mes forces : il y a trois jours que je marche sans m'arrêter; il y a vingt-quatre heures que je n'ai rien pris; mais, si pendant ce temps mon père...
DON JUAN.
Je te dis qu'il dort. Viens, viens.
LE COMTE, d'une voix mourante.
Don José!...

DON JOSÉ.

Oh! cette fois, je ne me trompe pas; dis ce que tu voudras, frère, mais c'est sa voix. Me voilà, père, me voilà!

DON JUAN, le poussant.

Eh bien, va donc! (A part.) Maintenant, je te permets de l'embrasser.

## SCÈNE VII

DON JUAN, seul d'abord; puis LE BON ANGE, puis LE MAUVAIS ANGE.

DON JUAN, après avoir écouté un instant.

Plus rien, rien que les sanglots de mon frère; tout est fini! (Il tombe sur un fauteuil et s'essuie le front.) Ah! (mettant la main sur sa poitrine) qui est-ce qui me parle là? qui me dit que j'ai mal fait? quel est cet ennemi qui vit en moi pour me donner des conseils contre moi? (On entend une musique douce et dans laquelle la harpe domine. Le bon Ange descend du ciel et se pose sur la fenêtre ouverte.) La conscience? Elle est comme don José, elle arrive trop tard. (Le bon Ange remue les lèvres comme s'il parlait. Don Juan lui répondant.) Il n'est jamais trop tard pour se repentir? Et la mort du prêtre?... (Le bon Ange semble parler de nouveau.) Une pénitence de toute la vie peut l'expier? (Le bon Ange descend et s'approche silencieusement de don Juan.) Et mon père qui m'appelait, et que j'ai laissé mourir sans lui répondre! (Même jeu.) Il est déjà au ciel, où il prie pour son fils? Donc, l'avenir m'appartient encore.

LE BON ANGE, appuyé sur le dossier de son fauteuil.

Oui, pour toi, si tu veux, commence un nouvel être :
Ton père, en expirant, t'a fait souverain maître
    De ses vassaux et de ses biens,
Tandis que don José, par un destin contraire,
Est pauvre... Allons, don Juan, tends les bras à ton frère,
    Et que tes trésors soient les siens.

LE MAUVAIS ANGE, sortant de terre et s'appuyant sur le dossier du fauteuil, du côté opposé.

Ton frère n'a pas droit, don Juan, à ta fortune :
C'est un bâtard jaloux, dont la vue importune
    Depuis longtemps lasse tes yeux.

Étranger, de quel droit viendrait-il au partage ?
Garde à toi seul, don Juan, ton immense héritage.
Tu t'en feras des jours joyeux.

LE BON ANGE.

Du moins, pour rétablir entre vous l'équilibre,
Puisque tu l'as fait pauvre, il faut le faire libre :
Tu rempliras ainsi le désir paternel,
Et José, libre, heureux près de sa jeune femme,
Te dressera, don Juan, un autel dans son âme,
Où brûlera l'encens de l'amour fraternel.

LE MAUVAIS ANGE.

Pourquoi donc d'un vassal appauvrir ton domaine ?
Laisse ton frère aller où son destin le mène ;
Ses fils de ta maison augmenteront l'honneur,
Et sa femme, à l'autel, devenant ta vassale,
Te devra le trésor de sa nuit virginale,
Dont, libre, son époux t'enlève le bonheur.

LE BON ANGE.

Mais ce n'est qu'un enfant aux flammes ingénues,
Qui, le soir, va perdant son regard dans les nues,
  Demandant au flot qui bruit
Pourquoi son jeune sein s'enfle comme son onde,
Et quel est le secret des voluptés du monde
  Dont elle rêve chaque nuit.

LE MAUVAIS ANGE.

Don Juan, c'est un trésor ! crois-moi, l'Andalousie
Exprès pour tes plaisirs semble l'avoir choisie,
  Avec un teint blanc et vermeil,
Avec de longs baisers, brûlants comme une flamme,
Et des regards ardents qui pénètrent dans l'âme
  Comme deux rayons de soleil.

LE BON ANGE, s'éloignant.

Adieu ! pauvre insensé qu'entraîne un mauvais songe,
De cette vie, un jour, tu sauras le mensonge,
Et tu me chercheras d'un douloureux regard ;
Et tu m'appelleras comme un vaincu sans armes,
  Avec des sanglots et des larmes ;
Mais peut-être que Dieu répondra : « C'est trop tard ! »

         (Il disparaît.)

LE MAUVAIS ANGE, s'enfonçant lentement en terre.

Adieu, noble don Juan ! le monde est ta conquête,
Au-dessus de ses fils tu peux lever la tête;
Car tu n'as plus de maître, et toi seul es ton roi;
Et, si ton cœur, lassé des voluptés paisibles,
  Rêve des plaisirs impossibles,
Appelle-moi, don Juan, je monterai vers toi.

(Il disparaît.)

## SCÈNE VIII

### DON JUAN, puis HUSSEIN.

DON JUAN, se levant.

Holà, esclave !

HUSSEIN, entrant.

Que plaît-il à Votre Seigneurie ?

DON JUAN.

Dis à un écuyer et à douze hommes d'armes de venir me rejoindre à la maison du parc, où j'ai, ce matin, un rendez-vous avec Carolina. Ce soir, nous partons pour Villa-Mayor.

HUSSEIN.

Préviendrai-je don José, le frère de Votre Seigneurie ?

DON JUAN.

Retiens bien ceci, esclave, afin de ne plus tomber dans la même faute : je suis le fils unique du comte, le seul héritier de sa famille, et quiconque dira que José est mon frère en a menti.

(Hussein s'incline; don Juan sort par la porte opposée à celle de la chambre où et son père.)

## ACTE DEUXIÈME

### DEUXIÈME TABLEAU

Une chambre du château de Villa-Mayor.

### SCÈNE PREMIÈRE

TERESINA, PAQUITA, lisant toutes deux.

TERESINA.

Paquita!

PAQUITA.

Madame?

TERESINA.

Est-ce que le livre que tu lis t'amuse?

PAQUITA.

Prodigieusement! Est-ce que le livre que lit madame l'ennuie?

TERESINA.

A la mort!

PAQUITA.

De quoi traite-il?

TERESINA.

Des vertus de très-grande et très-noble dame Pénélope, épouse de monseigneur Ulysse, roi d'Ithaque. Et le tien?

PAQUITA.

Des amours de la princesse Boudour avec les fils du roi de Serendib.

TERESINA.

Avec le fils, tu veux dire?

PAQUITA.

Avec les fils, je dis.

TERESINA.

Cela ne se peut pas.

PAQUITA.

Pardon, señora, elle les a aimés chacun leur tour: le pre-

mier, un peu ; le second beaucoup, et le troisième, passionnément ; la progression ordinaire. C'est toujours le dernier qu'on aime davantage.
TERESINA.
Vous êtes folle, Paquita.
(Elle se remet à lire.)
PAQUITA, se levant et s'approchant de Teresina.
Mais le plus joli de tout cela, madame, c'est qu'un jour, en se promenant au bord de la mer, elle trouva sur le rivage un vase de grès scellé avec du plomb ; elle s'approcha de ce vase, et elle entendit une petite voix plaintive qui en sortait ; elle le fit briser aussitôt, et elle se trouva en face d'un beau génie qui lui dit de souhaiter trois choses, et qu'elles seraient accomplies... Quand nous nous promènerons au bord de la mer, il faudra bien regarder !
TERESINA.
Pourquoi ?
PAQUITA.
Parce que, comme la princesse Boudour, nous trouverons peut-être un génie.
TERESINA.
Et quels sont les trois souhaits que tu formeras ?
PAQUITA.
Moi, je n'en formerai qu'un.
TERESINA.
Lequel ?
PAQUITA.
Celui d'être à la place de madame.
TERESINA.
Et tu te trouverais heureuse ?
PAQUITA.
Certes ! car, lorsqu'on est jeune et jolie, ce ne sont plus trois souhaits qu'on peut former, ce sont mille caprices qu'on peut avoir. Croyez-moi, señora, l'éventail d'une jolie femme est plus puissant que la baguette d'une fée.
TERESINA.
Et comment cela ?
PAQUITA.
D'abord cela parle, un éventail.
TERESINA.
Quelle langue ?

PAQUITA.

La plus jolie de toutes, la langue de l'amour. Écoutez. Vous êtes à la promenade, un jeune seigneur passe et vous salue ; s'il ne vous convient pas, vous regardez dédaigneusement les dessins ; cela veut dire clairement : « Passez au large, mon beau seigneur, car vous n'obtiendrez rien de nous. » Au lieu de cela, le cavalier qui passe vous plaît-il, oh! alors, comme vous ne pouvez pas tout de suite lui rendre son salut, vous vous couvrez la figure ainsi, comme si vous ne vouliez pas le voir, et vous le regardez à travers les branches, cela signifie : « Vous êtes assez de notre goût, mon gentilhomme, et, si votre naissance et votre fortune répondent à votre tournure, on aura peut-être la faiblesse de vous aimer. » Le gentilhomme comprend cela comme si une duègne venait le lui dire à l'oreille ; dix minutes après, il repasse, et trouve que la señora, en partant, a oublié son éventail sur sa chaise ; il s'approche de l'éventail, le prend, le porte à ses lèvres, et l'éventail lui dit : « Ma maîtresse ne vous voit pas avec indifférence ; rapportez-moi chez elle, car elle serait désolée de me perdre. » Vous entendez une sérénade sous votre balcon ; c'est votre éventail qui revient et qui vous dit : « Ma belle maîtresse, je suis aux mains d'un seigneur qui vous aime ; voyez comme il m'embrasse après chaque couplet ; c'est que vos jolies mains m'ont touché ; maintenant, répétez la ritournelle de l'air que la musique vient d'exécuter... Très-bien, ma belle maîtresse! ne vous ennuyez pas trop de nous, bientôt nous viendrons vous remercier. » En effet, dix minutes après, on entend des pas dans le corridor ; c'est un page qui annonce le seigneur don Ramire Mendoce ou don Alphonse, c'est notre gentilhomme. Il entre ; vous examinez son costume, pour voir s'il est riche et de bon goût ; vous regardez son page, pour voir s'il a une livrée ; vous jetez un coup d'œil sur sa litière, pour voir si elle a des armoiries ; et, s'il est beau, s'il est riche, s'il est noble, vous lui dites : « Je veux trois choses, » et il vous les donne!...

TERESINA.

Mais sais-tu bien, Paquita, qu'une aventure à peu près pareille m'est arrivée aujourd'hui ?

PAQUITA.

Vraiment ?

TERESINA.

Oui, j'étais assise à la porte du parc qui donne sur la route de Santa-Cruz, lorsque je vis passer un beau cavalier ; ce devait être un grand seigneur, car il était suivi d'un écuyer et de plusieurs hommes d'armes ; il me salua en passant ; alors je me sentis tellement rougir, que je me cachai derrière mon éventail.

PAQUITA.

Bien !

TERESINA.

Sans doute, il crut que je le regardais, car à peine eut-il fait cent pas, qu'il jeta la bride aux mains de son écuyer, descendit de cheval, et vint vers moi à pied. Tu comprends que je ne l'attendis pas, et même je rentrai si vite (ayant l'air de chercher autour d'elle), que...

PAQUITA.

Que ?...

TERESINA.

Mon Dieu ! que je crois avoir oublié mon éventail sur le banc.

PAQUITA.

Très-bien ! alors nous allons avoir la sérénade.

TERESINA.

Oh ! j'espère bien que ce jeune seigneur n'y a pas même fait attention, car ce fut un oubli et pas autre chose ; demain, dès le matin, Paquita, tu iras le chercher à la petite porte du parc.

(On entend la ritournelle d'une sérénade.)

PAQUITA.

Tenez, ce n'est pas la peine ; entendez-vous ?

TERESINA.

Oh ! mon Dieu !

PAQUITA.

Eh bien, qu'y a-t-il là d'effrayant ?

TERESINA.

Oui ; mais si don José savait...

PAQUITA.

Ah ! voilà la grande affaire... Il ne le saura pas.

(Elle va à la fenêtre.)

TERESINA.
Que fais-tu ?
PAQUITA.
Je vais ouvrir.
TERESINA.
Je te le défends !
PAQUITA, ouvrant.
Ah ! mon Dieu ! vous avez parlé trop tard.
TERESINA.
Imprudente !...
PAQUITA.
Voulez-vous que je la referme ?
TERESINA.
Oh ! puisqu'elle est ouverte...
PAQUITA.
Vous avez raison. (Faisant signe à sa maîtresse.) Venez tout doucement.

(Elles s'avancent toutes deux sur la pointe du pied.)

TERESINA, à la fenêtre.
Le voilà ! c'est bien lui... Je le reconnais à sa plume rouge.
PAQUITA.
Écoutez !...

DON JUAN, chantant au bas de la fenêtre.

En me promenant ce soir au rivage,
Où, pendant une heure, à vous j'ai rêvé,
J'ai laissé tomber mon cœur sur la plage,
Vous veniez ensuite et l'avez trouvé.

Dites-moi comment finir cette affaire :
Les procès sont longs, les juges vendus,
Je perdrai ma cause ; et, pourtant que faire ?
Vous avez deux cœurs, et je n'en ai plus !

Mais, dès qu'on s'entend, bientôt tout s'arrange,
Et souvent le mal vous conduit au bien.
De nos cœurs entre eux faisons un échange :
Donnez-moi le vôtre, et gardez le mien.

PAQUITA.
La ritournelle est délicieuse. (Chantant.) La la la la la...
TERESINA, l'arrêtant.
Paquita !

PAQUITA.

Oh ! c'est vrai ; et moi qui ne pense pas...

TERESINA, soupirant.

Heureusement que nous sommes enfermées dans ce vieux château, et qu'il n'y a pas à craindre que ce cavalier y entre !

PAQUITA, soupirant plus fort.

Oui, très-heureusement !

TERESINA, redescendant la scène.

Aussi, je suis tranquille.

PAQUITA, à demi-voix.

Écoutez !

TERESINA.

Quoi ?

PAQUITA.

On marche dans le corridor !...

TERESINA, vivement.

Fermez cette porte, Paquita !

(Paquita ferme la porte.)

PAQUITA, écoutant.

On s'arrête !

TERESINA, écoutant aussi.

On frappe !

PAQUITA.

Il faut savoir qui cela est.

TERESINA.

Demande.

PAQUITA.

Qui est là ?

HUSSEIN, en dehors.

L'esclave du comte don Juan.

TERESINA.

Paquita !

PAQUITA.

Silence !... Et que veut le comte don Juan ?

HUSSEIN.

Présenter ses hommages à la maîtresse de ce château.

PAQUITA, se retournant vers sa maîtresse.

Ses hommages !... c'est bien respectueux.

TERESINA.

N'importe, je ne puis le recevoir.

HUSSEIN.

Eh bien?

PAQUITA.

Eh bien, allez dire au comte don Juan que, ce soir, il est trop tard... Demain, nous verrons.

TERESINA.

Que dis-tu donc?

PAQUITA.

Je répète vos paroles mot pour mot.

HUSSEIN.

Mais, comme mon maître part demain, il désirerait parler ce soir à la camérière.

PAQUITA, se retournant vers sa maîtresse.

A la camérière, je n'y vois pas d'inconvénient... D'ailleurs, il faut que je lui redemande votre éventail... Vous ne pouvez le laisser entre les mains de ce jeune homme, ce serait lui donner des espérances.

TERESINA, vivement.

Tu as raison.

PAQUITA, à Hussein.

Allez dire au comte don Juan que la camérière de doña Teresina consent à lui accorder l'entrevue qu'il sollicite.

TERESINA.

Paquita, je me retire dans ma chambre... Tu lui diras qu'il m'était impossible de le recevoir, que je suis fiancée à don José, et qu'il sait qu'en pareille circonstance, les jeunes filles espagnoles ne paraissent devant aucun autre cavalier que leur mari.

PAQUITA, la poussant dans sa chambre.

C'est bien, c'est bien, c'est bien!

(En se retournant, elle aperçoit don Juan sur le seuil de la porte.)

## SCÈNE II

### DON JUAN, PAQUITA.

DON JUAN, de la porte du fond.

Seule

PAQUITA, de l'autre porte.

Seule.

DON JUAN, s'approchant.

Tant mieux !

PAQUITA.

Seigneur cavalier, ma maîtresse...

DON JUAN.

Écoute derrière quelque tapisserie, n'est-ce pas?... Sois tranquille, je parlerai bas... Ton nom ?

PAQUITA.

Paquita.

DON JUAN, allant à elle et la regardant.

Eh bien, Paquita... si je connais bien mes Espagnes, tu es Andalouse; si je n'ai point oublié ma science des âges, tu as vingt-cinq ans, et, si je sais toujours lire dans les yeux, tu as déjà trahi un mari, trompé deux amants, et perdu trois maîtresses.

PAQUITA.

Vous êtes sorcier, monseigneur !

DON JUAN.

Quant à moi, je suis le comte don Juan de Marana.

PAQUITA.

Noble?

DON JUAN.

Je t'ai dit mon nom.

PAQUITA.

Riche ?

DON JUAN.

Comme une mine d'or.

PAQUITA.

Et magnifique?

DON JUAN.

Comme le roi.

PAQUITA.

Vous croirai-je sur parole?

DON JUAN, lui donnant sa bourse.

Non, sur actions.

PAQUITA.

Je vous crois, monseigneur.

DON JUAN.

Maintenant, parlons de ta maîtresse.

PAQUITA.

Elle a...

DON JUAN.

Dix-sept ans, je le sais.

PAQUITA.

Elle s'appelle...

DON JUAN.

Doña Teresina, je le sais.

PAQUITA.

Elle est fiancée...

DON JUAN.

A don José, je le sais encore.

PAQUITA.

Qu'elle...

DON JUAN.

N'aime pas.

PAQUITA.

Qu'elle aime.

DON JUAN, lui passant sa chaîne au cou.

Ou plutôt qu'elle...

PAQUITA.

Croit aimer.

DON JUAN.

Ses défauts ?

PAQUITA.

Je ne lui en connais aucun.

DON JUAN, lui passant une bague au doigt.

Elle doit en avoir.

PAQUITA.

Elle est un peu curieuse, un peu coquette, un peu vaine..

DON JUAN.

J'ai deux chances de plus que le serpent... Ève n'était que curieuse.

PAQUITA.

Et elle n'avait pas de femme de chambre.

DON JUAN.

C'est juste, cela m'en fait au moins une de plus... Adieu, Paquita.

PAQUITA.

Vous vous en allez ?

DON JUAN.

Je sais ce que je voulais savoir.

PAQUITA.

Reviendrez-vous?

DON JUAN.

Peut-être.

PAQUITA.

Au revoir, monseigneur.

DON JUAN.

Ne me reconduis-tu pas?

PAQUITA, prenant un flambeau.

Oh! pardon.

(Elle sort derrière don Juan.)

## SCÈNE III

### TERESINA, puis PAQUITA.

TERESINA, entrant doucement.

Il est parti!

PAQUITA, jetant un cri dans le corridor.

Ah!

TERESINA.

Qu'y a-t-il?

PAQUITA, rentrant sans flambeau.

Rien; j'ai laissé tomber mon flambeau.

TERESINA.

Eh bien, ce cavalier?

PAQUITA.

C'est un noble seigneur.

TERESINA.

Ses manières?

PAQUITA.

D'un prince!... et avec cela...

TERESINA.

Quoi?

PAQUITA.

Timide!... oh! mais timide comme un écolier...

TERESINA.

Vraiment?... Et t'a-t-il parlé de moi?

PAQUITA.
De qui vouliez-vous qu'il me parlât?

TERESINA.
Que t'a-t-il dit?

PAQUITA.
Que vous étiez belle comme une madone.

TERESINA.
Après?...

PAQUITA.
Qu'il vous aimait comme un fou.

TERESINA.
C'est tout?

PAQUITA.
Et qu'il mourrait si vous ne lui ordonniez pas de vivre.

TERESINA.
Tu lui as dit que j'étais fiancée à don José?

PAQUITA.
Oh! mon Dieu, oui... Mais je m'en suis bien repentie, allez!...

TERESINA.
Pourquoi?

PAQUITA.
Parce que cela a paru lui faire une peine!...

TERESINA.
C'est bien... Aidez-moi à me déshabiller, Paquita.

PAQUITA, portant la main sur sa maîtresse et s'arrêtant.
Chut!...

TERESINA.
Quoi?

PAQUITA.
Des pas!...

TERESINA.
Où?

PAQUITA, indiquant le corridor.
Là!

TERESINA, écoutant.
Ils s'approchent.

PAQUITA.
On place quelque chose à la porte.

TERESINA.
On s'éloigne.

PAQUITA.

Il faut voir ce que c'est.

TERESINA.

Attends encore.

(Pause.)

PAQUITA.

Maintenant?

TERESINA.

Oui, je crois...

PAQUITA, ouvrant la porte.

Une cassette!

TERESINA.

Avec un papier?

PAQUITA, lisant.

« A doña Teresina, fiancée de don José. »

TERESINA, prenant la cassette.

C'est vrai.

PAQUITA.

Elle est pour vous!

TERESINA, la lui rendant.

Remets cette cassette où tu l'as prise.

PAQUITA.

Oh! mon Dieu!

TERESINA.

Quoi?...

PAQUITA.

Elle s'est ouverte toute seule... (Tout en marchant vers la porte.) Des perles, des diamants!

TERESINA.

Attends, que je voie.

PAQUITA.

Voyez...

TERESINA.

C'est un écrin royal.

PAQUITA.

« A doña Teresina, fiancée de don José. »

TERESINA.

Reporte-le!

PAQUITA.

Ce soir?

TERESINA.

A l'instant!

PAQUITA.

Mais je ne sais où est logé le comte, moi, et il me semble qu'il sera temps demain matin.

TERESINA.

Quel magnifique collier!

PAQUITA.

Comme ces perles iraient à votre cou!

TERESINA.

Et ces bracelets! regarde.

PAQUITA.

C'est le fils de quelque empereur.

TERESINA.

Et ces pendants d'oreilles, ce bandeau, cette ceinture.

PAQUITA.

Nous avons trouvé notre génie.

TERESINA, soupirant.

Malheureusement, nous ne pouvons pas accepter ce qu'il nous donne.

PAQUITA.

Pourquoi pas? Ces bijoux sont offerts à la fiancée de don José, et l'on accepte un cadeau de noces.

TERESINA.

Oui; mais tu sais que don José aime la vie retirée, et ce sont des bijoux à porter à la cour.

PAQUITA.

N'y allez pas : la reine en tomberait malade de jalousie, et l'infant en mourrait d'amour.

TERESINA.

Flatteuse!

PAQUITA.

La señora veut-elle que je lui essaye ces bijoux?

TERESINA.

Non.

PAQUITA.

Madame veut-elle que je la déshabille?

TERESINA.

Non.

PAQUITA.

Madame me permet-elle de me retirer?

TERESINA.

Oui.

PAQUITA, allant jusqu'à la porte et revenant.

A propos, ces bijoux?

TERESINA, étendant la main dessus.

Tu les viendras chercher demain matin.

PAQUITA.

Comme madame voudra.

TERESINA.

Demain matin, entends-tu? n'y manque pas.

PAQUITA, de la porte.

C'est chose dite.

(Elle sort.)

## SCÈNE IV

### TERESINA, puis LE MAUVAIS ANGE.

TERESINA.

Je puis du moins les garder cette nuit, les essayer même; car je suis seule, et personne ne peut me voir : ce sera comme un songe doré dans ma vie, et une fois je me serai vue riche et parée à l'égal d'une reine! (Elle s'assied devant la toilette.) « Une fleur dans tes cheveux, » me dit don José. (Mettant le bandeau.) Quelle différence !

Pendant qu'elle met les uns après les autres les différents bijoux que renferme l'écrin, le mauvais Ange passe la tête par un panneau, et lui parle à travers sa glace.)

LE MAUVAIS ANGE.

Dans ce miroir, jeune fille,
Regarde ton œil qui brille,
Plus radieux et plus pur
Que, dans une nuit sans voile,
Ne brille l'or d'une étoile
Au milieu d'un ciel d'azur.

Vois ta bouche parfumée
Que la pudeur tient fermée
Aux plus timides aveux ;
Vois tomber sur ton épaule,
Comme les rameaux d'un saule,
Le trésor de tes cheveux.

Lorsqu'on est aussi parfaite,
Jeune fille, on n'est pas faite
Pour aller mourir d'ennui
Dans quelque ville appauvrie,
Où de la coquetterie
Jamais le soleil n'a lui.

Il faut le luxe qu'étale
Une grande capitale,
Avec ses plaisirs, ses arts,
Ses palais pleins de lumière,
Et Golconde tout entière,
Ruisselant dans ses bazars.

Il faut des valets, des pages,
Des chevaux, des équipages,
Que l'on change tour à tour,
Et des jours pleins de paresse
Qui mènent avec mollesse
A des nuits pleines d'amour.

(Le mauvais Ange disparaît.)

TERESINA.

Oh! que c'est étrange! (Se levant.) Jamais je n'avais eu de pareilles pensées... C'est le feu de ces diamants qui m'éblouit; c'est ce bandeau qui brûle mon front; c'est ce collier qui embrase ma poitrine... Oh! l'air que je respire est de flamme... Ma vue se trouble. J'étouffe. (Retombant.) Don Juan!... don Juan!...

## SCÈNE V

### TERESINA, DON JUAN.

DON JUAN, entrant doucement et allant mettre un genou en terre près de Teresina.

Me voilà.

TERESINA, avec effroi.

Grand Dieu!

DON JUAN, toujours un genou en terre.

Vous êtes ma souveraine, et je suis votre esclave; vous m'avez appelé, je suis venu... Qu'avez-vous à m'ordonner?

TERESINA.

Oh! rien. (S'apercevant qu'elle est parée des bijoux de don Juan.) Et ces bijoux! oh! n'allez pas croire que je voulais les garder...

Demain matin, Paquita devait vous les rendre, et, puisque vous voilà...

(Elle ôte le collier.)

DON JUAN.

Il est trop tard, Teresina ; ces bijoux ont une vertu magique : vous les avez touchés, cela suffit, et, s'ils ne vous appartiennent plus, vous leur appartenez encore, vous !...

TERESINA.

Vous les remporterez, n'est-ce pas? Oh! je vous supplie...

DON JUAN.

Et, quand je les aurai remportés, croyez-vous qu'ils seront moins dangereux absents que présents? Non, vous les chercherez des yeux; non, vous porterez la main à votre front et à votre cou, croyant les y trouver; non, vous les reverrez dans tous vos rêves. Vous vous êtes assise sous l'arbre de l'orgueil, Teresina, vous vous êtes endormie sous son ombre : c'est celle du mancenillier.

TERESINA, mettant ses mains sur ses oreilles.

aisez-vous, taisez-vous ! vos paroles vibrent dans ma poitrine, comme si elles étaient celles du mauvais esprit...

DON JUAN, jouant avec le collier et le faisant étinceler à ses yeux.

Vous ne les avez portés qu'un instant : eh bien, avouez, n'est-ce pas, qu'ils ont bouleversé tout votre être? n'est-ce pas qu'ils vous ont, comme une parole magique, ouvert la porte de ces jardins enchantés, aux fleurs d'émeraudes et aux fruits l'or?... n'est-ce pas que vous avez entrevu Madrid, la ville royale, avec ses sérénades, ses fêtes, ses bals, ses spectacles, ses courses au Prado ?

TERESINA.

Oh! ce fut un instant de folie enivrante, monseigneur, laissez-moi l'oublier : silence! silence!

DON JUAN.

Vous étiez la plus belle de ces femmes, et toutes les femmes étaient jalouses.

TERESINA.

Songe! songe que tout cela!

DON JUAN.

Réalité, réalité... Aime-moi seulement, Teresina, et je te bâtis sur le mot *je t'aime*, un palais à rendre une fée jalouse.

**TERESINA.**

Don Juan, je vous demande grâce !... Laissez-moi, laissez-moi...

**DON JUAN.**

Teresina, je vous aime ! je vous aime, comme jamais je n'aimai aucune femme, comme jamais vous ne fûtes aimée d'aucun homme. Teresina, je suis riche et puissant ; je peux faire de vous quelque chose de pareil à une reine ; Teresina, vous aurez, chaque jour de la semaine, une parure différente de celle-ci ; vous aurez des valets, des pages, des vassaux, des carosses armoriés... Teresina, le bonheur est là, le repousseras-tu ?

**TERESINA**, tombant à genoux.

Mon Dieu, ayez pitié de moi ; envoyez à mon secours quelqu'un de vos anges, ou, sans cela, oh ! mon Dieu ! je le sens, je ne pourrai pas supporter cette lutte. (Don Juan la relève et la tient renversée dans ses bras, fixant ses yeux sur les siens, approchant peu à peu sa bouche du front de Teresina, et enfin y posant ses lèvres. Teresina presque évanouie.) Ah !

**PAQUITA**, entrant et sortant aussitôt.

Señora, señora, monseigneur don José arrive... Je vais l'arrêter un instant.

**TERESINA**, s'arrachant des bras de don Juan.

Don José ! oh ! je suis sauvée !...

## SCÈNE VI

DON JUAN, puis LE BON ANGE et LE MAUVAIS ANGE.

**DON JUAN.**

Allons, don Juan, voici l'heure ; il s'agit de céder la place ou de la garder ; car, Dieu me pardonne ! elle était à peu près prise... Tu as cinq minutes pour te décider.

(Il s'assied à gauche du spectateur et réfléchit.)

**LE BON ANGE**, écartant le rideau de la Madone, à gauche du spectateur.

J'ai tant prié pour toi, le front dans la poussière,
J'ai tant mouillé de pleurs mon ardente prière,
Que le Seigneur m'a dit en se voilant les yeux :
« Descends ; que ta parole en son cœur retentisse,

Et, jusqu'à ton retour, j'enchaîne ma justice,
Car je suis le Seigneur miséricordieux. »

Et me voilà, mêlant ma lumière à ton ombre,
Descendue une fois encor dans ta nuit sombre.
Veux-tu revoir le jour, suis mes pas, prends ma main,
Laisse-moi te guider par des routes nouvelles,
  Et je te prêterai mes ailes
  Si tes pieds sont las du chemin.

Car je ne sais encor par quel pouvoir étrange
L'homme à son sort mortel peut enchaîner un ange;
Mais je sais que des cieux le séjour enchanté,
S'il est fermé pour toi, pour moi n'a plus de charmes,
Et que mon cœur divin contient assez de larmes
Pour pleurer un mortel pendant l'éternité.

      (Il disparaît.)

   DON JUAN, se levant.

Oui, oui, je sais bien que la chose est scabreuse, et que peut-être il vaudrait mieux pour mon salut éternel...

   (Il s'assied de l'autre côté du théâtre.)

  LE MAUVAIS ANGE, apparaissant derrière lui.

N'écoute pas, don Juan, cette voix insensée;
Es-tu d'âge à tourner ta joyeuse pensée
Vers ce ciel dont toujours les portes s'ouvriront?
Ta vie en est encore à ses heures frivoles.
Tu te rappelleras ces austères paroles,
Quand sur ton front ridé tes cheveux blanchiront.

Marche, marche plutôt dans ta puissante voie,
Enivre-toi d'amour, de bonheur et de joie.
Qu'est-ce que ce bonheur que l'on dit éternel,
Près de ces voluptés dont tu sais le mystère?
  Crois-moi, les heureux de la terre,
  Don Juan, sont les élus du ciel!

Il est vrai que les saints riraient de leur conquête
S'ils te voyaient, jetant ta couronne de fête,
Quitter la table avant qu'arrive le dessert;
Et, la lèvre de vin et de baisers rougie,
Te lever au milieu de ta royale orgie,
Pour aller adorer le Seigneur au désert.

      (Il disparaît.)

## SCÈNE VII

#### DON JUAN, PAQUITA.

PAQUITA, rentrant.
Encore ici, monseigneur!...
DON JUAN.
Oui, je t'attendais pour te dire une chose.
PAQUITA.
Laquelle?
DON JUAN.
Que jamais fiancé n'est venu plus à temps...
PAQUITA.
Pour reprendre sa maîtresse?
DON JUAN.
Non, pour se voir enlever sa femme.
(Il sort en riant.)
PAQUITA, le suivant des yeux.
Si cet homme n'est pas le démon, c'est au moins la créature humaine qui lui ressemble le plus.

## SCÈNE VIII

#### TERESINA, DON JOSÉ, PAQUITA, au fond.

TERESINA, appuyée au bras de don José.
Oh! José, José, vous voilà donc! Dieu soit béni! car je suis bien heureuse de votre retour!
DON JOSÉ.
Vous faites un amant bien joyeux d'un fils bien triste, Teresina! Oui, je suis revenu en toute hâte; je ne sais quel pressentiment me poussait vers Villa-Mayor. A peine eus-je scellé la porte du tombeau sur le corps de mon noble père, qu'une voix surhumaine murmura votre nom à mon oreille avec des sons d'une tristesse étrange; je crus que le bon ange de notre famille venait m'avertir que vous couriez quelque danger... J'accourus.
TERESINA.
Merci, vous ne vous êtes pas trompé, don José; la voix vous disait vrai, et votre retour m'a sauvée!

DON JOSÉ, souriant.

Et quel péril si grand poursuivait donc ma belle Teresina? Les antiques châtelaines de Villa-Mayor étaient-elles jalouses de voir leur palais habité par une si jeune et si belle héritière?

TERESINA.

Non, mon ami, elles m'eussent plutôt protégée, je crois, en faveur de mon amour pour vous. Ce ne sont point les morts, ce sont les vivants qui sont à craindre.

DON JOSÉ.

Comment cela?

TERESINA.

Hier, un voyageur est venu demander l'hospitalité à la porte de ton château.

DON JOSÉ.

On la lui a accordée, je l'espère?

TERESINA.

Oui; mais il a désiré me remercier.

DON JOSÉ.

A sa place, j'eusse eu le même désir, surtout si j'avais seulement vu l'ombre de la châtelaine... Tu as reçu sa visite?

TERESINA.

Non, je l'ai refusée; alors il m'a envoyé un écrin plein de bijoux, adressé à la fiancée de don José.

DON JOSÉ.

C'est d'un seigneur magnifique et d'un hôte reconnaissant. Et ces bijoux?

TERESINA.

Les voici. J'avais donné ordre à Paquita de les lui reporter ce matin. Mais je suis femme, don José, vous me pardonnerez, n'est-ce pas? et, faible devant une pareille séduction... voyez comme ces diamants sont beaux!... avant de les lui renvoyer, j'ai voulu essayer comment une telle parure m'irait... Eh bien,... oh! il faut que ces bijoux soient enchantés, car à peine ont-ils été sur mon front, sur mon cou, qu'un nuage a passé sur mes yeux, que toutes mes idées ont été perdues, qu'une voix est venue bruire à mon oreille, me parlant de titres, de richesses, de triomphes. Quand je suis revenue de ce délire, cet homme, cet étranger, ce démon tentateur, était là, à mes genoux, à mes pieds... J'ai résisté, don José; mais il y avait un accent infernal, une magie enivrante, un entraînement fascinateur dans tout ce qu'il disait... J'ai résisté; mais, si je l'avais vu une seconde fois... (Se jetant à son cou.) Mais vous voilà, don José!.... et je suis forte, car vous ne m'exposerez plus par votre absence, n'est-ce pas?

DON JOSÉ, les yeux fixes.

Il n'y a qu'un homme dans toutes les Espagnes à qui Satan ait accordé ce pouvoir, Teresina... Comment appelez-vous cet étranger?

TERESINA.

Don Juan.

DON JOSÉ.

C'est lui!... Voilà donc pourquoi il a quitté le lit mortuaire de mon père! voilà pourquoi il m'a laissé descendre seul le noble et bon vieillard dans la tombe! voilà pourquoi il n'a pas même demandé quel était l'assassin de cette courtisane dont il allait chercher l'amour et dont il n'a trouvé que le cadavre... O don Juan! don Juan!

TERESINA.

Tu le connais donc?

DON JOSÉ.

Oui, je le connais! pour mon malheur dans ce monde et peut-être dans l'autre... Tu avais raison de craindre, Teresina! pauvre fleur! tu avais deviné l'orage....

TERESINA.

Eh bien, je suis ta fiancée, n'est-ce pas? Je devrais à cette heure être ta femme, si la lettre qui te rappelait au lit de mort de ton père n'était venue nous séparer presque au pied de l'autel; sans cette lettre, je t'appartiendrais maintenant... Eh bien, don José, appelle le chapelain, qu'à l'instant même il nous unisse... Une fois ta femme, oh! je serai forte, sois tranquille.

DON JOSÉ.

Teresina, vous êtes un ange... Paquita, vous avez entendu ce qu'a dit votre maîtresse; allez avertir le prêtre que nous nous rendons à la chapelle... Dans une demi-heure, nous y serons...

PAQUITA.

J'y vais, monseigneur

(Elle sort.)

DON JOSÉ, continuant.

Et tu auras tout ce que tu rêvais, ma Teresina ! tu auras des bijoux, des châteaux, des armoiries; car, moi aussi, je suis riche; moi aussi, j'ai des domaines; moi aussi, je suis noble ! Savais-je, moi, que toutes ces vanités humaines pouvaient ajouter à ton bonheur? Cela est... Eh bien, ma belle Teresina, allez mettre votre voile blanc, et nous le troquerons contre un manteau de cour; allez parer votre front virginal d'une branche d'oranger, et nous l'échangerons contre une couronne de comtesse. Allez, mon ange ! allez !...

TERESINA.

Vous êtes bon, monseigneur! Oh! je ne reverrai plus cet homme, n'est-ce pas?

DON JOSÉ.

Soyez tranquille !

(Elle sort.)

## SCÈNE IX

DON JOSÉ, puis DON JUAN.

DON JOSÉ.

Oh! don Juan ! don Juan ! mauvais génie de la famille, je t'avais reconnu avant qu'elle prononçât ton nom; rien n'a pu t'arrêter dans ta route fatale, rien n'a pu te distraire de ta mauvaise pensée, ni ton père mort, ni ta maîtresse assassinée! Tu as enjambé deux cadavres, et tu es venu pour séduire la fiancée de ton frère !...

DON JUAN, de la porte.

Salut à don José !

DON JOSÉ, tristement.

Bonjour, frère !

DON JUAN.

Tu as oublié de m'inviter à tes fiançailles, don José...

DON JOSÉ.

Je comptais le faire aux funérailles de mon père ; mais je ne t'y ai point vu.

DON JUAN.

Je ne me suis pas senti le courage d'y assister; et, comme depuis longtemps je comptais visiter les domaines de mes aïeux, je me suis mis en route, et j'ai commencé par mon château de Villa-Mayor.

DON JOSÉ.

Est-ce le château seulement que tu es venu visiter?

DON JUAN.

J'étais curieux aussi de connaître la châtelaine.

DON JOSÉ.

Oui, je sais que tu l'as vue.

DON JUAN.

Deux fois.

DON JOSÉ.

Et tu l'as trouvée?...

DON JUAN.

Charmante la première, adorable la seconde.

DON JOSÉ.

Tu en parles comme un enthousiaste...

DON JUAN.

J'en parle comme un amant.

DON JOSÉ.

Mais tu sais qu'elle est ma fiancée, don Juan?

DON JUAN.

Eh bien, j'aime ta fiancée, don José.

DON JOSÉ, lui tendant la main.

Tais-toi, frère, tu es fou

(Il va pour entrer chez Teresina.)

DON JUAN.

N'as-tu pas entendu que je t'ai dit que j'aimais cette jeune fille?

DON JOSÉ, riant.

Si fait, j'ai entendu...

DON JUAN.

Tu as entendu et tu as ri... Tu ne connais donc pas l'amour de don Juan?

DON JOSÉ.

C'est le masque de la volupté sur le visage de la mort, je le sais... Mais je sais aussi que tu m'aimes, frère; je sais qu'il y a des liens de nature que tu ne voudrais pas rompre.

DON JUAN.

C'est cela! et, pour cet amour fraternel, à cause de ces liens de nature, il faut que je dise à mon sang de cesser de battre;

et, si mon sang est indocile, si mon cœur est rebelle, s'ils refusent d'obéir à ma volonté humaine, j'irai implorer l'assistance divine, je demanderai aux macérations du cloître d'éteindre mes passions, je revêtirai le cilice pour que les douleurs du corps me fassent oublier les tortures de l'âme... j'userai mes genoux à prier Dieu de m'ôter du cœur cet amour qu'il m'y aura mis?... Don Juan pénitent, don Juan moine, don Juan canonisé, peut-être!... ce serait un miracle à mettre toutes les Espagnes en joie! Et, pendant que je gagnerais le ciel, je m'en rapporterais à don José du soin de perpétuer mon nom, et de soutenir la splendeur de notre famille?

DON JOSÉ.

Laisse-moi croire que tu railles, don Juan; laisse-moi douter encore, frère!...

DON JUAN.

J'aime Teresina, te dis-je, et, sur ma foi de gentilhomme, elle sera à moi!

DON JOSÉ.

Alors, c'est une lutte que tu me proposes?...

DON JUAN.

Non, tu ne lutteras pas... Je suis un fou et tu es un sage... Tu songeras aux dangers qu'entraînerait une pareille guerre, et le sage fera place à l'insensé.

DON JOSÉ.

Mais je l'aime plus que tu ne peux l'aimer... toi...

DON JUAN.

José, José! ne compare pas les tempêtes des fleuves à celles de l'Océan!

DON JOSÉ.

Mes droits sont sacrés.

DON JUAN.

Parce qu'ils sont antérieurs aux miens, n'est-ce pas? Tu veux me prendre ma place dans le cœur de Teresina, comme tu l'avais prise dans la maison de mon père... Prends garde, don José!... tu n'es pas heureux en usurpations!

DON JOSÉ.

Que dis-tu?

DON JUAN.

Je dis qu'un aventurier peut bien se glisser dans le sein d'une famille, ou dans le cœur d'une femme, escroquer un titre ou voler un amour... Mais je dis aussi que, lorsque le véritable maître arrive, on chasse l'étranger. Me voilà !... arrière, don José, arrière !

DON JOSÉ.

Don Juan, don Juan, tu te rappelles trop que je suis ton frère, et pas assez que je suis gentilhomme.

DON JUAN.

Tu en as menti, don José, tu n'es ni l'un ni l'autre.

DON JOSÉ.

Oh ! c'en est trop !

## SCÈNE X

### Les Mêmes, TERESINA.

DON JUAN, se croisant les bras.

Toi, gentilhomme ? toi, mon frère ? Et où est ta lettre d'affranchissement, esclave ? où est ton acte de reconnaissance, bâtard ? Ah ! tu croyais sans doute que le révérend dom Mortès les avait arrachés à la main mourante de mon père ? Eh bien, tu te trompais. (Tirant le parchemin de sa poitrine, et le lui jetant à la figure.) Tiens, lis !...

TERESINA.

Don José ! don Juan ! Qu'y a-t-il ?

DON JOSÉ, ramassant le parchemin.

Se pourrait-il ? Oh ! mon Dieu !...

TERESINA.

Mais qu'y a-t-il ?...

DON JUAN, la prenant par le bras et lui montrant don José.

Il y a... que cet homme vous avait dit qu'il était noble, n'est-ce pas ? qu'il avait des châteaux et des titres, n'est-ce pas ? qu'il vous donnerait un manteau de cour et une couronne de duchesse, n'est-ce pas ? Eh bien, cet homme, c'était un vassal et un serf, et voilà tout. Holà, messieurs ! entrez !

(Plusieurs hommes armés entrent.)

TERESINA.

Est-ce vrai, don José ?

DON JOSÉ, écrasé.

Mon Dieu ! mon Dieu !...

DON JUAN.

Maintenant, pâlis et tremble devant ton seigneur, esclave!...
Chapeau bas devant ton maître, vassal! (Il lui fait sauter son chapeau.) Dépouille ces vêtements, qui sont ceux d'un gentilhomme (il lui arrache son manteau), et revêts la livrée d'un valet; et, à l'avenir, n'approche plus de cette femme; sois aveugle quand elle paraît, sourd quand elle parle, muet quand elle questionne (jetant le bras autour de Teresina); car cette femme est à moi!...

DON JOSÉ, tirant son épée.

Malheur sur celui de nous deux qui est le véritable fratricide!

(Don Juan lui arrache l'épée des mains et la brise.)

TERESINA.

Ah!

(Elle tombe dans les bras de Paquita.)

DON JUAN, se tournant vers ses hommes d'armes.

Vous voyez que cet homme est fou, mes maîtres; emmenez-le!

(Les hommes d'armes saisissent don José et l'emmènent sans qu'il prononce une parole.)

LE SÉNÉCHAL.

Monseigneur, quelle punition a-t-il méritée?

DON JUAN.

Celle qu'on inflige aux serfs rebelles. Allez.

## SCÈNE XI

### DON JUAN, TERESINA, PAQUITA.

PAQUITA, montrant Teresina évanouie.

Monseigneur!

DON JUAN, la soutenant.

Des flacons, des sels! allons, cours! (Paquita sort.) Esclave!

HUSSEIN.

Monseigneur?

DON JUAN.

Mes hommes d'armes?

HUSSEIN.

Sont prêts.

DON JUAN.

Mon cheval?

HUSSEIN.

Est sellé.

DON JUAN.

Ma bannière?

HUSSEIN.

Au vent.

DON JUAN, emportant Teresina.

Allons, alors!

HUSSEIN.

Vous n'attendez pas des secours?

DON JUAN.

Le grand air la fera revenir... (Entrant dans le corridor.) Ferme cette porte derrière nous!

(Hussein sort le dernier et ferme la porte.)

## SCÈNE XII

PAQUITA, rentrant; puis DON JOSÉ.

PAQUITA.

Voilà, monseigneur, voilà! Personne! Où sont-ils?

DON JOSÉ, au bas de l'escalier.

Teresina!

PAQUITA.

C'est la voix de don José.

DON JOSÉ, se rapprochant.

Teresina!

PAQUITA.

Il vient! s'il apprenait... Mon Dieu!

DON JOSÉ, se précipitant dans l'appartement par la porte de la chambre de Teresina, pâle et sans pourpoint.

Teresina!

PAQUITA, fuyant par la même porte qu'il a laissée ouverte.

Notre-Dame de la Garde, ayez pitié de moi!

(Elle ferme la porte.)

## SCÈNE XIII

DON JOSÉ, seul, secouant la porte par laquelle est sorti don Juan.

Fermée!... C'est par cette porte qu'il est sorti. (Se retournant vers l'autre.) Mais, par celle-ci, on peut le rejoindre. (Secouant la

3.

porte.) Fermée aussi ! Cette fenêtre, du moins... (Il l'ouvre.) Fermée encore !... des barreaux de fer ! (Il les secoue et les mord, puis vient rouler sur la scène avec des cris inarticulés. Se relevant.) Abandonné de Dieu !... abandonné des hommes !... abandonné de tout !... A moi, le démon !... à moi, Satan !... On dit que notre famille a un mauvais ange ; s'il en est ainsi, il doit apparaître quand on l'appelle. A moi, le mauvais ange des Marana !... à moi !...

## SCÈNE XIV

### DON JOSÉ, LE MAUVAIS ANGE.

LE MAUVAIS ANGE.

Me voilà, maître... J'étais en train d'escorter en enfer l'âme de doña Vittoria ; c'est de la besogne que m'avait donnée votre frère.

DON JOSÉ.

A mon tour, maintenant !

LE MAUVAIS ANGE.

Ordonnez.

DON JOSÉ.

Démon, il faut que je me venge !

LE MAUVAIS ANGE.

De don Juan ?

DON JUAN.

Oui !

LE MAUVAIS ANGE.

Qui vous a insulté, n'est-ce pas ?

DON JOSÉ.

Oui !

LE MAUVAIS ANGE.

Qui vous a enlevé votre maîtresse ?

DON JOSÉ.

Oui !

LE MAUVAIS ANGE.

Et qui vous a fait battre de verges ?

DON JOSÉ.

Tais-toi !...

LE MAUVAIS ANGE.

Ah ! ah ! ah !...

DON JOSÉ.
M'as-tu entendu, maudit?
LE MAUVAIS ANGE.
A quoi puis-je vous être bon?
DON JOSÉ.
Ouvre-moi ces portes; donne-moi une épée, un poignard, une arme quelconque, et mène-moi sur le chemin où il doit passer.
LE MAUVAIS ANGE.
Pour qu'il vous fasse arrêter de nouveau par ses hommes d'armes, et conduire au gibet? Battu et pendu dans le même jour? Allons donc!...
DON JOSÉ.
Mais tu ne peux donc m'aider en rien?
LE MAUVAIS ANGE.
Si fait; y aura-t-il du sang versé?
DON JOSÉ.
Tout ce que le corps d'un homme en contient, jusqu'à la dernière goutte.
LE MAUVAIS ANGE.
Y aura-t-il un âme perdue?
DON JOSÉ.
Deux, je l'espère.
LE MAUVAIS ANGE.
Allons, je vois que je puis me mêler de la chose.
DON JOSÉ.
Hâte-toi!
LE MAUVAIS ANGE.
Vous avez du courage?
DON JOSÉ.
Je t'ai appelé.
LE MAUVAIS ANGE.
C'est bien.
DON JOSÉ.
Que faut-il faire?
LE MAUVAIS ANGE.
Il faut d'abord que vous soyez reconnu par votre père pour son fils, afin que vous soyez reconnu par votre frère pour gentilhomme.
DON JOSÉ.
Mais mon père est mort.

LE MAUVAIS ANGE.

Il y a quelque part un acte écrit de sa main, n'est-ce pas? scellé de son sceau, n'est-ce pas?

DON JOSÉ, ramassant le parchemin.

Le voilà... Oui, voilà l'écriture de mon père, le sceau de mon père, mais la signature manque.

LE MAUVAIS ANGE.

Eh bien, il faut que votre père le signe.

DON JOSÉ.

Mais je te dis que mon père est mort.

LE MAUVAIS ANGE.

Vous descendrez dans sa tombe.

DON JOSÉ.

Mon Dieu! mon Dieu!...

LE MAUVAIS ANGE.

Le corps meurt, mais l'âme survit; or, l'âme, ce sont les passions, et chaque homme a eu une passion dont il a fait son âme : l'ambitieux, le trône; l'avare, son trésor; l'envieux, sa haine. En conjurant une âme au nom de la passion qui l'a animée, l'âme vous entend et remonte de l'enfer, ou redescend du ciel pour animer le corps; or, l'âme du vieux comte, c'était son amour paternel pour toi; conjure donc l'âme de ton père au nom de cet amour, et ton père sera forcé de te répondre.

DON JOSÉ.

Jamais, jamais je ne ferai un tel sacrilége!...

LE MAUVAIS ANGE.

Alors, il faut renoncer à te venger de ton frère.

DON JOSÉ, d'une voix sombre.

Je descendrai dans la tombe de mon père; après?

LE MAUVAIS ANGE.

Eh bien, après, ton père signera, mort, ce qu'il aurait dû signer vivant; et alors, monseigneur, vous serez le fils légitime du comte de Marana, l'ami de votre frère, le maître de ses biens et de ses vassaux. Après, eh bien, vous serez ce qu'il est, et vous lui ferez ce qu'il vous a fait, ou autre chose.

DON JOSÉ.

C'est infernal!... mais n'importe : ordonne à ces portes de s'ouvrir, et marche devant, je te suis.

LE MAUVAIS ANGE.

Voulez-vous passer par le chemin le plus court?

###### DON JOSÉ.
Oui.
###### LE MAUVAIS ANGE.
Donnez-moi la main.
###### DON JOSÉ.
La voilà.
###### LE MAUVAIS ANGE, s'enfonçant en terre avec lui.
Allons !

(Ils disparaissent.)

## TROISIÈME TABLEAU

Au ciel. — Le théâtre représente l'espace; des nuages flottent. La Vierge es assise, éclairée par une lumière ardente. A trois ou quatre pieds au-dessous d'elle, le bon Ange est à genoux.

## SCÈNE UNIQUE

#### LE BON ANGE, LA VIERGE.

###### LE BON ANGE.
Vierge, à qui le calice à la liqueur amère
    Fut si souvent offert;
Mère, que l'on nomma la douloureuse mère,
    Tant vous avez souffert;

Vous dont les yeux divins, sur la terre des hommes,
    Ont versé plus de pleurs
Que vos pieds n'ont depuis, dans le ciel où nous sommes,
    Fait éclore de fleurs;

Vase d'élection, étoile matinale,
    Miroir de pureté,
Vous qui priez pour nous, d'une voix virginale,
    La suprême bonté;

A mon tour, aujourd'hui, bienheureuse Marie,
    Je tombe à vos genoux;
Daignez donc m'écouter, car c'est vous que je prie,
    Vous qui priez pour nous.

###### LA VIERGE.
Parlez; car mes regards, parmi ces blondes têtes
    Dont Dieu s'environna,

Vous cherchèrent souvent. Je vous connais : vous êtes
    L'ange de Marana.

Pour calmer au plus tôt votre douleur amère,
    Dites, que pouvons-nous ?
Parlez ; mon Fils n'a pas de refus pour sa mère,
    Ni sa mère pour vous.

### LE BON ANGE.

O Vierge! vous savez quel céleste mystère
    M'enchaînait au bas lieu,
Et pourquoi je restai si longtemps sur la terre,
    Loin de vous et de Dieu.

Je veillais sur don Juan ; mais l'esprit de l'abîme
    Plus que moi fut puissant,
Et don Juan, à sa voix, fit un pas vers le crime
    Par un chemin de sang.

Alors, je remontai vers la céleste voûte,
    Pleurant sur le maudit,
Et criant au Seigneur : « Il changera de route ! »
    Le Seigneur répondit :

« Sois encore une fois son ange tutélaire,
    Et, jusqu'à ton retour,
Je laisserai dormir le fer de ma colère
    Aux mains de mon amour. »

J'allai donc, lui portant la parole céleste
    Comme un divin trésor ;
Mais voilà que don Juan, dans la route funeste,
    A fait un pas encor.

Et je n'ose apporter ces nouvelles du monde
    Au divin tribunal ;
Car, malgré moi, j'éprouve une pitié profonde
    Pour cet enfant du mal.

Or, le Seigneur ayant dit, en son indulgence,
    Que, jusqu'à mon retour,
Il laisserait dormir le fer de sa vengeance
    Aux mains de son amour,

Je voudrais demeurer loin de sa face austère ;
    Car, pendant mon exil,
Peut-être dans la voie étroite et salutaire
    Don Juan rentrera-t-il ?

Mais, comme vous savez qu'aux voûtes éternelles,
　　Malgré moi, tend mon vol,
Soufflez sur mon étoile et détachez mes ailes,
　　Pour m'enchaîner au sol.

En un être mortel changez mon divin être,
　　Et je vous bénirai ;
Car Dieu ne me verra devant lui reparaître
　　Qu'à l'heure où je mourrai.

LA VIERGE.

O pauvre ange immortel ! qui, comme un don, réclame
　　La faveur de mourir !
O pauvre cœur divin qui veut un corps de femme
　　Afin de mieux souffrir !

Mon fils a, tu le sais, fait le même voyage ;
　　C'était un cœur puissant,
Et pourtant il mouilla mes mains et mon visage
　　D'une sueur de sang.

Le monde assemblera son tribunal sévère ;
　　On ne meurt qu'une fois ;
Mais la mort peut t'attendre au sommet d'un calvaire ?

LE BON ANGE.

　　J'y porterai ma croix.

LA VIERGE.

Mais alors qu'il faudra que la loi s'accomplisse,
　　Si, brisés par leurs coups,
Tes pieds ne peuvent plus te porter au supplice ?

LE BON ANGE.

　　J'irai sur mes genoux.

LA VIERGE.

Voici venir au ciel une âme que la terre
　　Rend à l'éternité...

(On voit passer, sous la forme d'une flamme, une âme qui monte au ciel.)

LE BON ANGE.

Laissez-moi ranimer, sur son lit solitaire,
　　Le corps qu'elle a quitté.

Nulle ne sait encore, au couvent du Rosaire,
　　Que sœur Marthe a vécu.
O Vierge ! accordez-moi l'avenir de misère
　　Qu'elle-même aurait eu.

Contre cet avenir permettez que j'échange
Mon céleste avenir ;
C'est mon désir ardent...

LA VIERGE.

Qu'il soit fait, ô bel ange.
Selon votre désir.

Allez, vous n'êtes plus rien qu'une pauvre femme,
Sans aucun souvenir du céleste séjour,
Ayant, pour tout soutien et tout trésor, dans l'âme :
L'espérance, la foi, la prière et l'amour.

(Les ailes de l'Ange tombent toutes seules, et l'Ange redescend lentement vers la terre.)

## ACTE TROISIÈME

### QUATRIÈME TABLEAU

Une posada élégante, à Madrid. A gauche du spectateur, une Madone peinte sur le mur, et éclairée par une lampe.

### SCÈNE PREMIÈRE

DON FABRIQUE, DON HENRIQUEZ, entrant.

DON FABRIQUE.

Décidément, depuis le Cid, il n'y a eu qu'un homme dans toutes les Espagnes, et cet homme est don Luis de Sandoval d'Ojedo.

DON HENRIQUEZ.

Je suis de ton avis ; seulement, cet homme ne se nomme pas don Luis de Sandoval d'Ojedo, il s'appelle don Juan de Marana.

DON FABRIQUE.

Je connais don Luis, et je ne connais pas don Juan ; je m'en tiens donc à ce que j'ai dit.

DON HENRIQUEZ.

Je ne connais pas plus don Juan que tu ne le connais toi-même ; mais on m'a raconté de lui des entreprises merveilleusement hardies.

DON FABRIQUE.

Tout ce que l'on t'a raconté de don Juan de Marana, je l'ai vu faire à don Luis de Sandoval.

DON PEDRO, entrant.

Qui parle de don Luis de Sandoval?... On vient de me dire une étrange histoire sur son compte.

DON HENRIQUEZ.

Laquelle?

DON PEDRO.

Savez-vous de qui il est fils?

DON FABRIQUE.

Mais, jusqu'à présent, je ne lui ai pas connu d'autre père que le mari de sa mère, don Carlos d'Ojedo.

DON PEDRO.

Certes; mais vous oubliez de dire de qui il est fils... Or, savez-vous par quel moyen don Carlos obtint ce fils?

DON HENRIQUEZ.

Par les moyens ordinaires, je suppose.

DON PEDRO.

Voilà l'erreur... Don Carlos était marié depuis dix ans sans avoir pu, malgré ses prières, obtenir d'héritier. Or, un soir qu'il rentrait dans son château, après avoir fait une tournée dans ses domaines, désolé plus que jamais de ne savoir à qui léguer une fortune considérable et un nom noble, il passa dans une sombre galerie où se trouvait un vieux tableau représentant saint Michel terrassant le démon, lorsqu'à son grand étonnement, il s'aperçut que les personnages n'étaient plus sur la toile, et que leur place était vide... Au même instant, il sentit qu'on lui frappait sur l'épaule; il se retourna : c'était le démon... Don Carlos, qui était un vieil Espagnol, fut choqué de cette familiarité, et il demanda au maudit ce qu'était devenu saint Michel, et qui lui avait permis de se promener ainsi, au lieu de demeurer honnêtement sur la toile où le peintre l'avait cloué... A cette question, le démon répondit que, tous les cent ans, Dieu rappelait à lui saint Michel pour lui donner des instructions nouvelles, et que, pendant que son gardien montait au ciel, lui jouissait de quelques heures de liberté, et d'un pouvoir assez grand pour accorder quelquefois aux hommes ce qu'ils ne pouvaient obtenir ni de Dieu ni des saints... (Sandoval entre.) Alors... (parlant plus bas), on assure que don Carlos lui demanda si ce pouvoir allait jusqu'à lui faire avoir un fils, et que le démon lui répondit que rien n'était plus facile... Si bien...

## SCÈNE II

### Les Mêmes, SANDOVAL.

#### SANDOVAL.

Si bien que j'ai deux pères, n'èst-ce pas, Pedrillo : l'un qui s'appelle don Carlos d'Ojedo, et qui prie au ciel, et l'autre qui se nomme monseigneur Satan, et qui rôtit en enfer?... Merci de la généalogie!... (Il hausse les épaules, marche vers une table, et désigne sa place en renversant une chaise.) Voici ma place, messieurs... Je vais donner une sérénade à doña Inès, comtesse d'Almeida ; s'il y a quelqu'un à Madrid à qui cela déplaise, il me trouvera sous ses fenêtres.

(Il sort.)

## SCÈNE III

### DON FABRIQUE, DON HENRIQUEZ, DON PEDRO, puis DON JUAN.

#### DON HENRIQUEZ.

Eh bien, Pedro, que dis-tu maintenant de cette histoire?

#### DON PEDRO.

Je dis que tout à l'heure j'en doutais encore.

#### DON FABRIQUE.

Et que maintenant?

#### DON PEDRO.

Je n'en doute plus.

#### DON HENRIQUEZ.

Eh bien, cette histoire n'est rien près de l'aventure qui vient d'arriver à don Juan.

(Don Juan entre.)

#### DON FABRIQUE.

Qu'est-ce que cette aventure?

#### DON HENRIQUEZ.

D'abord, il faut que vous sachiez que le vin favori de don Juan est le porto.

#### DON JUAN, entrant.

Vous vous trompez, señor : il préfère le val-de-peñas.

DON HENRIQUEZ.

Soit!... Hier donc, don Juan après avoir vidé deux bouteilles de val-de-peñas...

DON JUAN.

Vous êtes dans l'erreur, mon maître : il en avait vidé quatre.

DON HENRIQUEZ.

Peu importe... Il se promenait sur la rive gauche du Mançanarès...

DON JUAN.

On vous a mal rapporté la chose, mon cavalier : c'était sur la rive droite.

DON HENRIQUEZ.

Si vous savez l'histoire mieux que je ne la sais, il faut la raconter.

DON JUAN.

Volontiers, mes gentilshommes... Or, don Juan, se promenant sur la rive droite du Mançanarès, comme j'ai dit, était fort embarrassé pour allumer son cigare, lorsqu'il aperçut sur la rive gauche un homme qui fumait ; il lui ordonna aussitôt de passer le fleuve, et de lui apporter du feu... Mais le fumeur préféra allonger le bras, et l'allongea si bien, que le bras traversa le Mançanarès, et vint présenter son cigare à don Juan (1).

DON FABRIQUE.

Et que fit don Juan ?

DON JUAN.

Don Juan y alluma le sien, et dit : « Merci. »

(Il va s'asseoir à la place réservée par Sandoval.)

DON PEDRO, lui frappant sur l'épaule.

Seigneur cavalier !

DON JUAN.

Voulez-vous dire que ce n'est point ainsi que la chose s'est passée ?

DON PEDRO.

En aucune manière.

---

(1) Nous savons parfaitement que le tabac n'a été apporté en Europe que depuis deux siècles, à peu près ; mais une tradition espagnole attribue à don Juan *la vaillantise* qu'il raconte ici, et nous n'avons pas voulu lui faire tort d'un seul trait de son caractère.

DON JUAN.

Qu'est-ce alors?

DON PEDRO.

Je vous préviens que cette place est retenue.

DON JUAN.

Que m'importe!

DON PEDRO.

Mais retenue par don Luis de Sandoval!

DON JUAN.

Après?

DON PEDRO.

Vous êtes étranger, sans doute?

DON JUAN.

Autant qu'un vieux Castillan peut l'être à Madrid.

DON PEDRO.

Alors, vous ne connaissez pas don Luis de Sandoval?

DON JUAN.

Si fait, de réputation.

DON PEDRO.

Et vous vous exposez?...

DON JUAN.

Cela me regarde... (Don Pedro va rejoindre à la table ses deux amis.) Gomez! une bouteille de malaga et deux verres!
(Gomez les apporte. Moment de silence et d'étonnement de la part des cavaliers, et d'insouciance de la part de don Juan.)

## SCÈNE IV

### Les Mêmes, SANDOVAL.

SANDOVAL, entrant et allant à don Juan.

Señor!

DON JUAN, avec hauteur.

Qu'y a-t-il?

SANDOVAL.

Vous êtes assis à cette place...

DON JUAN.

Vous le voyez.

SANDOVAL.

Et votre intention est d'y rester?

DON JUAN.

Sans doute.

SANDOVAL.

Il n'y a qu'une difficulté, c'est que cette place est à moi.

DON JUAN.

C'est justement pour cela que je l'ai prise.

SANDOVAL.

Peut-être ne savez-vous pas qui je suis?...

DON JUAN.

Si fait!... un de ces messieurs a pris la peine de me le dire.

SANDOVAL.

Et vous vous êtes assis à la place de don Luis de Sandoval, sachant qu'elle était à don Luis de Sandoval?... Alors, vous êtes don Juan de Marana.

DON JUAN, lui tendant la main.

Touchez là, mon cavalier, vous avez trouvé votre homme.

SANDOVAL.

Tant mieux! car il y a longtemps que je désire vous rencontrer.

DON JUAN.

Et moi aussi.

SANDOVAL.

Je suis las d'entendre répéter qu'il y a dans les Espagnes une réputation qui balance la mienne.

DON JUAN.

Et moi aussi!

SANDOVAL.

De sorte que je vous hais.

DON JUAN.

Et moi aussi.

SANDOVAL.

Alors, nous allons nous entendre... Asseyons-nous, et causons.

DON JUAN.

Volontiers.

SANDOVAL, s'asseyant.

On vous dit brave cavalier?

DON JUAN.

Voici mon épée.

SANDOVAL.

Beau joueur.

DON JUAN.

Voici ma bourse.

SANDOVAL.

Et bon compagnon auprès des femmes?

DON JUAN.

Voici ma liste.

SANDOVAL.

La liste d'abord ; puis chaque chose aura son tour.

DON JUAN.

Et aucune ne se fera attendre.

SANDOVAL.

Cette liste est divisée en deux colonnes?

DON JUAN.

Pour plus de clarté.

SANDOVAL.

D'un côté, les femmes séduites ?

DON JUAN.

De l'autre, les maris trompés.

SANDOVAL.

Elle commence par doña Fausta, femme d'un pêcheur.

DON JUAN.

Et finit par la signora Luisa, maîtresse d'un pape... Vous voyez que l'échelle sociale est parcourue, et que chaque classe m'a fourni son contingent.

SANDOVAL.

Erreur!...

DON JUAN.

Comment cela ?

SANDOVAL.

Le loup est entré dans le bercail, c'est vrai ; mais il a laissé échapper la plus belle et la plus tendre de toutes les brebis.

DON JUAN.

Laquelle.

SANDOVAL.

Celle du Seigneur.

DON JUAN.

C'est par Dieu vrai ! il n'y a pas de religieuses... Messieurs, j'engage devant vous ma foi de gentilhomme qu'avant huit jours cette lacune sera remplie.

SANDOVAL.

Maintenant, jouons !

DON JUAN.

A vos ordres.

SANDOVAL.

Gomez, des cartes !

DON JUAN.

Gomez, des dés !

SANDOVAL.

Vous préférez?...

DON JUAN.

Cela va plus vite.

SANDOVAL.

Parfaitement.

DON JUAN.

Votre enjeu ?

SANDOVAL, jetant sa bourse.

Ce que j'ai sur moi.

DON JUAN, jetant la sienne.

Va !

SANDOVAL.

Votre bourse paraît mieux garnie que la mienne.

DON JUAN.

Oh ! entre gentilshommes, on n'y regarde pas de si près.

SANDOVAL, secouant les dés.

En trois coups ?

DON JUAN.

En un seul, s'il plaît à Votre Honneur ?

SANDOVAL, amenant.

Cinq !

DON JUAN.

Sept !

SANDOVAL.

Ma revanche ?

DON JUAN.

Volontiers... Que jouons-nous, cette fois ?

SANDOVAL.

J'ai perdu tout ce que j'avais d'argent comptant.

DON JUAN.

Votre parole est bonne...

SANDOVAL.

Cette agrafe vaut encore mieux.

DON JUAN.

Cette chaîne !...

SANDOVAL.

Très-bien... Neuf !

DON JUAN.

Onze !...

SANDOVAL.

J'ai dans les Algarves un vieux manoir de famille.

DON JUAN.

J'en possède trois dans les deux Castilles.

SANDOVAL.

Château contre château.

DON JUAN.

Le vôtre se nomme ?

SANDOVAL.

Almonacil.

DON JUAN.

Choisissez, de Villa-Mayor, d'Aranda ou d'Olmedo.

SANDOVAL, jetant les dés sur la table.

Onze ! pour Villa-Mayor.

DON JUAN, les jetant à son tour.

Douze ! pour Almonacil.

SANDOVAL, se levant.

Voyons si vous aurez le même bonheur à un autre jeu.

DON JUAN.

Êtes-vous déjà las de celui-ci ?

SANDOVAL.

Je n'ai plus rien au monde, que ma maîtresse.

DON JUAN.

Son nom ?

SANDOVAL.

Doña Inès, comtesse d'Almeida.

DON JUAN.

Cette bourse, cette agrafe et Almonacil, contre doña Inès d'Almeida.

SANDOVAL.

Vous êtes fou, don Juan !

DON JUAN.

Prenez garde, seigneur cavalier !... car je dirai partout que j'ai proposé à don Luis de Sandoval un enjeu, et que don Luis de Sandoval n'a pas osé le tenir.

SANDOVAL, s'asseyant.

Vous ne le direz pas.

DON JUAN.

Gomez, des cartes !

SANDOVAL, montrant les dés.

Vous avez assez de ces joujoux?

DON JUAN.

Ils vous portent malheur.

SANDOVAL.

Celui qui a dit le premier que vous étiez beau joueur a dit vrai, et je suis fâché de ne pas vous avoir rencontré hier.

DON JUAN.

Pourquoi cela?

SANDOVAL.

Hier, j'aurais ajouté à mon enjeu dix mille piastres que j'ai perdues cette nuit et que j'ai payées ce matin.

DON JUAN.

Hier, j'aurais ajouté au mien une jeune fille d'Andalousie, que j'avais enlevée il y a trois jours à mon frère.

SANDOVAL.

Et qu'est-elle devenue?

DON JUAN.

Satan le sait! je l'avais enfermée chez moi pour suivre avec plus de liberté une duègne qui avait eu l'imprudence de me remettre une lettre devant elle; jugez de ma surprise, lorsqu'en rentrant, j'ai trouvé...

SANDOVAL.

La porte ouverte?

DON JUAN.

Non, la fenêtre.

SANDOVAL.

Et elle donnait?

DON JUAN.

Sur le Mançanarès.

GOMEZ, entrant.

Voici les cartes.

SANDOVAL.

Au premier as.

DON JUAN.

Va pour la bourse, l'agrafe et Almonacil.

SANDOVAL.

Va pour doña Inès d'Almeida.

LES SPECTATEURS.

Bravo! c'est largement engagé.

SANDOVAL.

Henriquez, donnez les cartes!

(Henriquez donne les cartes.)

DON JUAN, montrant l'as qui lui est échu.

Votre maîtresse est à moi, don Luis.

SANDOVAL.

Gomez, du papier, de l'encre, des plumes!

GOMEZ.

Voilà, Votre Honneur.

SANDOVAL écrit, plie et cachette.

Faites porter cette lettre à doña Inès, comtesse d'Almeida, place Mayor.

DON JUAN.

Que lui dites-vous?

SANDOVAL.

Qu'un accident m'empêche d'aller chez elle et que je l'attends ici; les dettes de jeu se payent dans les vingt-quatre heures.

DON JUAN.

Et ce second billet?

SANDOVAL.

Vous le lui remettrez vous-même.

DON JUAN.

Il dit?

SANDOVAL.

Lisez!

DON JUAN, lisant.

« Madame, je vous ai jouée et je vous ai perdue; vous appartenez maintenant au seigneur don Juan de Marana, à qui je cède tous mes droits sur vous; j'espère que vous ferez honneur à ma signature.

» Don Luis de Sandoval d'Ojedo. »

SANDOVAL.

Maintenant, seigneur don Juan, écoutez un avis qu'il est de mon honneur de vous donner : doña Inès, comtesse d'Almeida, est une véritable Espagnole, hautaine et jalouse, portant toujours un poignard de Tolède à sa jarretière, et une fiole de poison à sa ceinture; gardez-vous de l'un et de l'autre.

DON JUAN.

Merci; mais, à mon tour, un mot, seigneur don Luis : votre dernier enjeu valait mieux que tout ce que j'aurais pu mettre contre lui ; reprenez donc, je vous prie, cette bourse et cette agrafe; quant au manoir de vos pères, je suis un fils trop pieux pour vous en déshériter.

SANDOVAL, donnant la bourse et l'agrafe à ses amis.

Tenez, Pedro; tenez, Henriquez, prenez ceci en mémoire de moi. Mon château d'Almonacil est à vous, don Fabrique. Messieurs, vous attesterez que je le lui ai vendu.

DON FABRIQUE.

Vous êtes un magnifique seigneur, don Luis.

DON PEDRO.

Un véritable hidalgo.

DON HENRIQUEZ.

Un Espagnol du temps de Rodrigue.

SANDOVAL.

Remerciez le seigneur don Juan, messieurs, et non pas moi.

DON FABRIQUE.

Mais votre château ?

SANDOVAL.

Je m'y réserve six pieds de terre dans le caveau de mes ancêtres; le reste est à vous.

DON JUAN.

Don Luis !...

SANDOVAL.

Don Juan, je commence à croire que vous serez aussi heureux à l'épée que vous l'avez été aux cartes et aux dés.

DON JUAN.

C'est vrai, j'avais oublié qu'il nous restait une dernière partie à faire.

SANDOVAL.

Je m'en souviens, moi : don Juan, vous me trouverez toute la nuit au Prado; ce n'est qu'à deux pas d'ici, comme vous savez. Allons, messieurs, suivez-moi.

(Ils sortent.)

## SCÈNE V

#### DON JUAN, seul.

Ah! c'est une véritable Espagnole, jalouse et hautaine, portant poignard à la jarretière et poison à la ceinture. Merci, don Luis! vous êtes vraiment un noble cavalier, et nous surveillerons doña Inès.

## SCÈNE VI

#### DON JUAN, INÈS, introduite par GOMEZ.

###### GOMEZ.

C'est ici, señora.

###### INÈS.

Merci. (Entrant vivement.) Que vous est-il arrivé? qu'avez-vous, don Luis? seriez-vous blessé? (Reculant à la vue de don Juan.) Un étranger! un inconnu! Qui êtes-vous? que me voulez-vous?

###### DON JUAN.

Je suis un gentilhomme de Castille, fort jaloux de connaître votre beauté avant de l'avoir vue, et fort amoureux d'elle depuis que je la vois...

###### INÈS.

Laissons cela, señor. Où est don Luis de Sandoval? que fait-il?

###### DON JUAN.

Mais, s'il ne m'a pas menti, il est à cette heure au Prado, avec ses amis, don Fabrique et don Henriquez... Ne fait-il pas, dites-moi, un magnifique temps de promenade?

###### INÈS.

Mais pourquoi lui au Prado, et vous ici?

###### DON JUAN, lui présentant le billet de Sandoval.

Tout vous sera expliqué par cette lettre, madame.

###### INÈS.

Mais donnez donc! ne voyez-vous pas que je meurs d'impatience? (Elle lit et regarde don Juan.) Cette lettre n'est pas de Sandoval.

###### DON JUAN.

Ne reconnaissez-vous point son écriture?

INÈS.

Si fait, par Notre-Dame, c'est bien la sienne! mais, écoutez, je ne comprends pas bien encore ; expliquez-moi tout cela.

DON JUAN.

Sandoval possédait un trésor dont il ne connaissait pas tout le prix; il l'a joué, il l'a perdu, voilà tout!

INÈS.

Mais je ne vous aime pas, moi.

DON JUAN.

Si vous haïssez Sandoval, cela revient au même.

INÈS.

Oh! si j'étais sûre qu'il eût commis cette infamie...

DON JUAN.

Vous avez d'autres lettres de lui, comparez.

INÈS.

Oui, oui. (Comparant.) Voilà bien sa signature, la même qu'il osa mettre au bas de la première lettre où il me dit : « Doña Inès, vous êtes belle; doña Inès, je vous aime. Don Luis de Sandoval d'Ojedo. » Un nom de noble que je croyais un noble nom ; Sandoval, c'est-à-dire l'homme que je préférais à tout dans ce monde, à ma sœur, à ma mère, à Dieu! et c'est celui-là, le même, le seul pour qui j'eusse dû demeurer sacrée, qui me joue, qui me perd, qui me livre, et c'est bien vrai tout cela, vrai sur l'honneur d'un Espagnol, vrai sur la foi d'un gentilhomme?

DON JUAN.

Sur la foi d'un gentilhomme et sur l'honneur d'un Espagnol, c'est vrai.

INÈS.

Oh! mon Dieu! mon Dieu!

DON JUAN.

Maintenant, le haïssez-vous, madame?

INÈS.

Maintenant, je le méprise.

DON JUAN.

Et moi?...

INÈS.

Vous êtes noble ?

DON JUAN.

Comme l'infant.

4.

INÈS.

Vous êtes brave?

DON JUAN.

Comme le Cid.

INÈS.

Et vous vous nommez?

DON JUAN.

Don Juan.

INÈS.

Don Juan, je t'aime!

DON JUAN.

Bien, ma Chimène.

INÈS.

Écoutez, cependant.

DON JUAN.

J'écoute.

INÈS.

Il m'a vendue, il en avait le droit, puisque je m'étais donnée... c'est bien; mais vous qui m'avez achetée, vous ne saviez sans doute pas que j'avais fait un serment?

DON JUAN.

Lequel?

INÈS.

De ne point appartenir à un autre tant qu'il serait vivant.... Vous voyez donc bien qu'il faut qu'il meure pour que je puisse être à vous.

DON JUAN, prenant son manteau.

C'est juste; il mourra.

INÈS, allant à lui avec un dernier doute.

C'est bien vrai, au moins, ce que vous m'avez dit?

DON JUAN.

Aussi vrai qu'il est au Prado, où je vais le chercher...

INÈS.

Allez donc! et amenez-le là... là, devant cette fenêtre, pour que je sois sûre qu'il m'a trahie... et, quand il sera là, frappez, et que je le voie tomber, afin que je sois sûre qu'il est mort.

DON JUAN.

Et vous m'attendrez ici?

INÈS, sonnant.

Maître! (Gomez entre, Inès dépose son voile.) Des glaces, des sor-

bets... Je soupe chez vous avec ce gentilhomme... (Gomez sort.)
Ou, si mieux vous aimez, prenez la clef et enfermez-moi !...

DON JUAN.

Merci, ma lionne... J'ai confiance en votre parole.

(Il sort.)

## SCÈNE VII

INÈS, seule.

O Sandoval! Sandoval !... c'est bien infâme de me traiter ainsi, comme on fait d'une courtisane que l'on donne quand on n'en veut plus... Moi qui habite un palais, me faire venir dans une taverne! (Gomez entre, suivi de deux Valets portant une table toute servie.) Bien, notre hôte, merci! (Gomez sort.) Je t'avais fait maître de ma personne, Sandoval, je t'avais confié mon honneur, et voilà ce que tu as fait de ce trésor !... N'importe, ta dernière volonté me sera sacrée, j'acquitterai ta dette, mais pas un de nous trois ne se lèvera demain pour raconter à Madrid le secret de notre triple mort. (Elle tire le voile devant la Madone.) Fermez les yeux, sainte mère du Christ, vous qui n'êtes qu'indulgence et charité, car une œuvre de vengeance va s'accomplir. (Se retournant.) Fermez les yeux et priez, priez pour moi. (Elle verse le poison dans la bouteille.) Ces cavaliers orgueilleux, ils croient, parce qu'ils portent une épée au côté, qu'il n'y a qu'eux qui puissent se venger, et que le fer seul donne la mort !... et, dans cette croyance, ils rient de nous, de nous autres, pauvres femmes, sans défense et sans courage... Et maintenant, don Juan, viens me prendre, je t'attends. Des pas... (Allant à la fenêtre.) Deux hommes !... ils viennent de ce côté, ils s'arrêtent sous cette fenêtre. (Elle l'ouvre.) Ce sont eux. La nuit est si noire, que je ne puis distinguer lequel est don Luis et lequel est don Juan... Ils tirent leurs épées !... ils se battent. (On entend le cliquetis du fer.) Un cri !... l'un des deux tombe !... lequel ?... Si c'était don Juan !... malheur! qui me vengerait de Sandoval ?... On vient... on monte... Don Juan !...

## SCÈNE VIII

#### DON JUAN, INÈS.

###### DON JUAN.

Vous êtes libre, Inès!...

###### INÈS, immobile.

Oui, je l'ai vu tomber.

###### DON JUAN.

Alors, madame, vous avez vu choir un noble gentilhomme.

###### INÈS, prenant un flambeau.

C'est bon, je reviens.

###### DON JUAN, l'arrêtant.

Où allez-vous?

###### INÈS.

M'assurer que c'est lui et non pas un autre.

## SCÈNE IX

#### DON JUAN, seul.

Va donc, Inès, va... car c'est bien lui! (Passant la main sur son front.) Allons, don Juan... qu'est-ce donc? Ce n'était qu'un homme, après tout... Oui, mais un de ces hommes de bronze comme la nature en coule un sur mille... Eh bien, tant mieux! cet homme eût été pour ma renommée un rival trop dangereux... Fatalité, qui l'a jeté sur ma route! Allons, allons... c'est un rival de moins et une maîtresse de plus. (A Inès, qui rentre.) Venez, ma charmante!

## SCÈNE X

#### DON JUAN, INÈS.

###### DON JUAN.

Eh bien, Sandoval?...

###### INÈS, pâle et posant son flambeau sur la table.

Sommes-nous ici pour parler de lui?

###### DON JUAN.

Vous avez raison, sur mon âme!... et vous êtes une noble Espagnole, et vous êtes belle, et je vous aime! je vous aime! Vous avez raison, la vie est si étrangement courte, qu'il faut mettre à profit ses heures, ses minutes, ses secondes... Vous avez raison, nous ne sommes point ici pour nous souvenir du passé, nous y sommes pour jouir du présent... (S'asseyant et tendant son verre à Inès, qui verse.) A nos amours, Inès!

INÈS.

A nos amours, don Juan!

DON JUAN, le verre à la main.

Asseyez-vous... C'est une chose sainte que l'amour quand deux cœurs nés l'un pour l'autre fleurissent ensemble comme deux boutons sur une même tige... Mais c'est chose rare que ces amours juvéniles et transparentes, et nul ne peut dire, en voyant sourire une femme, que cet amour est exempt de perfidie... (Regardant son verre.) C'est une bonne chose que le vin!... mais dans le meilleur, la main d'un ennemi peut traîtreusement verser du poison. (Avec nonchalance.) « Don Juan, me disait Sandoval en expirant, ne buvez jamais le vin versé par une maîtresse qui ne vous aime plus, ou qui ne vous aime pas encore, si cette maîtresse ne goûte pas le vin la première. » C'était un homme d'un grand sens que Sandoval; qu'en dites-vous, madame? (Inès, sans répondre, boit le vin empoisonné; don Juan la suit des yeux; puis, quand elle a fini, il appelle.) Gomez! (Gomez entre, portant une bouteille; don Juan lui montrant le vin versé par Inès.) Quel est ce vin?

GOMEZ.

Du montilla.

DON JUAN.

Et celui que tu apportes dans cette bouteille?

GOMEZ.

Du val-de-peñas.

DON JUAN, posant sur la table le verre empoisonné et en prenant un autre.

Verse du val-de-peñas, je le préfère. (Gomez verse.) Merci! (Gomez sort.) Allons! (Il va pour choquer son verre contre celui d'Inès, qui laisse tomber le sien.) Eh bien, qu'y a-t-il, mon amour?

(Il boit.)

INÈS, se soutenant au dossier d'un fauteuil.

Rien! rien!

DON JUAN, se levant.

Rien, n'est-ce pas? si ce n'est que doña Inès a pris, jusqu'à cette heure, don Juan de Marana pour un écolier de Salamanque ou un étudiant de Murviedro, et qu'elle s'est dit à elle-même : « J'aurai bon marché de cet homme; je vais lui faire tuer d'abord mon amant, qui m'a trahie, puis ensuite je m'empoisonnerai avec lui... » Il y a, du reste, grandeur et courage dans cette résolution... Mais je suis jeune, riche, noble : j'aime la vie et je ne veux pas mourir, moi... (Jetant son manteau sur ses épaules.) Avez-vous des commissions pour ce monde, madame?

INÈS.

Oui, dites à ma sœur, qui est une sainte fille du couvent de Notre-Dame du Rosaire, qu'elle ait à prier pour l'âme d'une pécheresse.

DON JUAN.

La chose sera faite en conscience! j'étais embarrassé de trouver un prétexte pour entrer dans une de ces saintes maisons, et vous me le donnez... (Il achève son verre.) Merci, doña Inès, merci!

(Il sort.)

INÈS, allant tomber près de la Madone.

Sainte mère de Dieu, ayez pitié de moi!

## CINQUIÈME TABLEAU

L'intérieur du tombeau du comte de Marana. D'un côté du théâtre, des entassements de roches de diverse nature se perdant dans les frises, et dont les anfractuosités forment un escalier naturel qui descend jusqu'au pied des murs du tombeau.

## SCÈNE PREMIÈRE

DON JOSÉ, LE MAUVAIS ANGE.

LE MAUVAIS ANGE, à don José, qui est assis sur une des roches supérieures.

Pardon, maître, si je vous ai quitté un instant, mais j'étais impérieusement rappelé à Madrid pour souffler un mauvais conseil à votre frère.

DON JOSÉ, se levant.

C'est bien.

LE MAUVAIS ANGE.

A la manière dont il les suit, ce serait péché que de l'en laisser manquer; il y a à cette heure deux âmes de plus qui voyagent sur la route de l'enfer avec des passe-ports signés don Juan.

DON JOSÉ.
Tant mieux, et que la colère de Dieu s'amasse sur sa tête!
LE MAUVAIS ANGE, s'arrêtant.
Vraiment, si Votre Seigneurie n'était si pressée, je lui ferais observer que nous traversons en ce moment une mine d'argent qui n'appartient à personne, et qui attend un pauvre pour en faire un riche.
DON JOSÉ.
Tu sais que ce n'est point cela que je cherche... Marche!
LE MAUVAIS ANGE, descendant quelques escaliers et s'arrêtant de nouveau.
Maître, voilà sur mon honneur un filon de l'or le plus pur. Il fallait que le roi Ferdinand fût bien fou pour envoyer chercher au Mexique ce qu'il pouvait trouver en grattant cette noble terre d'Espagne. De l'or, maître, de l'or! va dénoncer cette mine à Charles-Quint, et il te fera ministre; et il te permettra de garder ton chapeau devant lui, et il te pendra au cou un mouton au bout d'une chaîne.
DON JOSÉ.
Je n'ai pas le temps d'être ambitieux... Marche!
LE MAUVAIS ANGE.
Pardon! mais, si pressé que vous soyez, permettez que je vous offre ce diamant : regardez son eau, pesez sa lourdeur, et, lorsque vous serez de retour sur la terre, brisez-le en trois morceaux, et, avec chacun deux, vous achèterez, si vous voulez, la sultane de Soliman, la maîtresse de François I$^{er}$, et la femme de Henri VIII.
DON JOSÉ.
Il n'y avait en ce monde qu'une femme que je désirasse posséder; elle est morte ou déshonorée, et il faut que je la venge... Marche!
LE MAUVAIS ANGE.
Nous sommes arrivés; voici les murs du caveau où est enfermé le tombeau de votre père...
DON JOSÉ.
Mais la porte?
LE MAUVAIS ANGE.
Ah! la porte, vous m'avez demandé le chemin le plus court; elle est de l'autre côté.
DON JOSÉ.
Et comment entrerai-je?

LE MAUVAIS ANGE.

N'est-ce que cela qui vous inquiète? (Il souffle, le mur s'écroule.) Passez, monseigneur; quant à moi, je vous attends ici, j'aime autant ne pas me hasarder en terre sainte.

## SCÈNE II

DON JOSÉ, LE COMTE DE MARANA, couché sur sa tombe; LE MAUVAIS ANGE, assis en dehors.

DON JOSÉ, s'avançant avec respect.

Pardon, mon père, si je descends dans votre tombeau avec d'autres mots à la bouche que des mots de prière, avec un autre sentiment dans le cœur que celui de l'amour filial. Mais vous savez ce qui est arrivé, mon père; eh bien, s'il est vrai que vous ayez aimé ma mère d'un amour conjugal; s'il est vrai qu'elle fut toujours pure et que je suis votre fils aîné; s'il est vrai qu'au moment de mourir vous vouliez me reconnaître pour l'héritier de votre nom; si ce parchemin que je vous apporte est l'expression de votre volonté; s'il est écrit de votre main, s'il est scellé de votre sceau, s'il n'y manque que votre signature, si la mort seule a fait tomber la plume de vos doigts, par l'amour de l'amant, par l'honneur du chevalier, par le cœur du père, je vous adjure, entendez-vous? votre fils bien-aimé, sur le sein duquel vous avez rendu le dernier soupir; votre fils au désespoir vous adjure de demander à Dieu, comme unique récompense de votre noble vie, qu'il délie les chaînes glacées qui vous attachent au cercueil, afin que vous vous souleviez sur votre tombe, et mettiez votre signature au bas de cet acte.

(L'effigie du Comte se soulève lentement sur le tombeau, prend la plume et le parchemin des mains de don José, signe, laisse tomber le parchemin, et se recouche sans pousser un soupir, sans prononcer une parole.)

DON JOSÉ, les bras étendus et les yeux fixes.

Père! père!... Mais non, le voilà redevenu immobile. (Lui prenant la main.) Froid! c'était une illusion... Et ce parchemin? (Il ramasse le parchemin et regarde.) Il a signé! Ah! je ne suis donc plus un vassal! je ne suis donc plus un bâtard! je suis don José de Marana. Merci, père, merci! (L'embrassant au front.) Tu m'as donné le droit de porter l'épée!... Malheur à toi, don Juan, malheur!

(Il s'élance hors du tombeau et monte vivement l'escalier de roches.)

LE MAUVAIS ANGE.

Eh bien, vous ne m'attendez pas, monseigneur?

DON JOSÉ.

Je n'ai plus besoin de toi.

LE MAUVAIS ANGE.

Mais, moi, j'ai encore besoin de vous, maître!

(Il s'élance sur ses pas.)

## ACTE QUATRIÈME

### SIXIÈME TABLEAU

Une église avec des tombeaux.

### SCÈNE PREMIÈRE

DON JUAN, entrant; DOM SANCHEZ, MARTHE, agenouillée et priant; RELIGIEUSES.

Les vêpres finissent.

DON JUAN, s'adressant à dom Sanchez, qui va sortir.

Mon révérend, pourriez-vous me dire laquelle de ces jeunes filles est sœur Marthe?

DOM SANCHEZ.

Celle qui prie encore quand les autres ne prient déjà plus.

DON JUAN.

Merci, mon père.

(Dom Sanchez sort; toutes les Religieuses se sont éloignées; il ne reste plus dans l'église que Marthe, qui prie, et don Juan, qui la regarde, appuyé contre un bénitier.)

### SCÈNE II

### DON JUAN, MARTHE.

Après un moment de silence, Marthe se lève et s'avance vers le bénitier.

DON JUAN, lui présentant de l'eau bénite.

Dieu soit avec vous, sœur Marthe!

MARTHE, *le regardant.*
Merci, mon frère; mais d'où savez-vous mon nom?
DON JUAN.
Je l'ai appris d'une personne qui vous était bien chère; et, comme sa voix mourante n'aurait pu le répéter une seconde fois, je l'ai retenu à la première.
MARTHE.
Vous connaissiez ma sœur Inès?
DON JUAN.
J'étais près d'elle lorsqu'elle rendit à Dieu une des plus nobles âmes que Dieu ait envoyées sur la terre.
MARTHE.
Oui; j'ai vu entrer hier dans cette église des gens qui portaient un cadavre et qui pleuraient; je leur ai demandé la cause de leurs larmes, et ils m'ont dit qu'ils pleuraient parce que doña Inès d'Almeida était morte, et que doña Inès était la mère des pauvres. Alors je suis tombée à genoux, et je leur ai dit : « Pleurons ensemble, mes frères, car c'était ma sœur. »
DON JUAN.
Doña Inès est ensevelie dans cette église? Tant mieux! elle verra si je suis un messager fidèle.
MARTHE.
Elle avait une vénération si profonde pour Notre-Dame du Rosaire qui la protége, que, vivante encore, elle y avait fait élever son tombeau! Hélas! la mort a été bien vite jalouse de la vie; et la tombe s'est lassée d'attendre!... Soyez béni, vous qui avez connu ma sœur!
(Elle fait un mouvement pour s'éloigner.)
DON JUAN.
Mais ne voulez-vous pas entendre ses dernières paroles? Ce sont des paroles d'amour.
MARTHE, *se rapprochant.*
Oh! si, répétez-les-moi sans en oublier une seule et sans y changer un syllabe.
DON JUAN.
« Don Juan, m'a-t-elle dit, allez trouver ma sœur au couvent de Notre-Dame du Rosaire; dites-lui qu'un cavalier m'avait insultée, et que vous m'avez vengée; mais ajoutez que je n'ai

pas voulu survivre à cette insulte, et annoncez-lui qu'elle est maintenant la seule héritière de mon bien et de mon titre. »
MARTHE.
Je vais donc avoir un sacrifice méritoire à faire à Dieu ; car, lorsque j'entrai dans ce couvent, j'étais la sœur cadette d'Inès, et notre père y paya ma dot; et voilà tout !
DON JUAN.
Et comptez-vous pour rien le sacrifice de vos quinze ans, d'un cœur qui n'avait pas encore battu, et d'une beauté qui rendrait le roi jaloux de Dieu ?
MARTHE, voulant s'éloigner.
Mon frère, il nous est défendu d'écouter des paroles mondaines.
DON JUAN.
Non pas lorsqu'elles sortent de la bouche mourante d'une sœur, et j'atteste son âme, qui nous écoute, que je répète ici ses dernières volontés. Elle me dit donc : « Don Juan, vous êtes un cavalier loyal, un ami sincère, un homme pieux, incapable d'égarer une jeune âme comme celle de ma sœur ; dites-lui donc en mon nom que, si elle se sent une vocation réelle pour la vie monastique... (Marthe regarde don Juan ; pause d'un instant ; don Juan continue) ; que, si jamais dans ses rêves elle n'a regretté le monde ; que, si jamais elle n'a soupiré en enfermant un corps si merveilleux sous une robe de bure ; que, si jamais elle n'a pleuré l'heure solennelle où ses blonds cheveux sont tombés sous le ciseau du prêtre ; alors, dites-lui qu'elle lègue ses biens au couvent, et qu'elle y reste à prier pour mon âme. »
MARTHE.
Hélas ! hélas !
DON JUAN.
« Mais que, si, au contraire, le monde qu'elle a quitté lui est resté présent avec toutes ses promesses, tous ses enchantements, tous ses délices ; que, si son cloître lui paraît désert, sa cellule étroite, sa vie désenchantée, elle vous confie, à vous, mon ami, qui êtes instruit en matière de religion, ses ennuis, ses doutes, son espoir ; alors vous la conseillerez, n'est-ce pas ? » Je le lui ai promis. Eh bien, Marthe, au nom de votre sœur, votre frère vous interroge ; voyons.
MARTHE.
Oh ! mon Dieu ! ce sont des sentiments si inconnus que ceux

que j'éprouve, des paroles si étranges que celles que j'entends, des visions si bizarres que celles qui m'apparaissent, que je n'ai point encore osé les avouer à notre directeur lui-même.

DON JUAN.

Pourquoi craindre? Ces sentiments inconnus sont sans doute ceux de votre âge? C'est le besoin d'aimer et d'être aimée ; ce sont les battements d'un cœur de dix-huit ans plein de sang espagnol ; c'est la perception encore vague de ces émotions délicieuses que l'amour éveillera plus tard dans votre âme ; ce sont des pressentiments d'un bonheur à venir qui vous semblent des souvenirs perdus d'un bonheur passé.

MARTHE.

Oh! oui, oui, c'est cela.

DON JUAN.

Ces paroles étranges, c'est la voix du monde qui vous appelle; elle vous dit : « Marthe, on m'a calomnié à tes yeux; je ne suis point tel que l'on m'a peint à toi, plein de séductions trompeuses et infernales; je ne suis point le chemin de perdition qui conduit au royaume de Satan : je suis un jardin de délices où la beauté est reine et commande. Viens, Marthe! tes yeux se sont illuminés du feu de ton âme; tes longs cheveux ont repoussé sous ta coiffe de religieuse ; ta taille d'enfant s'est développée sous la robe sainte; à défaut de miroir, l'eau de la fontaine t'a dit que tu étais belle. Viens, Marthe, viens, un trône t'attend! »

MARTHE.

Oh! oui, oui, et ces paroles, quand je les entends, c'est un délire.

DON JUAN.

Et, parmi ces visions bizarres, ne passe-t-il point parfois un jeune cavalier qui s'approche de vous et qui vous dit : « Marthe, ma bien-aimée, je t'ai vue depuis que ma jeunesse a des songes d'amour... Je te cherche dans le monde et je ne t'y rencontre pas!... Pourquoi te caches-tu dans l'ombre du cloître au lieu de briller au soleil de nos cités?... Fleur de beauté, tu dois éclore dans un jardin, et non sur une tombe... Viens, Marthe! franchis la porte de ton couvent; elle donne sur le monde, c'est-à-dire sur le bonheur... sur la vie... sur l'amour. »

MARTHE.

Oh! mais c'est bien cela! Par quelle magie devinez-vous

ainsi mes plus secrètes pensées?... Ce jeune homme surtout, cet habitant inconnu de mes nuits de fièvre et d'insomnie... qui vous a dit qu'il venait les visiter?...

DON JUAN.

Qui me l'a dit, Marthe? qui me l'a dit?... Oh! si vous ne me devinez pas, je suis bien malheureux.

MARTHE, le regardant.

Mon Dieu!

DON JUAN.

Je vous ai reconnue, moi... A l'instant où je vous vis, je me suis dit : « Celle que je cherche, la voilà !... la bien-aimée de mon cœur, la voilà !... la fiancée de mes rêves, la voilà ! c'est elle ! » Car vous avez passé dans mes nuits comme j'ai passé dans les vôtres, et, si j'ai éclairé votre sommeil, vous avez brûlé le mien.

MARTHE.

Eh bien, écoutez, écoutez à votre tour, et que Dieu me pardonne ; si je fais mal, je l'ignore... mais c'est étrange, ce que je vais vous dire. Je ne vous avais jamais rencontré avant aujourd'hui, non, j'en suis sûre ; eh bien, cependant je vous ai reconnu ; il m'a semblé vous avoir vu déjà dans un autre monde, sinon dans celui-ci... Vous avez parlé, le son de votre voix m'a fait tressaillir et m'a inondée d'une mélodie familière à mon oreille ! Vous avez dit votre nom, don Juan, ce nom... certes, je ne connaissais aucun homme de ce nom !... eh bien, il m'a semblé que c'était un nom familier à mon cœur, il m'a semblé que je l'avais prononcé déjà... où, je ne sais... à quelle occasion, je l'ignore... car il y a un voile entre mon corps et mon âme, car il me semble que j'obéis, en ce moment même, malgré moi, à un pouvoir surhumain qui me pousse vers vous, qui fait renaître d'anciennes pensées dans mon esprit, qui arrache du plus profond de mon cœur des paroles qui y dormaient oubliées... Don Juan, j'aime votre nom !... don Juan, j'aime votre voix !... don Juan... (Se précipitant le front contre terre.) Pardonnez-moi, mon Dieu ! Prenez pitié ! ici, dans votre église, dans votre maison sainte, j'allais lui dire : « Don Juan, je vous aime ! »

DON JUAN.

Marthe, n'est-ce pas dans une église que ceux qui s'aiment font serment de s'aimer toujours ?

MARTHE.

Oui, lorsque leur amour n'est pas un crime.

DON JUAN.

Et quel amour, si nous le voulons, peut être plus pur et plus selon Dieu que le nôtre?

MARTHE.

Oubliez-vous que je suis liée par des vœux éternels?

DON JUAN.

Oubliez-vous qu'il y a un homme qui peut vous relever de ces vœux?

MARTHE.

Le saint-père!...

DON JUAN.

Nous irons le trouver, Marthe.

MARTHE.

Ensemble?

DON JUAN.

Ensemble.

MARTHE.

Et comment?

DON JUAN

Vous fuirez.

MARTHE.

Avec mon amant?

DON JUAN, lui passant un anneau au doigt.

Avec votre fiancé.

MARTHE, respirant.

Ah!

DON JUAN.

Nous lui dirons que, depuis longtemps, nous nous aimons, et c'est vrai! car nous nous aimons depuis le jour où nous avons rêvé l'un de l'autre. Nous nous jetterons à ses pieds, et il nous pardonnera et nous bénira, et nous aurons une vie de délices et d'amour, au lieu de cette vie triste et solitaire que nous avons eue jusqu'aujourd'hui.

MARTHE.

Et, à compter de ce jour, je suis votre fiancée.

DON JUAN.

Marthe, conduisez-moi devant la tombe de votre sœur.

MARTHE.

Non, don Juan, non, ne mêlons pas le néant de la mort aux espérances de la vie... Vous m'avez engagé votre foi devant Dieu, Dieu a entendu votre serment, et cela suffit. (La cloche sonne.)

Voici la cloche qui nous appelle à la prière du soir; si je ne m'y rendais pas, on s'apercevrait de mon absence...

DON JUAN.

Mais, aussitôt la prière finie?...

MARTHE.

Je reviendrai... Mais vous, vous retrouverai-je?

DON JUAN.

Oh! oui.

MARTHE.

Tant mieux! car, si je ne vous retrouve pas, je mourrai!...

(Marthe sort.)

## SCÈNE III

DON JUAN, puis HUSSEIN.

DON JUAN.

Au revoir... Ah! ah! ah! parlez-moi de ces blanches colombes, dont aucun souffle humain n'a terni le plumage. Voilà qui est confiant et crédule! Une femme du monde m'aurait pris huit jours; il est vrai que celles-là sont si souvent trompées! (Appelant.) Hussein! Hussein! (L'esclave paraît.) Va m'attendre dans la petite ruelle qui longe cette église, derrière les murs du couvent; prends mes meilleurs chevaux et munis-toi d'une échelle de cordes. Lorsque tu entendras frapper trois fois dans les mains, tu jetteras l'échelle par-dessus le mur.

HUSSEIN.

Cela sera fait, maître.

DON JUAN.

Va!

## SCÈNE IV

DON JUAN, puis LA STATUE D'INÈS, puis les Ombres de DOM MORTÈS, de CAROLINA, de VITTORIA, de DON LUIS DE SANDOVAL, puis L'ANGE DU JUGEMENT et l'Ombre du COMTE DE MARANA.

DON JUAN.

Maintenant, doña Inès, pardon de n'avoir pas suivi ponctuellement vos instructions; mais pourquoi votre sœur est-elle si belle, que je n'ai pu lui parler que d'amour?... D'ailleurs, vous avez contracté certain engagement avec moi, et vous êtes morte sans l'acquitter... Marthe ne fera que payer une dette de famille... Vous m'avez aidé en bonne chrétienne, je ne l'oublierai pas, et maintenant je vous dois, non-seulement des prières, mais encore des remercîments, et, si je savais laquelle parmi toutes ces tombes est la vôtre...

LA STATUE, agenouillée sur le tombeau d'Inès.

Celle-ci.

DON JUAN, reculant d'un pas.

Qu'est-ce à dire?... Je crois que la statue a parlé! Est-ce une erreur ou bien ai-je réellement entendu? Écoute, femme ou statue, ange ou démon, voix du ciel ou de l'enfer, parle une seconde fois, et je jure Dieu que j'irai lever ton voile de marbre, afin de savoir de quelle bouche sont sorties tes paroles.

LA STATUE D'INÈS.

Viens.

DON JUAN.

Me voilà.

(Il monte sur la première marche; mais, au moment où il porte la main à son voile, la statue le saisit par les cheveux, se lève lentement debout, et lui tourne la tête vers le chœur.)

LA STATUE D'INÈS.

Regarde!

(Un cercueil recouvert d'un drap noir, et sur lequel sont les armes de Marana, sort de terre au milieu du chœur, avec quatre cierges aux quatre coins, et un à la tête; en même temps, une dalle se lève devant l'autel. Le Moine tué par don Juan paraît, et la lampe du tabernacle s'allume toute seule. Alors, à la gauche du tombeau, une deuxième dalle se lève : Carolina paraît, et le cierge qui est près d'elle s'allume tout seul. A droite, et sans interruption, une troisième pierre se lève : Vittoria paraît, et un troisième cierge s'allume tout seul. Même jeu de machine pour Teresina et pour Sandoval, qui paraît le dernier. Toutes ces apparitions se font lentement et solennellement, au bruit de l'orgue qui fait entendre le *De profundis*.)

DOM MORTÈS, après que le dernier soupir de l'orgue s'est éteint.

Je suis dom Mortès, révérend prieur des dominicains. Sans pitié, sans religion pour mon ministère, don Juan a levé le poignard sur moi et m'a frappé... Vengeance contre le meurtrier! vengeance!...

(La lampe du tabernacle s'éteint.)

CAROLINA.

Je suis doña Carolina de Valence. Comme j'allais au rendez-vous que don Juan m'avait donné, j'ai rencontré une rivale sur mon chemin ; elle m'a poignardée en me disant : « Carolina, c'est don Juan qui te tue !... » Vengeance contre le meurtrier ! vengeance !

(Le cierge qui est auprès d'elle s'éteint.)

#### VITTORIA.

Je suis doña Vittoria de Séville. Don Juan me quitta pour une autre femme ; j'attendis sa nouvelle maîtresse et je la frappai. L'inquisition me condamna au bûcher. Mon crime et ma mort sont à don Juan... Vengeance contre le meurtrier ! vengeance !

(Le cierge qui est auprès d'elle s'éteint.)

#### TERESINA.

Je suis doña Teresina, fiancée de don José. Don Juan m'enleva évanouie ; lorsque je revins à moi, j'étais déshonorée ; je n'ai pu survivre à ma honte, je me suis précipitée dans le Mançanarès... Vengeance contre le meurtrier ! vengeance !

(Le cierge s'éteint.)

#### SANDOVAL.

Je suis don Luis de Sandoval d'Ojedo. J'ai joué contre don Juan ma fortune, le tombeau de mes pères, le cœur de ma maîtresse ; j'ai tout perdu... J'ai joué contre lui ma vie, et je l'ai perdue encore... Vengeance contre le meurtrier ! vengeance !...

(Le cierge s'éteint.)

L'ANGE DU JUGEMENT, une épée flamboyante à la main, descend du ciel et s'arrête à une quinzaine de pieds au-dessus du cercueil.

N'y a-t-il aucune voix qui s'élève en faveur de don Juan ?

#### LE COMTE DE MARANA.

Je suis le vieux comte de Marana. Seigneur ! Seigneur ! ayez pitié de mon fils !

#### L'ANGE DU JUGEMENT.

Dieu donne à don Juan une heure pour se repentir !

(L'Ange remonte au ciel et les Fantômes rentrent en terre. La Statue lâche don Juan, qui tombe sur le pavé de l'église.)

## SCÈNE V

DON JUAN, évanoui ; MARTHE.

#### MARTHE.

Don Juan, me voilà ; je suis prête à vous suivre... Don Juan,

5.

où êtes-vous? (L'apercevant à terre et le prenant dans ses bras.) Don Juan, mon fiancé, mon époux!

DON JUAN, revenant à lui.

Je ne suis plus don Juan ton fiancé, je ne suis plus don Juan ton époux! je suis frère Juan le trappiste... Sœur Marthe, souvenez-vous qu'il faut mourir!...

(Marthe jette un cri et tombe aux pieds de don Juan.)

## SEPTIÈME TABLEAU

Le cloître d'un couvent de trappistes; au milieu, une grande croix de pierre entre quatre cyprès. Çà et là des tombes. Aux deux côtés, deux brèches qui permettent à la vue de plonger dans la campagne.

## SCÈNE PREMIÈRE

DOM SANCHEZ, DON JUAN, couché sur une tombe.

DOM SANCHEZ.

Frère Juan.

DON JUAN, relevant son capuchon.

Me voilà.

DOM SANCHEZ.

Que faites-vous ici?

DON JUAN.

Vous le voyez, mon père, j'accomplis une des règles de notre ordre saint, je creuse ma propre tombe.

DOM SANCHEZ.

Je vous ai cherché dans votre cellule.

DON JUAN.

Je n'ai pas pu y rester, j'étouffais entre ces murs étroits comme un tombeau! La nuit a été terrible, ô mon père!

DOM SANCHEZ.

Je n'ai rien entendu.

DON JUAN.

Vous dormiez.

DOM SANCHEZ.

Je priais.

DON JUAN.

J'ai voulu prier aussi, moi ; puis, quand j'ai vu que je ne pouvais pas prier, j'ai voulu dormir ; est-ce donc le même Dieu qui fait les nuits si calmes pour les uns et si terribles pour les autres ? A peine ai-je eu les yeux fermés, qu'il m'a semblé que les murs de ma cellule s'ouvraient ! Oh ! le monde ! le monde ! pourquoi me poursuit-il quand je le fuis, mon père ? Le froissement du bal, les chants du festin, les rires de l'orgie, tout cela bruissait autour de moi ; j'avais beau fermer les yeux, boucher mes oreilles, je voyais, j'entendais. Je sautai à bas de mon lit ; je me précipitai dans le cimetière ; le ciel s'ouvrait, des éclairs sillonnaient la nuit comme l'épée flamboyante de l'Archange ; oh ! du moins, le bouleversement de mon être était en harmonie avec celui des éléments ; pâle, échevelé, ruisselant de sueur et d'eau, je me crus un instant le génie de la tempête, et je mêlai l'orage de mon cœur à celui de la nature ! Oh ! tous les deux ont été terribles ; et autour de moi, au dedans de moi, tout n'est que ruine !...

DOM SANCHEZ.

Ce sont les nuits d'orage qui font les jours tranquilles ; voyez, mon fils, comme le soleil est brillant, comme le jour qui a commencé si sombre va finir pur ! Il en est ainsi de la vie ; les orages du cœur ressemblent à ceux de la nature ; et les uns et les autres se calment au souffle de Dieu !

DON JUAN, s'asseyant.

Qu'il souffle donc sur mon front, s'il ne veut pas qu'il se brise à l'angle de quelque tombe.

DOM SANCHEZ.

Je prierai le Seigneur de ramener le calme dans ton cœur, comme il l'a ramené dans la nature. Je prierai le Seigneur de poser le sceau de sa grâce sur ton front brûlant. En attendant, crois, espère et prie ; c'est avec ces trois mots qu'on ouvre les portes du ciel.

(Il sort.)

## SCÈNE II

DON JUAN, seul.

Oui, oui, mon père, c'est la sagesse divine qui me parle par votre bouche ; et, tant que j'entends votre voix, je crois, j'espère, et je prie; mais, dès que je suis seul, l'amour et l'orgueil, ces deux grands adversaires de l'âme, viennent me tenter. Mon Dieu, Seigneur, donnez-moi la force de leur résister.

(Il s'accoude sur un tombeau et reste les yeux fixés au ciel.)

## SCÈNE III

### DON JUAN, MARTHE.

MARTHE, vêtue d'une robe blanche déchirée et verdie par l'herbe, les cheveux épars, passe par une brèche, et entre en scène.

Oh! le beau jardin, et comme les marguerites y poussent! j'en aurai bientôt assez pour me faire une couronne, s'ils ne me rattrappent pas. (Elle se cache derrière un cyprès.) Don Juan! don Juan!

DON JUAN, l'apercevant.

Grand Dieu, est-ce Marthe? Oh! mon Dieu, donnez-moi des forces contre l'amour!

(Il reste immobile.)

MARTHE.

D'ailleurs, s'ils courent après moi, je me cacherai comme cette nuit dans les buissons avec les oiseaux... Il fait froid, la nuit!

DON JUAN, les bras étendus vers elle.

Marthe! Marthe!

MARTHE.

Et pourtant ils chantent en se réveillant! je sais ce qu'ils chantent, moi; je suis leur sœur; ce matin, il y en avait un qui disait :

> Lorsque la nuit était sans voiles,
> Lorsque le jour était sans pleurs,
> Quand je planais sur des étoiles,
> Au lieu de marcher sur des fleurs...

(Apercevant don Juan.)

Tiens, une statue... Elle s'est endormie au soleil... Il fait bon au soleil! (Elle s'accroupit aux pieds de don Juan.) Le soleil vient de Dieu.

(Elle rit comme un enfant.)

DON JUAN.

Pauvre enfant, elle est folle!

MARTHE, appelant.

Don Juan! don Juan! me voilà, mon fiancé; vois comme je suis jolie, comme je suis parée, comme j'ai une belle couronne!

DON JUAN.

Prenez pitié de moi, mon Dieu! prenez pitié de moi!

MARTHE.

Et puis je suis riche, maintenant; j'ai hérité des châteaux et des bijoux de ma sœur Inès, qui est morte empoisonnée.

DON JUAN.

Qui t'a dit cela?

MARTHE, levant la tête.

Inès. Elle revient toutes les nuits; car, quoique son corps ait été déposé en terre sainte, son âme est errante; elle aussi, elle chante comme les oiseaux qui s'éveillent, mais tristement, tristement, tristement.

Mes os blanchissent sur la terre;
Je n'ai ni bière, ni linceul...

Tiens, tiens... la vois-tu qui passe?... Oui, sœur, oui, je sortirai ton corps de cette église, pour que ton âme perdue puisse revenir le visiter... Je le couvrirai de terre; puis, sur cette terre, je planterai des fleurs... Les fleurs poussent bien sur les tombes... Ils voulaient m'empêcher d'aller te rejoindre... Ah! ah! ah! ils ne savaient pas que j'ai des ailes... Ils ont voulu me retenir, mais je me suis envolée, et j'ai ri alors. (Commençant par rire et finissant par sangloter.) Ah! ah! ah! oh! oh! que je souffre, mon Dieu!

DON JUAN.

Marthe! reviens à toi, mon enfant, ma sœur.

MARTHE.

Laissez-moi, je sais de belles prières. (S'agenouillant.) Je vais prier.

O Vierge sainte,... étoile... matinale,
Miroir... de pureté, vous qui priez pour nous.

Oh! je ne me rappelle plus... Si je me rappelais... il me semble que je serais guérie. (Elle porte la main à son front, cherchant à rappeler ses souvenirs, puis sa physionomie indique qu'elle passe à d'autres idées.) Allons, voilà que j'ai perdu mes fleurs (se relevant); il faut que j'en cherche d'autres, maintenant; j'ai cueilli toutes celles qui sont ici. (Elle s'éloigne en appelant.) Don Juan! don Juan!

> Sortons promptement de la ville;
> Nous trouverons, beau chevalier,
> Près de la porte de Séville,
> Un page tenant l'étrier
> D'une mule sans cavalier.
> Nous voyagerons côte à côte,
> Tant que terre nous portera...

(La voix se perd dans le lointain.)

DON JUAN, marchant derrière elle jusqu'aux cyprès.

O mon Dieu! je suis un être bien fatal aux autres et à moi-même; tout ce que je touche se brise ou se flétrit; et ceux à qui je n'ôte pas la vie perdent la raison.

## SCÈNE IV

DON JUAN, appuyé contre le cyprès; DON JOSÉ, LE MAUVAIS ANGE.

Don José et le mauvais Ange paraissent à la brèche du fond; la nuit commence à venir.

LE MAUVAIS ANGE.

Par ici, seigneur don José, par ici!

DON JOSÉ, étonné.

Dans un cloître?

LE MAUVAIS ANGE.

Votre Seigneurie n'a-t-elle jamais entendu parler d'un certain loup qui s'était fait berger?... Voilà votre homme.

DON JOSÉ.

Sous ce costume?

LE MAUVAIS ANGE.

Votre Seigneurie n'a pas oublié le proverbe : « L'habit?... »

DON JOSÉ.

Mais es-tu sûr?

LE MAUVAIS ANGE.

Regardez.

DON JOSÉ, s'élançant par-dessus le mur.

Oui, je le reconnais. (Il s'approche de don Juan, et, arrivé près de lui, il laisse tomber son manteau et plante deux épées en terre.) Je te trouve enfin, don Juan.

DON JUAN, se retournant.

C'est toi, frère? Sois le bienvenu!

DON JOSÉ.

Je te saluai des mêmes paroles lorsque tu m'apparus au château de Villa-Mayor; il paraît que, si j'avais oublié de t'inviter à mes fiançailles, tu avais oublié, toi, de m'inviter à ta prise d'habit... Connais-tu ce parchemin?

DON JUAN.

C'est celui que j'arrachai aux mains mourantes de dom Mortès... Le Seigneur me pardonne!

DON JOSÉ.

Connais-tu cette signature?

DON JUAN.

C'est celle de notre digne père... Le Seigneur a fait un miracle, sans doute, et je l'en remercie.

DON JOSÉ.

Et sais-tu ce que contient cet écrit?

DON JUAN.

C'est la reconnaissance de don José, comme fils aîné du comte et comme seigneur de Marana.

DON JOSÉ.

Tu avoues donc que je suis gentilhomme?

DON JUAN.

Oui, frère.

DON JOSÉ.

Que tu n'es que le second fils, toi?

DON JUAN.

Oui, frère.

DON JOSÉ.

Et que tu me dois hommage, comme ton aîné?

DON JUAN.

Je suis prêt à vous le rendre, monseigneur.

DON JOSÉ.

Ce n'est point cela que je veux!

DON JUAN.

Que voulez-vous?

DON JOSÉ.

Voici deux épées... Choisis.

DON JUAN.

Et pour quoi faire?

DON JOSÉ.

Je te montre deux épées, et tu me demandes pourquoi faire ces deux épées?... Je vais te le dire alors : Parce que je te hais d'une haine de frère!... parce que la terre est trop étroite pour nous porter plus longtemps tous les deux! parce que tu dois avoir soif de mon sang comme j'ai soif du tien, et qu'il faut que l'un de nous deux boive celui de l'autre! Voilà deux épées te dis-je! voilà une tombe prête...

DON JUAN.

Je l'ai creusée pour moi, frère, et, si ce n'est que ma vie qu'il te faut, elle est à toi... Frappe...

DON JOSÉ, prenant une des deux épées.

Si j'avais voulu te tuer comme une bête fauve, c'est une arquebuse que j'aurais prise, et non deux épées... En garde! don Juan, en garde!

DON JUAN.

Frère, je te demande pardon à genoux, les yeux en larmes, le front dans la poudre...

DON JOSÉ, le prenant sous le bras.

Debout! hypocrite, debout!

DON JUAN.

Je t'obéis!

DON JOSÉ.

Prends une de ces épées.

DON JUAN.

Adieu, frère.

DON JOSÉ.

Où vas-tu?

DON JUAN.

Laisse-moi aller.

DON JOSÉ.

Te laisser aller, toi!... mais tu oublies donc?

DON JUAN.

Si j'avais oublié, je ne serais point ici.

DON JOSÉ.

C'est cela!... et parce que, lassé de vices, repu de débauches, gorgé de sang, il te plaît de venir demander asile à un cloître, tu crois fuir le châtiment?... Et qui me vengera de toi, si je ne me venge pas?

DON JUAN.

Mon repentir.

DON JOSÉ.

Ton repentir, rendra-t-il l'honneur et la vie à ma fiancée?... rendra-t-il la vie à mon épouse?... Que m'importe ton repentir, à moi! me rendra-t-il mon bonheur brisé entre tes mains?... Pourquoi ne m'as-tu pas tué comme Teresina, don Juan? Tu le pouvais, il fallait le faire; mais non, tu n'as voulu que m'avilir... Allons donc! du courage, don Juan! tu vois bien que je suis venu pour me battre avec toi et qu'il faut que nous battions...

DON JUAN.

Jamais, frère...

DON JOSÉ.

Je saurai bien t'y forcer... Prends garde!... ce que tu as fait, je le ferai!... Tu m'as jeté ce parchemin au visage.. (Il le lui jette.) Tiens!...

DON JUAN.

Seigneur, donnez-moi l'humilité.

DON JOSÉ.

Tu m'as déchiré mes habits de gentilhomme... (Il lui déchire sa robe.) Tiens!...

DON JUAN.

Seigneur, donnez-moi la patience.

DON JOSÉ.

Tu m'as fait battre de verges par tes valets.

DON JUAN.

Don José, tu feras plus que tout cela : tu me feras perdre mon âme.

DON JOSÉ, le frappant du plat de son épée.

Tiens!

DON JUAN, s'élançant sur l'épée.

Ah!

DON JOSÉ.

Enfin!

(Combat de quelques secondes; don Juan touche don José.)

DON JUAN.

Frappé?

DON JOSÉ, chancelant.

Oui, frappé!... le frère frappé de la main du frère!... (Il tombe. Se relevant.) Le frère, maudissant le frère!... le sang du frère sur la tête du frère...

(Il expire.)

DON JUAN le regarde un instant, puis prenant son manteau et son chapeau.

Don José dans la tombe de don Juan ! Allons, décidément, il paraît que le diable ne veut pas que je me fasse ermite.

(Il s'éloigne par la même brèche que Marthe a franchie.)

LE MAUVAIS ANGE, riant.

Démon de l'orgueil, j'avais compté sur toi... Tu ne m'as pas trompé... Merci !

(Il disparaît.)

## ACTE CINQUIÈME

### HUITIÈME TABLEAU

Une cellule au couvent de Notre-Dame du Rosaire.

### SCÈNE PREMIÈRE

MARTHE, URSULE.

Marthe est couchée sur un lit à rideaux blancs, et paraît endormie. Ursule se tient à genoux devant une sainte image peinte à fresque.

UN ANGE, entr'ouvrant les rideaux du lit.

Pauvre créature brisée,
Qui, pour briller un jour en ce monde mortel,
Comme une goutte de rosée,
Une aurore, tombas du ciel,
La mère de toute clémence,
Qui ne peut oublier que tu fus notre sœur,
Voyant ton esprit en démence
Perdu dans la nuit de l'erreur,
Pour toi craint un trépas funeste,
Et m'envoie à ton lit, messager consolant,
Afin que mon souffle céleste
Rafraîchisse ton front brûlant ;
Et, dans cette heure qui délivre,
Son pouvoir, impuissant à te mieux secourir,
A défaut de force pour vivre,
Te rend la raison pour mourir.

Afin que ton âme choisisse,
Libre, comme l'esprit doit l'être au dernier jour,
Ou des rigueurs de la justice,
Ou bien des trésors de l'amour.

(L'Ange referme les rideaux, et disparaît par derrière.)

MARTHE, se réveillant.

Merci, bel ange, merci! Oh! ton souffle m'a enlevé du front un cercle de feu... Où es-tu, que je t'adore?... Rien, rien... Allons, c'était une dernière vision de ma folie, un dernier fantôme de ma fièvre.

URSULE.

Eh bien, ma sœur?

MARTHE.

C'est vous, Ursule...

URSULE.

Vous me reconnaissez?

MARTHE.

Oui; j'ai eu le délire, n'est-ce pas?

URSULE.

Et vous vous êtes sauvée; vous avez quitté le couvent, vous avez erré par les plaines et par les montagnes, exposée à la chaleur du jour, au vent de la nuit... Vous ne nous donnerez plus de semblables inquiétudes, n'est-ce pas?

MARTHE.

Non, car je ne suis plus folle...

URSULE.

Quel bonheur pour notre sainte communauté, à qui je vais annoncer cette bonne nouvelle!

MARTHE.

Ne vous pressez pas trop, ma sœur; car Dieu m'a rendue à la raison et non à la vie, il m'a repris ma folie et non mon amour... Courez, je vous prie, chercher notre saint directeur, et dites-lui qu'une mourante réclame son ministère.

URSULE, sortant.

J'y vais, ma sœur...

## SCÈNE II

MARTHE, puis LE MAUVAIS ANGE.

MARTHE.

Oh! jamais il n'arrivera à temps; oh mon Dieu!... oh! je

sens que je meurs. Mourir sans revoir don Juan! mourir sans lui entendre dire une fois encore qu'il m'aime! mourir en le laissant au milieu du monde où il m'oubliera, où il en aimera une autre! Oh! mille ans de mon éternité pour un jour passé près de don Juan!

LE MAUVAIS ANGE, soulevant le rideau.

C'est un marché qui peut se faire.

MARTHE, épouvantée.

Qui me parle?

LE MAUVAIS ANGE.

Celui que tu as appelé.

MARTHE.

Que viens-tu faire?

LE MAUVAIS ANGE.

N'as-tu pas offert mille ans de ton éternité pour un jour passé près de don Juan?

MARTHE.

Oui.

LE MAUVAIS ANGE.

Eh bien, j'accepte.

MARTHE.

Mais il n'y a qu'avec Dieu, ou avec Satan, qu'on puisse faire un pareil pacte?

LE MAUVAIS ANGE.

Je viens au nom de l'un d'eux : que t'importe lequel pourvu que la chose se fasse?

MARTHE, frissonnant.

Tu es le mauvais esprit... Oh! oh!

LE MAUVAIS ANGE.

Marthe, tu as encore cinq minutes à vivre.

MARTHE.

Tu as raison, je ne vois plus, et j'entends à peine.

LE MAUVAIS ANGE.

Marthe, tu ne reverras jamais don Juan.

MARTHE.

Je veux le revoir!... oui... oui, je le veux à tout prix!

LE MAUVAIS ANGE.

Rien de plus facile.

MARTHE.

Que faut-il faire?

LE MAUVAIS ANGE.

Signer ce papier.

MARTHE.

Que contient-il?

LE MAUVAIS ANGE.

Le pacte proposé.

MARTHE.

Mille ans pour un jour!

LE MAUVAIS ANGE.

Pas une minute de plus, pas une seconde de moins, il serait nul s'il n'était exact; nous sommes gens d'honneur, en enfer !

MARTHE.

Et quand le reverrai-je?

(On entend frapper.)

LE MAUVAIS ANGE.

Le voilà qui frappe à la porte du couvent.

MARTHE.

Oh ! je serai morte avant qu'il entre dans cette chambre!

LE MAUVAIS ANGE.

Qu'importe, si tu ressuscites quand il y sera entré?

MARTHE.

Donne-moi la plume.

LE MAUVAIS ANGE.

Attends.

(Il lui pique le bras avec la plume de fer, le sang coule.)

MARTHE.

Ah !

LE MAUVAIS ANGE.

Ce n'est rien... Signe.

MARTHE.

En aurai-je la force? Ah! (Signant.) Ah! je me meurs !

(Elle laisse tomber la plume.)

LE MAUVAIS ANGE.

Il est, ma foi, bien heureux que son nom n'ait eu que deux syllabes. Ah! ah! ah! chacun son tour, mon bon ange.

(Il disparaît.)

MARTHE.

Ah! don Juan! don Juan! (En faisant un dernier effort, elle cache sa figure avec ses cheveux.) A toi mon dernier soupir! à toi ma dernière pensée !

(Elle meurt.)

## SCÈNE III

MARTHE, URSULE, DON JUAN, sous l'habit d'un trappiste.

**URSULE**, ouvrant la porte.

Dom Sanchez n'était point au couvent, ma sœur; mais un saint homme que j'ai rencontré, et qui se charge de le remplacer...

**DON JUAN.**

En m'offrant pour remplir cette sainte tâche, j'ai plus compté sur mon zèle que sur mes mérites; Dieu m'aidera. Ma sœur, laissez-nous.

## SCÈNE VI

DON JUAN, MARTHE.

**DON JUAN.**

Allons, la chose est en bon train, me voilà dans le bercail... et Hussein m'attend au bas de cette fenêtre... (S'approchant du lit.) Diable! il me semble que la pénitente de dom Sanchez n'est point malade de vieillesse... Ma sœur... Elle ne me répond pas. Ma sœur... Évanouie, sans doute... (Lui touchant la main.) Glacée, morte!... Pauvre enfant, si jeune, morte dans un cloître, sans avoir goûté la vie, sans avoir connu l'amour!... Trésor enfoui, diamant perdu!... pourquoi ne t'ai-je pas rencontrée joyeuse et florissante au milieu du monde, au lieu de te trouver pâle et froide sur ton lit mortuaire?... Je t'aurais aimée, car tu devais être jolie : de si beaux cheveux ne peuvent cacher qu'un beau visage... (Écartant les cheveux.) Mon Dieu!... oh! non... ce n'est pas possible... ce sont ses traits, c'est elle!... c'est Marthe!... Marthe, froide,... inanimée, morte!... Ah! don Juan!... quel mauvais esprit as-tu irrité, que, depuis quelques jours, rien ne te réussisse et que tout aille au pis? A qui t'adresser, maintenant que tes péchés t'ont brouillé avec Dieu, et tes remords avec Satan?... Oh! il y a cependant eu pour moi un temps de bonheur où mes désirs s'accomplissaient avant d'être formés, où un palais enchanté se fût élevé sur ma route pour me donner l'hospitalité pendant une nuit!... Ai-je donc perdu quelque amulette précieuse, quelque talisman souverain?... Ou plutôt n'est-ce pas que, depuis que mon père a reconnu don José, il y a une malédiction sur moi?... Autrefois, t'eussé-je retrouvée morte, prête pour la tombe, je crois que je n'aurais eu qu'à dire : « Je veux qu'elle vive, » et l'âme, à moitié chemin du ciel, serait redescendue sur la terre... Marthe! Marthe!... ma bien-aimée!... (Il se penche sur elle et reculant tout à coup.) Ah! il m'a semblé sentir un mouvement... Elle se lève... (La regardant se lever et s'asseoir sur son lit.) Marthe!... (Lui saisissant vivement la main.) Toujours froide, toujours morte... Marthe, parle-moi, je t'en supplie, ou je ne pourrai pas croire que tu vis! Oh! un mot, une parole!... (Marthe porte lentement un doigt à sa bouche.) Oui, je comprends... Ah! ma fortune ne m'a donc pas abandonné! je suis toujours moi, je suis toujours l'heureux et le puissant! O Marthe! cette fois, tu es à moi, et ni l'enfer ni le ciel ne t'arracheront plus de mes mains. (Courant à la fenêtre et l'ouvrant.) Hussein! Hussein!

HUSSEIN.

Monseigneur?

DON JUAN.

Les chevaux sont-ils prêts?

HUSSEIN.

Oui, monseigneur.

DON JUAN.

L'échelle de cordes?

HUSSEIN.

La voilà.

(Don Juan assujettit l'échelle de cordes à la fenêtre; puis il se retourne et trouve Marthe debout.)

DON JUAN.

Allons, ma bien-aimée, l'amour, le bonheur, l'avenir, tout est à nous!... Es-tu prête? Veux-tu venir? (L'heure sonne. Marthe compte froidement les coups du timbre sur ses doigts.) Minuit!... Eh bien? (Marthe fait signe qu'elle est prête.) Allons!...

(Don Juan la conduit lentement vers la fenêtre.)

## NEUVIÈME TABLEAU

*Un vieux château en ruine donnant sur un lac derrière lequel s'élèvent de hautes montagnes. Il fait nuit; le théâtre n'est éclairé que par la lueur de la lune.*

## SCÈNE PREMIÈRE

DON JUAN, MARTHE, pénétrant au milieu des ruines.

#### DON JUAN.

Vive-Dieu! voilà une manière de voyager dont je n'avais pas idée : cent cinquante lieues en vingt heures!... Il paraît que le diable avait quelque course pressée à faire, et que, pour ménager ses jambes, il est entré dans le ventre de mon cheval. (Regardant autour de lui.) En tout cas, s'il a fait preuve de vitesse dans la route, il me semble avoir manqué de jugement pour le choix de l'auberge... (A Marthe.) Tu dois être écrasée de fatigue et mourir de faim, pauvre enfant!... Puis il faut que nous changions de costume : nous ne passerons pas toujours par des montagnes nues et des landes désertes, et, si nous ne voulons pas être reconnus et arrêtés, il faut troquer ces habits religieux contre d'autres, quels qu'ils soient... Holà! quelqu'un!... Il y a un très-bel écho, ici, mais voilà tout... Écuyers!... Camérières!... Personne?... Je crois que le mieux est de remonter sur le dos d'Ali et de chercher un autre gîte. (Marthe, sans répondre, étend lentement la main. Des Femmes entrent par la porte de droite; des Valets par la porte de gauche.) Allons, il paraît que vous avez tout pouvoir en ces lieux, ma belle châtelaine?... (Marthe fait signe que oui.) Alors, je dois suivre ces... ces messieurs?... (Marthe fait signe que oui.) Et nous nous retrouverons ici?... (Marthe fait signe que oui.) Vous jurez de venir m'y rejoindre, Marthe? (Marthe étend la main en manière de serment; puis elle s'éloigne par la droite.) Pas un mot depuis notre départ de Madrid... Voilà, par ma foi, une étrange chose!

(Il sort par la gauche. Le mauvais Ange surgit au milieu du théâtre.)

## SCÈNE II

**LE MAUVAIS ANGE,** seul.

(Regardant vers la gauche.)
Va vêtir tes habits de fête!
(Se tournant vers la droite.)
Et toi, ton funèbre linceul!
Mais à votre hymen qui s'apprête,
Je ne dois pas assister seul.
Il vous faut de joyeux convives,
Il vous faut des lumières vives...
Allumez-vous donc, feux d'enfer!

(Des flammes s'allument, bleuâtres et courant à ras de terre.)

Et vous, morts, reprenez la vie
Qui vous fut lâchement ravie
Par l'eau, le poison ou le fer!

Mais laissez dans vos tombes vides
Vos suaires aux plis mouvants
Et couvrez vos membres livides
De la parure des vivants;
Faites luire à votre front pâle
Depuis la couronne d'opale
Jusqu'à la couronne de fleurs;
Et, noble dame ou bachelette,
Couvrez vos faces de squelette
De masques joyeux ou menteurs.

Satan permet que, pour une heure,
Vos fantômes peuplent la nuit,
Et que cette sombre demeure
S'emplisse de joie et de bruit.
Sa voix vous parle par ma bouche:
Levez-vous de la froide couche
Où le ver du cercueil vous mord;
Et, le cœur éteint, l'œil atone,
Venez, pâles feuilles d'automne,
Que roule le vent de la mort!

(A ce dernier vers, les Fantômes apparaissent et commencent un ballet dans le genre de celui des Nonnes de *Robert le Diable*. Tout à coup, don Juan apparaît, magnifiquement vêtu. Peu à peu, et au fur et à mesure que se développent les figures du ballet, don Juan, de riant qu'il était, devient rêveur, puis inquiet, puis effrayé. Il pâlit, chancelle, car il se sent au milieu de spectres et de fantômes.)

## SCÈNE III

### DON JUAN, LES FANTOMES.

DON JUAN.

Suis-je donc dans l'île des illusions?... Est-il possible qu'un homme voie de pareilles choses autrement qu'en rêve? suis-je bien éveillé, voyons, et ce qui m'entoure a-t-il un corps ou n'est-ce qu'une ombre? Ceci est-il une coupe?

UN SERVITEUR, voyant don Juan la coupe à la main.

Que faut-il que je vous serve, monseigneur?

DON JUAN.

Du vin!... (Portant la coupe à sa bouche, et l'écartant aussitôt.) Qu'est-ce que ce vin?

UN HOMME ENVELOPPÉ D'UN MANTEAU.

Le sang que tu as fait couler.

DON JUAN, jetant le vin, et tendant la coupe.

De l'eau!... (Après avoir porté la coupe à sa bouche.) Qu'est-ce que cette eau?

L'HOMME AU MANTEAU.

Les larmes que tu as fait répandre!

DON JUAN, se retournant furieux.

Et toi, qui es-tu?

L'HOMME, écartant son manteau, et montrant sa poitrine ensanglantée.

Don Luis de Sandoval d'Ojedo.

DON JUAN.

Je croyais t'avoir mieux tué... Qu'as-tu fait de ton épée?

SANDOVAL.

Je l'ai laissée tomber au moment où la tienne me traversait la poitrine.

DON JUAN.

Eh bien, va la chercher, et reviens.

SANDOVAL.

Es-tu donc las d'attendre la justice divine?

DON JUAN.

Oui; car j'en entends éternellement parler, et je ne la vois jamais venir... Écoute : Dieu m'a donné une heure pour me repentir ; je lui donne un quart d'heure pour me foudroyer !...

(A peine don Juan a-t-il prononcé ces paroles, qu'au fond s'allume une horloge de flamme, avec des heures de flamme, des aiguilles de flamme. Le balancier glisse entre ces deux mots : *Jamais! Toujours!* L'heure marquée est minuit moins cinq minutes.)

## SCÈNE IV

LES MÊMES, SANDOVAL, une épée à la main ; puis, successivement, CAROLINA, VITTORIA, TERESINA, INÈS, MARTHE.

SANDOVAL.

Es-tu prêt, don Juan?

DON JUAN.

Je t'attends... (Ils croisent le fer ; en touchant l'épée de don Juan, celle de Sandoval s'enflamme. Don Juan, touché, jette un cri.) Ah!... Enfer ! disparu !... et moi, blessé !... (Il se tient encore debout. Voyant une Ombre qui sort de terre.) Qu'est cela ? (C'est Carolina ; elle monte les degrés qui conduisent à l'horloge, et avance l'aiguille d'une minute. — Don Juan, s'affaiblissant.) Ah!... (Vittoria apparaît à son tour, monte les degrés, et avance l'aiguille d'une minute. — Don Juan, s'affaiblissant encore.) Ah!... (Teresina monte les degrés, et avance l'aiguille d'une minute. — Don Juan, de plus en plus faible.) Ah!... (Inès monte les degrés, et avance l'aiguille d'une minute. — Don Juan, tombant sur un genou.) Ah!... (Marthe apparaît avec ses ailes d'ange et son étoile au front, plus belle, plus brillante, plus lumineuse que jamais.) Marthe !...

MARTHE.

Don Juan, je t'ai aimé... Ange, je t'ai aimé ! je t'ai aimé, folle ! je t'ai aimé, morte !... Au nom de mon amour, qui a survécu à ma raison ; au nom de mon amour, qui a survécu à ma vie, repens-toi !

DON JUAN.

Marthe !...

MARTHE.

Don Juan, une larme de repentir qui tombe des yeux du coupable suffit à éteindre un lac de feu... Repens-toi, don Juan, repens-toi !

DON JUAN.

Marthe !...

MARTHE.

Don Juan, je suis l'ange du pardon, parce que je suis l'ange de l'amour... Je viens de la part du Seigneur... Repens-toi! repens-toi!

DON JUAN.

Il est trop tard! minuit va sonner...

MARTHE, arrêtant l'aiguille.

Les autres ont avancé l'aiguille pour te perdre : je l'arrête pour te sauver. Il te reste une seconde... Repens-toi, don Juan, repens-toi!

DON JUAN.

Ange de l'amour, ange de la miséricorde, tu triomphes!... Pardonnez-moi, mon Dieu! je me repens!...

(Il se relève dans un dernier effort, et va tomber aux pieds de Marthe.)

MARTHE.

Seigneur, Seigneur, vous l'avez entendu!

(On entend le chant des Anges. Le fond s'ouvre et montre toutes les splendeurs du ciel.)

DON JUAN.

Mes yeux se ferment... Je meurs!...

MARTHE.

Tu n'es qu'ébloui, don Juan : tes yeux vont se rouvrir pour l'éternité!

FIN DE DON JUAN DE MARANA.

# KEAN

## ou
## DÉSORDRE ET GÉNIE

COMÉDIE EN CINQ ACTES, EN SIX TABLEAUX

Variétés. — 31 août 1836.

---

### DISTRIBUTION

| | |
|---|---|
| KEAN.................................... MM. | Frédérick Lemaître. |
| LE PRINCE DE GALLES.................... | Bressant. |
| LE COMTE DE KŒFELD.................... | Daudel. |
| LORD MEWILL............................ | Dussert. |
| Le Régisseur............................ | Cazot. |
| SALOMON................................. | Prosper. |
| PISTOL.................................. | Adrien. |
| Le Constable........................... | Rébard. |
| PETER PATT.............................. | Dumoulin. |
| JOHN.................................... | Lamarre. |
| TOM..................................... | Sainville. |
| DAVID................................... | Édouard. |
| DARIUS.................................. | Hyacinthe. |
| BARDOLPH................................ | Renaud. |
| L'Intendant............................ | Emmanuel. |
| Le Sommelier........................... | Louis. |
| Premier Valet.......................... | Mayer. |
| Deuxième Valet......................... | Adolphe. |
| KETTY................................... Mmes | Georgina. |
| ELENA, COMTESSE DE KŒFELD........... | Pauline. |
| ANNA DAMBY............................. | Atala Beauchêne. |
| AMY, COMTESSE DE GOSSWILL........... | Jolivet. |
| JULIETTE................................ | Mazurier. |
| La Suivante............................ | Alberti. |
| La Nourrice............................ | Louisa. |
| Une Servante........................... | Aimée. |

# ACTE PREMIER

## PREMIER TABLEAU
Un salon chez le comte de Kœfeld.

## SCÈNE PREMIÈRE
ELENA, L'Intendant, un Domestique.

L'INTENDANT, donnant des ordres.
A-t-on dressé les tables de jeu?
LE DOMESTIQUE.
Deux de whist, une de boston.
L'INTENDANT.
Vous avez prévenu les musiciens?
LE DOMESTIQUE.
Ils seront au grand salon à neuf heures et demie.
L'INTENDANT.
C'est bien... Alors le punch et le thé au boudoir.
ELENA, écrivant une lettre.
Et n'oubliez pas les cigares pour ces messieurs... Tout est bien; monsieur l'intendant, ne vous éloignez pas de la soirée, je vous prie.
(L'Intendant sort.)
LE DOMESTIQUE, annonçant.
Milady comtesse de Gosswill.
ELENA.
Oh! faites entrer, faites entrer vite! (A Amy, qui entre.) Bonjour, chère... Oh! que vous êtes tout aimable, de venir ainsi de bonne heure! J'ai tant de choses à vous dire! On ne se voit vraiment plus; on se rencontre, voilà tout...

## SCÈNE II
ELENA, AMY, devant une psyché.

AMY, minaudant.
Aussi ai-je cru faire merveille en arrivant avant tout le

monde; nous aurons au moins, de cette manière, une demi-heure de bonne causerie; car, moi aussi, j'ai mille choses à vous dire, et la première, ma belle Vénitienne, c'est qu'au milieu de nos cheveux blonds et de nos yeux bleus, vos cheveux et vos yeux noirs sont toujours ce qu'il y a de plus nouveau et de mieux pour le moment dans nos salons.

ELENA.

Si ce n'est, cependant, ce beau cou blanc et ces belles mains blanches cette taille mince et souple comme une écharpe... Oh! bien décidément, vous me rangez à l'avis de votre grand poëte, et l'Angleterre est un nid de cygnes au milieu d'un vaste étang... Voyons, craignez-vous que nos convives n'en réchappent? Asseyez-vous donc là.

AMY.

Tout à l'heure, et avec grand plaisir, car je suis fatiguée... mais fatiguée horriblement! il y avait une course à New-Market, et je n'ai pas pu me dispenser d'y aller. J'ai été obligée de me lever à dix heures du matin, et, quand je fais de ces imprudences, j'en ai pour toute la journée à me remettre... Oh! il fallait bien que ce fût chez vous pour que je vinsse, allez... (S'asseyant.) Et vous, qu'avez-vous fait?...

ELENA.

Rien aujourd'hui, que les préparatifs nécessaires.

AMY.

Et, hier au soir, avez-vous été quelque part?

ELENA.

Oui, à Drury-Lane.

AMY.

On jouait?

ELENA.

*Hamlet* et *le Songe d'une nuit d'été*.

AMY.

Et qui faisait le personnage d'Hamlet?... Young?...

ELENA.

Non, Edmond Kean...

AMY.

Pourquoi ne m'avez-vous pas écrit que c'était votre jour de loge? Je vous aurais demandé une place.

ELENA.

Et je vous l'aurais donnée avec grand plaisir... Kean a été vraiment superbe.

AMY.

Superbe?

ELENA.

Sublime!... j'aurais dû dire.

AMY.

Quel enthousiasme!

ELENA.

Il vous étonne?... Cependant, vous savez que nous autres Italiennes n'avons point de demi-sensations, et ne savons cacher ni notre mépris ni notre admiration.

AMY.

Promettez-moi de ne pas me battre trop fort, je vous dirai une chose.

ELENA.

Dites...

AMY.

Préparez-vous alors à entendre ce qui a jamais été inventé de plus absurde

ELENA.

Parlez...

AMY.

Je ne sais vraiment comment vous dire cela... C'est si ridicule!

ELENA.

Mais, mon Dieu, qu'est-ce donc?

AMY.

Personne ne peut nous entendre?

ELENA.

Vous m'effrayez, savez-vous?

AMY.

Eh bien, je vous dirai que l'on commence à remarquer dans le monde que vous êtes bien assidue à Drury-Lane.

ELENA.

Vraiment?... Eh bien, cela doit flatter vos compatriotes, qu'une étrangère soit si dévote à Shakspeare.

AMY.

Oui; mais on ajoute que vous allez à l'église non pour rendre hommage au dieu, mais pour adorer le prêtre.

ELENA.

Young?

AMY.

Non.

ELENA.

Macready?

AMY.

Non.

ELENA.

Kemble?

AMY.

Kean...

ELENA.

Oh! la bonne folie!... (Se mordant les lèvres.) Et qui dit cela?

AMY.

Est-ce que l'on sait qui dit ces sortes de choses? Elles tombent du ciel.

ELENA.

Et il passe toujours une bonne amie qui les ramasse... Alors, je l'aime?

AMY.

A la folie, dit-on.

ELENA.

Et l'on me blâme?

AMY.

On vous plaint... Aimer un homme comme Kean!...

ELENA.

Un instant, comtesse!... je n'ai pas fait d'aveu... Et pourquoi n'aimerait-on pas Kean?

AMY.

Mais, d'abord, parce que c'est un comédien, et que, ces sortes de gens n'étant pas reçus dans nos salons...

ELENA.

Ne doivent pas être reçus dans nos boudoirs... J'ai cependant rencontré M. Kemble dans les appartements du d'York.

AMY.

C'est vrai.

ELENA.

Et qui peut fermer à l'un les portes qui s'ouvrent devant l'autre?

AMY.

Sa réputation affreuse, chère amie...

ELENA.

Vraiment?

AMY.

Oh! mais il n'y a que vous qui ne sachiez pas cela... Kean est un véritable héros de débauche et de scandale! un homme qui se pique d'effacer Lovelace par la multiplicité de ses amours, qui lutte de luxe avec le prince royal, et qui, avec tout cela, par un contraste qui dénonce son extraction, revêt, à peine débarrassé du manteau de Richard, l'habit d'un matelot du port, court de taverne en taverne, et se fait rapporter chez lui plus souvent qu'il n'y rentre.

ELENA.

Je vous écoute, chère amie... Allez, allez!

AMY.

Un homme criblé de dettes, qui spécule, dit-on, sur les caprices de certaines grandes dames pour échapper aux poursuites de ses créanciers.

ELENA.

Et l'on a pu supposer que j'aimais un pareil homme!... un homme comme celui dont vous venez de me faire le portrait!... là, sérieusement?

AMY.

Mais très-sérieusement. Vous pensez bien que je ne l'ai pas cru, moi... que lord Delmours ne l'a pas cru... que milady...

ELENA.

A propos, j'avais oublié de vous demander de ses nouvelles... Comment se porte-t-il?

AMY.

Qui?...

ELENA.

Lord Delmours...

AMY.

De ses nouvelles, à moi? Comment! est-ce que je sais ce qu'il fait, ce qu'il devient?

ELENA.

Pardon... mais je m'en informe à tout le monde : c'est un si excellent jeune homme!... beau, élégant, spirituel, un peu indiscret... voilà tout.

AMY.

Indiscret?

ELENA.

Oui... Mais qui croit à ce qu'il dit? Personne! Pardon, je vous ai interrompue... Vous parliez de?...

AMY.

Je ne sais plus.... Ah! je crois que c'était du dernier bal du duc de Northumberland... Il a été délicieux, et j'ai été étonnée de ne pas vous y apercevoir. Je vous ai cherchée partout, je voulais vous présenter à la duchesse de Devonshire... Elle aurait eu le plus grand plaisir à vous connaître, j'en suis sûre.

ELENA.

Merci de ce que vous pensez si souvent à moi... mais la chose était faite depuis longtemps... Mon mari, en sa qualité d'ambassadeur de Danemark, a été invité chez elle aussitôt son arrivée à Londres.

AMY.

Et ne le verrons-nous pas, ce cher ambassadeur?

ELENA.

Ne dirait-on pas que vous avez la baguette d'une fée, et que vos désirs sont des ordres? Voyez!

## SCÈNE III

Les Mêmes, LE COMTE DE KOEFELD.

LE COMTE, à son Secrétaire.

Faites partir un courrier à l'instant, et qu'il profite du premier bâtiment qui mettra à la voile... Ces dépêches ne peuvent souffrir aucun retard.

AMY.

La politique européenne laisse-t-elle enfin à M. le comte de Kœfeld un moment de loisir?

LE COMTE.

Le comte de Kœfeld a renvoyé tous les souverains de l'Europe à demain, afin de consacrer sa soirée à la reine de l'Angleterre, à la belle comtesse Amy de Gosswill.

AMY.

Quel malheur qu'on ne puisse pas croire un mot de tout cela!

ELENA.

N'a-t-il pas dit que, jusqu'à demain, il avait rompu avec la diplomatie?

AMY.

Oui; mais l'habitude est une seconde nature.

LE COMTE.

S'il en est ainsi, je vais dire un mal horrible de vous. Qui vous habille donc, milady? Cette robe vous fait une taille affreuse! et comment choisit-on le blanc avec un teint comme le vôtre?... Si au moins vous aviez les cheveux blonds et les yeux noirs, cette beauté sévère rachèterait tous les autres défauts... mais, non, rien de tout cela... Oh! sur mon honneur! quand on a été aussi maltraitée de la nature, on doit être jalouse de tout le monde!... Eh bien, suis-je vrai, cette fois-ci?

AMY.

Pas plus que la première...

LE COMTE.

Mais, alors, que croirez-vous?

AMY.

Tout ce que vous ne me direz pas.

LE COMTE.

Il est bien malheureux que les femmes ne soient pas ambassadeurs.

AMY.

Pourquoi cela?

LE COMTE.

Parce qu'il y a bien peu de secrets que l'on parviendrait à leur cacher.

ELENA, regardant Amy.

Elles sont ambassadrices.

AMY.

Méchante!...

ELENA.

Et, en cette qualité, elles savent garder ceux qu'elles ont surpris.

AMY.

Oh! que vous avez là un charmant éventail!

ELENA.

Un cadeau du prince de Galles.

AMY.

Montrez donc.

LE COMTE.

N'aurons-nous donc point lord Gosswill?

AMY.

Il n'a pu venir; il aide en ce moment, je crois, lord Mewill à se mésallier.

LE COMTE.

Ah! c'est, sur mon honneur, vrai! c'est aujourd'hui que lord Mewill épouse cette riche héritière sur la dot de laquelle il compte pour refaire sa fortune... Comment appelez-vous déjà cette jeune fille?... miss Anna?

AMY.

Anna Damby, je crois... C'est un de ces noms qui ne se retiennent pas; il n'y a rien qui les rappelle.

LE COMTE, à Elena.

Vous savez, madame... c'est cette jeune et jolie personne qui a, presque en face de la nôtre, une loge à Drury-Lane, et que vous avez remarquée pour la voir à toutes les représentations : elle a pu faire la même remarque sur vous, au reste.

ELENA.

Oui, oui, je sais.

AMY.

Vous ne devineriez pas, monsieur le comte, l'indiscrétion que j'ai commise : j'ai demandé à ma chère Elena une place dans sa loge pour la première fois que jouera Kean... C'est un si grand acteur!... un homme de tant de génie!

LE COMTE.

Vous désirez donc le voir?

AMY.

Plus que vous ne pouvez imaginer... et de près surtout. Votre loge est à l'avant-scène, et l'on doit y être à merveille pour que pas un des mouvements de sa physionomie ne soit perdu.

LE COMTE.

Eh bien, je suis fort aise que vous ayez ce désir; car je vous le ferai voir aujourd'hui de plus près encore que de ma loge...

AMY.

Vraiment!... et d'où cela?

LE COMTE.

D'un côté de ma table à l'autre... Je l'ai invité à dîner avec nous.

ELENA.

Comment, monsieur, vous avez fait cela sans m'en prévenir?

AMY.

Inviter Kean !

LE COMTE.

Pourquoi pas? Le prince royal l'invite bien ! D'ailleurs, inviter, inviter comme on invite ces messieurs, en qualité de bouffon : nous lui ferons jouer une scène de *Falstaff* après le dîner... Cela nous amusera, nous rirons.

ELENA.

Oh! mais, je vous le répète, monsieur, comment avez-vous fait cela s'en m'en prévenir ?

LE COMTE.

C'était une surprise que je ménageais au prince royal, à qui mes instructions m'enjoignent de faire la cour; mais vous m'avez arraché mon secret : dites encore que je suis diplomate !

UN DOMESTIQUE, entrant avec une lettre à la main.

Une lettre pressée pour M. le comte...

LE COMTE.

Vous permettez, mesdames?

AMY.

Comment donc...

LE COMTE, lisant.

« Monseigneur, je suis désespéré de ne pouvoir accepter votre gracieuse invitation, mais une affaire que je ne puis remettre me prive de l'honneur d'être le convive de Votre Excellence. Soyez assez bon, monseigneur, pour déposer mes regrets les plus vifs et mes hommages les plus respectueux aux pieds de madame la comtesse. »

ELENA, à part.

Ah ! je respire...

LE COMTE.

Nous vivons dans un singulier siècle, il faut en convenir: un comédien refuse l'invitation d'un ministre !

AMY.

Mais cela me paraît une excuse, et non pas un refus.

LE COMTE.

Oh! c'est un refus et bien en règle, je m'y connais; j'ai été employé à trois négociations de mariage entre altesses royales.

ELENA.

Mais votre lettre était-elle convenable?

LE COMTE.
Jugez-en par la réponse, madame.
LE DOMESTIQUE, annonçant.
Son Altesse royale monseigneur le prince de Galles.

## SCÈNE IV

### Les Mêmes, LE PRINCE DE GALLES.

LE PRINCE, entrant en riant.
Oh! c'est, Dieu me damne! une chose merveilleuse... Pardon, madame la comtesse, si j'entre chez vous si joyeusement; mais, voyez-vous, c'est qu'en ce moment l'aventure la plus bouffonne que je connaisse court les rues de Londres, et sans masque encore...

ELENA.
Certes, nous vous pardonnerons, monseigneur, mais à une condition, c'est que vous allez nous dire cette aventure.

LE PRINCE.
Comment! si je vous la dirai!... je crois bien; je la dirais aux roseaux de la Tamise, comme le roi Midas, si je n'avais personne à qui la raconter.

ELENA.
Je déclare d'avance que je n'en croirai pas un mot.

AMY.
Oh! dites toujours, monseigneur, si nous ne la croyons pas, soyez tranquille, cela ne nous empêchera pas de la répandre.

LE PRINCE.
Vous connaissez bien lord Mewill?

LE COMTE.
Qui devait épouser cette petite bourgeoise?

LE PRINCE.
Qui devait est bien dit...

AMY.
Mais c'était chose convenue pour aujourd'hui, ce me semble?

LE PRINCE.
Eh bien, il a eu l'innocence de le croire comme vous, et, en conséquence, il a remonté sa maison : chevaux et voitures, créanciers et créances, tout cela a été remis à neuf... C'est un homme expéditif que lord Mewill; malheureusement, au mo-

ment de marcher à l'autel, comme la fiancée se faisait attendre, on est allé pour la chercher.,. et l'on a trouvé la porte ouverte et la jeune fille enlevée; la cage, mais plus d'oiseau.

ELENA.

Pauvre enfant, qu'on voulait sacrifier sans doute, et qui sans doute aimait quelqu'un! Il lui sera arrivé malheur.

LE PRINCE.

Avec cela, notez encore qu'elle loge à cinq cents pas de la Tamise.

(Il rit.)

LE COMTE.

Elle s'y sera jetée... La vue continuelle de l'eau...

AMY.

Oh! mon Dieu! et vous riez de cela, monseigneur?

LE PRINCE.

Rassurez-vous, madame, la vue continuelle de l'eau lui a donné l'envie de voyager par mer, et voilà tout. Mais, comme voyager seule est chose ennuyeuse, elle a choisi un bon compagnon qui, je vous en réponds, ne la laissera pas en route.

AMY.

Et sait-on le nom du ravisseur?...

LE PRINCE.

Un nom des plus illustres de l'Angleterre.

AMY.

Oh! prince, prince, je vous en supplie!...

LE COMTE.

Ne pressez pas trop Son Altesse, mesdames : vous l'embarrasseriez peut-être beaucoup.

LE PRINCE.

Mauvais plaisant!... soyez tranquille, je ne m'attaque pas à la bourgeoisie... J'aurais trop peur d'échouer... Non, mesdames, c'est un nom bien plus illustre que le mien, un front couronné depuis longtemps, tandis que le mien attend encore sa couronne ; et Dieu la conserve pendant maintes années sur la tête de mon frère!

ELENA, inquiète.

Mais enfin qui donc?...

LE PRINCE.

Vous ne devinez pas?... Eh! mon Dieu, il y a une heure que je vous mets le doigt dessus... Et qui donc cela pouvait-il être, sinon le Faublas, le Richelieu, le Rochester des trois royaumes... Edmond Kean ?

ELENA.

Edmond Kean?... Cela est impossible!...

LE COMTE.

Impossible?... Mais cela m'explique au contraire son refus, et il fallait une affaire de cette importance pour priver M. Kean de l'honneur d'être notre convive.

ELENA, à part.

Oh! mon Dieu!

LE COMTE.

Je suis, du reste, enchanté qu'il ait refusé, maintenant... S'il était venu aujourd'hui, et que la chose fût arrivée demain, on aurait cru que j'étais son complice.

LE PRINCE.

Et cela aurait pu brouiller l'Angleterre avec le Danemark... Mesdames, il faudra vraiment fêter cet événement, qui empêche la guerre à l'étranger... et qui ramène la paix à l'intérieur.

AMY.

Étions-nous donc menacés d'une révolution?...

LE PRINCE.

Comment! mais... nous étions en état permanent de guerre civile!... matrimonialement parlant, il n'y avait plus ni mari qui osât répondre de sa femme, ni amant de sa maîtresse... C'est une fortune pour la morale publique, et je ne m'étonnerais pas que la moitié de Londres fût illuminée ce soir.

AMY.

Était-ce donc vraiment un homme si fort à craindre? et serait-il vrai que certaines grandes dames ont eu la bonté, vraiment inouïe, de l'élever jusqu'à elles?

LE PRINCE.

Oh! c'est une erreur! elles ne l'ont point élevé jusqu'à elles, elles sont seulement descendues jusqu'à lui!... ce qui est fort différent, ce me semble.

ELENA, à part.

Que je souffre! mon Dieu, que je souffre!

LE COMTE.

Ah! c'est vraiment fort drôle, et il n'y a qu'en Angleterre qu'on voit de ces choses-là.

LE PRINCE.

Prenez garde, mon cher comte!... les ambassadeurs sont à moitié naturalisés.

ELENA.

Monseigneur...

LE PRINCE.

Oh! pardon, madame la comtesse...

AMY.

Et vous croyez, monseigneur, que la nouvelle est vraie?

LE PRINCE.

Si je le crois! c'est-à-dire que je parie qu'à cette heure Kean est sur la route de Liverpool.

LE DOMESTIQUE, annonçant.

M. Kean!

ELENA, étonnée.

M. Kean?

AMY, étonnée.

M. Kean?

LE COMTE, étonné.

M. Kean?

LE PRINCE.

Ah! voilà qui se complique, par exemple.

LE COMTE.

Faites entrer.

## SCÈNE V

Les Mêmes, KEAN.

KEAN, avec les manières les plus fashionables.

Milady, milord, j'ose espérer que vous voudrez bien excuser la contradiction qu'il y a entre ma lettre et ma conduite; mais une circonstance inattendue est venue tout à coup changer des projets arrêtés, et m'a fait un devoir, une loi de la démarche que j'accomplis en ce moment. (Se retournant vers le Prince.) Son Altesse daignera-t-elle recevoir mes hommages?

LE COMTE.

J'avoue que je ne comptais plus sur vous, monsieur. D'abord à cause du refus que contenait cette lettre que je viens de recevoir; ensuite à cause des bruits étranges qui se sont répandus aujourd'hui sur votre compte.

KEAN.

Ce sont précisément ces bruits qui m'amènent chez vous, monsieur le comte ; car ces bruits, tout exagérés qu'ils peuvent être, ont cependant une certaine consistance : oui, miss Anna est venue chez moi ; mais, ne m'y ayant pas trouvé, elle y a laissé cette lettre. L'espion qui l'avait vue entrer n'aura pas eu la patience d'attendre sa sortie, voilà tout... Mais, comme la réputation de miss Anna est compromise, je n'ai point trouvé de meilleur moyen de vous remercier de la gracieuse invitation que vous m'aviez fait l'honneur de m'envoyer, qu'en vous choisissant, monsieur le comte, pour faire entendre à Londres sa justification et la mienne... Honneur pour honneur...

LE COMTE.

Votre justification monsieur ! vous êtes innocent ou vous êtes coupable... Si vous êtes innocent, un démenti formel donné par vous suffira.

KEAN.

Un démenti formel donné par moi suffira, dites-vous ? Oh ! monsieur le comte, croyez-vous donc que je ne sache pas les calomnies auxquelles notre position nous expose ? Un démenti donné par l'acteur Kean sera suffisant pour les artistes, qui savent l'acteur Kean homme d'honneur ; mais il n'aura aucun poids auprès des gens du monde, qui ne le connaissent que pour un homme de talent. Il faut donc que ce démenti lui soit donné par une bouche qu'ils ne puissent récuser... par une personne dont la haute position et la réputation sans tache commandent la confiance et le respect... par madame la comtesse, par exemple ; et elle pourra le faire hardiment, si elle daigne jeter les yeux sur cette lettre.

LE PRINCE.

Où veut-il en venir ?

LE COMTE.

Lisez vous-même, monsieur ; nous vous écoutons.

KEAN.

Pardon, monsieur, mais un secret duquel dépend le bonheur, l'avenir et peut-être l'existence d'une femme, ne peut souvent être révélé qu'à une femme. Il y a des mystères et des délicatesses que nos cœurs, à nous autres hommes, ne comprennent pas. Permettez donc que ce soit dans celui de madame la comtesse que je dépose le secret de miss Anna. Si ce secret était le mien, monsieur le comte, je l'exposerais au grand jour, pour qu'il brillât au soleil et qu'il éclatât à tous les yeux. Madame la comtesse me promettra seulement de ne pas le révéler ; mais, quand tout le monde saura qu'elle le connaît lorsqu'elle élèvera la voix pour dire : « Edmond Kean n'est point coupable de l'enlèvement de miss Anna, » tout le monde la croira.

LE PRINCE.

Et mon rang me donne-t-il le droit de partager cette confidence?

KEAN.

Monseigneur, tous les hommes sont égaux devant un secret... Monsieur le comte, je vous renouvelle ma prière.

LE COMTE.

Mais, si madame y consent, et que vous y attachiez réellement l'importance que vous paraissez y mettre, monsieur Kean, je n'y vois pas d'inconvénient.

KEAN

Madame la comtesse ratifiera-t-elle la faveur que m'accorde M. le comte?

ELENA.

Mais je ne sais vraiment ..

KEAN.

Je la supplie.

AMY, prenant le Comte par un bras.

Allons, comte, une fois que votre femme saura ce secret, vous le devinerez bientôt. Vous êtes diplomate.

LE PRINCE, le prenant par l'autre bras.

Et, quand vous le saurez, vous nous en ferez part, n'est-ce pas, monsieur le comte? si cependant cela n'est point contraire aux instructions de votre gouvernement.

(Ils l'emmènent près de la cheminée.)

ELENA, sur le devant de la scène, Kean derrière elle.

Donnez-moi donc cette lettre, puisque la lecture de cette lettre peut vous justifier.

KEAN.

La voici.

ELENA, lisant.

« Monsieur, je me suis présentée chez vous, et ne vous ai point trouvé. Vous dire, quoique je n'aie pas l'honneur d'être connue de vous, que de cette entrevue dépendra l'avenir de ma vie entière, c'est m'assurer d'avance que j'aurai le bonheur de vous rencontrer demain.

» ANNA DAMBY, à Kean. ».

Merci, monsieur, merci mille fois... Mais quelle réponse avez-vous faite à cette lettre?

KEAN.

Tournez la page, madame...

ELENA, lisant pendant que Kean retourne causer avec le Prince et le Comte.

« Je ne savais comment vous voir, Elena ; je n'osais vous écrire ; une occasion se présente et je la saisis. Vous savez que les rares moments que vous dérobez pour moi à ceux qui vous entourent passent si rapides et si tourmentés, qu'ils ne marquent réellement dans ma vie que par leur souvenir... »

(Elle s'arrête étonnée.)

KEAN, qui est revenu près d'elle.

Daignez lire jusqu'au bout, madame.

ELENA, lisant.

« J'ai souvent cherché par quel moyen une femme, dans votre position, et qui m'aimerait véritablement, pourrait m'accorder par hasard une heure sans se compromettre... et voici ce que j'ai trouvé : si cette femme m'aimait assez pour m'accorder cette heure, en échange de laquelle je donnerais ma vie... elle pourrait, en passant devant le théâtre de Drury-Lane, faire arrêter la voiture au bureau de location et entrer sous le prétexte de retirer un coupon ; l'homme qui tient le bureau m'est dévoué, et je lui ai donné l'ordre d'ouvrir une porte secrète que j'ai fait percer dans ma loge sans que personne le sache, à une femme vêtue de noir et voilée qui daignera peut-être venir m'y voir... la première fois que je jouerai. »

— Voici votre lettre, monsieur.

KEAN.

Mille grâces, madame la comtesse. (S'inclinant.) Monsieur le comte... Milady... Monseigneur...

(Il va pour sortir.)

AMY, qui s'est avancée.

Eh bien, Elena?

LE PRINCE.

Eh bien, madame?

7.

LE COMTE.

Eh bien, comtesse?

ELENA, lentement.

C'était à tort que l'on accusait M. Kean de l'enlèvement de miss Anna.

KEAN.

Merci, madame la comtesse.

LE PRINCE, le regardant s'éloigner.

Ah! monsieur Kean, vous venez de nous jouer là une charade dont je vous donne ma parole que je saurai le mot!

UN DOMESTIQUE, entrant.

Monseigneur est servi.

(Le Prince offre la main à la comtesse de Kœfeld. le Comte à Amy; les autres Convives les suivent.)

## ACTE DEUXIÈME

### DEUXIÈME TABLEAU

Un salon chez Kean. Au lever du rideau, le théâtre présente toutes les traces d'une orgie. Kean dort sur une table, tenant d'une main le tuyau d'une pipe turque, et de l'autre le goulot d'une bouteille de rhum. David est étendu sous la table. Tom est couché. Bardolph est à cheval sur une chaise. Des bouteilles vides ont roulé à terre; deux ou trois, à moitié pleines, sont restées sur la table. Un châle est accroché à une patère. L'obscurité la plus complète règne sur la scène. Salomon paraît à une petite porte avec Pistol.

### SCÈNE PREMIÈRE

KEAN, DAVID, TOM, BARDOLPH, endormis; SALOMON, PISTOL.

SALOMON, à demi-voix.

Attends-moi là, Pistol; l'illustre Kean, l'honneur de Londres, le soleil de l'Angleterre, a fait faire relâche hier pour se reposer, et je vais écouter, à la porte de sa chambre pour savoir s'il est éveillé ou s'il dort encore.

PISTOL, montrant son nez.

Allez en douceur, monsieur Salomon, j'ai le temps d'attendre. Si je peux me présenter, soufflez-moi cela par le trou de la serrure, et alors je fais mon entrée en deux temps sans balancer.

SALOMON, fermant la porte.

Chut!... Ce n'est pas sans peine que j'ai obtenu de lui qu'il rentrât sans passer par sa maudite taverne. Voilà enfin une nuit de repos, de tranquillité, de calme!... Elles sont rares... Il paraît qu'il dort joliment. Ce paresseux de Newman, qui n'a pas encore ouvert ici, à neuf heures du matin! (Il va vers une fenêtre, et ouvre les volets. Il fait grand jour; on aperçoit la Tamise. Se retournant, et voyant le désordre.) Salomon, mon ami, tu n'es qu'un niais, et il t'a encore mis dedans... C'est la sixième fois depuis le commencement du mois, et nous sommes aujourd'hui le 7! Et avec qui encore fait-il de pareilles orgies?... Avec de misérables cabotins qui jouent le Lion... la Muraille... et le Clair de lune dans *le Songe d'une nuit d'été*. Vraiment, si on les trouvait ici, j'en serais honteux pour l'illustre Kean... (Appelant.) Tom!

TOM, s'éveillant.

Eh bien?

SALOMON, à demi-voix.

Chut! n'éveillez pas les autres... C'est qu'en venant, j'ai rencontré John Ritter... vous savez bien, le beau jeune premier?

TOM.

Oui, un fat.

SALOMON.

Il venait de chez vous... et, comme il ne vous avait pas trouvé, attendu que vous étiez ici, il m'a demandé si je savais où il pourrait vous rejoindre. Moi, à tout hasard, je l'ai envoyé chez la petite Betsy... Je sais que vous y allez quelquefois.

TOM.

Oui; mais je n'aime pas qu'il y aille, lui.

SALOMON.

Eh bien, si vous voulez y être le premier, vous n'avez pas de temps à perdre.

TOM, sortant.

Merci, mon vieux?

SALOMON.

Et votre chapeau?

TOM, revenant.

C'est juste... Donne.

(Il sort.)

SALOMON.

Et d'un!... (Allant à un autre). David!... David!

DAVID, rugissant.

Hum!

SALOMON.

Bien rugi!... Il rêve qu'il joue le Lion... Bien rugi!... bravo!... bravo!

DAVID.

Qui est-ce qui m'applaudit?

SALOMON.

Sois tranquille, ce n'est pas le public.

DAVID.

Ah! c'est vous, père Borée...

SALOMON.

Moi-même, enchanté de vous rencontrer.

DAVID.

Et pourquoi cela?

SALOMON.

Chut!.. Vous demeurez dans Regent street, n'est-ce pas?

DAVID.

Numéro 20.

SALOMON.

C'est bien cela... Eh bien, imaginez-vous que je voulais passer chez vous ce matin, pour vous dire que vous aviez été superbe hier.

DAVID.

Vraiment?

SALOMON.

Parole d'honneur!... La peau de lion vous va à ravir... Lorsque je trouve au bout de la rue, auprès de la fontaine, un peloton d'Écossais. « On ne passe pas, me dit le caporal. — A cause? — A cause du feu. — Ça ne fait rien, cela; je vais chez un ami, à l'autre bout de la rue, au numéro 20... — Au numéro 20? Eh bien, votre ami a autre chose à faire que de vous recevoir: sa maison brûle! — Bah!... »

DAVID.

Comment! le numéro 20 brûle... et tu ne me dis pas cela tout de suite, imbécile?

SALOMON.

Ah! vous avez le temps... Le feu a pris dans la cave, et vous demeurez au grenier.

DAVID.

Ah! double traître!

(Il sort en courant.)

SALOMON.

Maintenant que nous voilà seuls... (Il accroche une chaise et aperçoit Bardolph.) Ah! je me trompe... en voilà encore un, pardon!... Ah bien, lui, ça va être une corvée, par exemple... Quand il dort, ce n'est pas pour un peu; c'est comme lorsqu'il boit... (Il appelle. Bardolph! Ah! oui... Bardolph! Bardolph! un verre de punch, mon ami.

BARDOLPH, s'éveillant à moitié.

Présent!

SALOMON.

Voilà une idée que j'ai eue! Attends, attends, je vais te réveiller tout à fait.

(Il lui donne un verre d'eau.)

BARDOLPH.

A votre santé! (Il boit.) Qu'est-ce que tu me donnes là, empoisonneur? (Il fait la grimace.) Pouah!...

SALOMON.

De l'eau de la Tamise...

BARDOLPH.

De l'eau!.. quelle atroce plaisanterie!... enfin, j'aurais pu la boire! Laisse-moi réveiller Kean.

SALOMON.

Déjà? Ah! mon Dieu, vous avez bien le temps de vous battre...

BARDOLPH.

Comment! de nous battre?

SALOMON.

Eh! oui; vous deviez vous battre ce matin... vous savez bien?

BARDOLPH.

Nous?

SALOMON.

C'est vous qui avez tort... la, parole d'honneur! Vous lui avez cherché une querelle d'Allemand.

BARDOLPH.

Moi?

SALOMON.

Oh! je le répète, vous aviez tort... Mais, du moment que vous avez offert de lui rendre raison, il n'y a rien à dire.

BARDOLPH.

Ah çà! vraiment, Salomon?

SALOMON.

Vous l'avez oublié? Ce que c'est que le vin, mon Dieu!

BARDOLPH.

Et nous devons nous battre?

SALOMON.

A l'épée.

BARDOLPH.

A l'épée, avec lui!... Donne-moi un verre d'eau.

SALOMON.

C'est ce que vos deux témoins, Tom et David, vous ont dit; mais vous n'avez rien voulu entendre... Vous avez le vin ferrailleur... démon! Ils sont allés chercher les armes... Le rendez-vous est à dix heures, à Hyde park.

BARDOLPH.

Dis donc, Salomon,... est-ce qu'on ne peut pas arranger l'affaire?

SALOMON.

Impossible! il y a un soufflet de donné.

BARDOLPH.

Qui est-ce qui l'a reçu?

SALOMON.

Ah! ça, je n'en sais rien.

BARDOLPH.

Ce doit être moi... Écoute donc, mon ami, mon brave Salomon, mon roi des souffleurs!... il se pourrait que Kean eût oublié cette querelle.

SALOMON.

Comment! vous ne vous la rappelez pas?

BARDOLPH.

Si fait, si fait, je me rappelle bien que j'ai reçu un soufflet, pardieu! mais, enfin, tu comprends... si sa mémoire n'était pas si bonne que la mienne, et qu'il eût oublié... (Il prend son chapeau), ne l'en fais pas souvenir.

(Il sort.)

## SCÈNE II

### KEAN, SALOMON, puis PISTOL.

SALOMON, fermant la porte.

Et de trois! Si je ne les avais pas dispersés, ils se seraient remis à boire jusqu'à demain, vu qu'il n'y a pas encore théâtre ce soir... Enfin, cette fois-ci, je crois que nous voilà seuls. (Il regarde de tous côtés, et aperçoit le châle.) Bénédiction! en voilà bien d'une autre, par exemple! (Il regarde encore, puis va à la chambre à coucher, dont il ouvre à la porte.) Ah! je respire!... Voyons, maintenant, faisons notre tournée sur le champ de bataille. (Examinant les bouteilles, en trouvant deux à moitié vides et les rangeant dans une armoire.) Diable! diable! le combat a été meurtrier : quinze contre quatre... Quand je pense que j'ai là, devant les yeux, couché comme un boxeur éreinté, le noble, l'illustre, le sublime Kean, l'ami du prince de Galles!... le roi des tragédiens passés, présents et futurs... qui tient en ce moment le sceptre... (Il aperçoit la bouteille que Kean tient par le goulot.) Quand je dis le sceptre, je me trompe... Oh! mon Dieu!

(Il essaye de lui tirer la bouteille de la main; pendant ce temps, Kean s'éveille et le regarde faire; les yeux de Salomon rencontrent les siens.)

KEAN.

Quel diable de métier fais-tu donc là, Salomon?

SALOMON.

Vous le voyez bien, j'essaye de tirer de vos mains cette pauvre bouteille, que vous étranglez.

KEAN.

Il paraît que j'ai oublié de me coucher, hein?

SALOMON.

Vous m'aviez tant promis de rentrer!

KEAN.

Eh bien, mais il me semble que je ne suis pas dehors. J'ai même passé la nuit chez moi, si je ne me trompe... ce qui ne m'arrive pas toujours...

SALOMON.

Et même pas seul...

KEAN.

Ne me gronde pas, mon vieux Salomon, c'est le Clair de lune qui n'avait pas envie de se coucher; la Muraille qui se fendait de chaleur, et le Lion qui, comme tu le sais, est l'animal le plus altéré du zodiaque.

SALOMON.

Croyez-vous que de pareilles nuits vous remettent de vos fatigues?

KEAN.

Bah! pour quelques bouteilles de vin de Bordeaux...

SALOMON, lui prenant la bouteille de rhum qu'il tient encore.

Et depuis quand les bouteilles de vin de Bordeaux ont-elles le cou dans les épaules comme celle-ci? (Lisant l'étiquette.) « Rhum de la Jamaïque. » Ah! maître! maître! vous finirez par brûler jusqu'au gilet de flanelle que vous avez sur la poitrine.

(Il pousse un soupir.)

KEAN.

Tu as raison, mon vieil ami, tu as raison; je sens que je me tue avec cette vie de débauches et d'orgies! Mais, que veux-tu! je ne puis en changer! Il faut qu'un acteur connaisse toutes les passions pour les bien exprimer. Je les étudie sur moi-même, c'est le moyen de les savoir par cœur.

PISTOL, en dehors.

Monsieur Salomon!... monsieur Salomon! peut-on entrer?

KEAN.

Qui est-ce qui est là?

SALOMON.

C'est juste, j'avais oublié. Maître, c'est un pauvre garçon que vous ne vous rappelez sans doute plus: le fils du vieux Bob... le petit Pistol... le saltimbanque.

KEAN.

Moi, avoir oublié mes vieux camarades! Entre, Pistol!... entre!

PISTOL, entr'ouvrant la porte.

Sur les pieds ou sur les mains?...

KEAN.

Sur les pieds; tu as besoin de ta main pour serrer la mienne.

PISTOL.

Oh! monsieur Kean, c'est trop d'honneur.

KEAN.

Mon pauvre enfant... Eh bien, comment va toute la troupe?

PISTOL.

Elle boulotte.

KEAN.

Ketty la Blonde?

PISTOL.

Elle vous aime encore, pauvre fille! Dame, ça n'est pas étonnant, vous êtes son premier, voyez-vous.

KEAN.

Le vieux Bob?

PISTOL

Il sonne toujours de la trompette comme un enragé... On a voulu l'engager cornemuse-major dans un régiment d'Écossais, grade de caporal, mais il n'a pas voulu... Ah ben, oui!

KEAN.

Tes frères?

PISTOL.

Les plus petits font les trois premières souplesses du corps; les plus grands le saut du Niagara; les entre-deux dansent sur la corde.

KEAN.

Et la respectable madame Bob?

PISTOL.

Elle vient d'accoucher de son treizième; la mère et l'enfant se portent bien, je vous remercie, monsieur Kean.

KEAN.

Et toi?...

PISTOL.

Eh bien, c'est moi qui vous remplace, j'ai hérité de votre habit et de votre batte: je joue les arlequins; mais je ne suis pas de votre force...

KEAN.

Et tu viens me demander des leçons, hein?

PISTOL.

Oh! non!... non!... Il y a cependant la danse des œufs, vous savez, que vous devriez bien me montrer; je n'ai jamais pu l'apprendre tout à fait; j'en casse toujours deux ou trois... Mais, maintenant, je les fais durcir... ça fait qu'ils ne sont pas perdus, je les mange... Mais ce n'est pas ça!... Quand mon père a vu que le bon Dieu lui avait fait la grâce de lui en envoyer encore un, et que celui-là faisait le treizième, il a dit : « Tu portes un mauvais numéro, toi. » Avec ça, notez qu'il était venu au monde un vendredi... « Il faudrait lui choisir un crâne parrain... — Lequel? a dit ma mère; le prince de Galles ou le roi d'Angleterre? — Mieux que ça : M. Kean! — Oh! fameux!... fameux! que tout le monde a répondu; mais il ne voudra pas. — Et moi, je suis sûre qu'il voudra, a dit Ketty la Blonde. — Oui, si tu vas le lui demander, a répondu mon père... — Oh! je n'oserai jamais, il est si loin de nous maintenant! il est si grand! il est si haut!... — Eh bien, donnez-moi un échelle, j'irai, moi! » que j'ai dit; et me voilà. N'est-ce pas que vous ne me refuserez pas, monsieur Kean?...

KEAN.

Non, par l'âme de Shakspeare! qui a commencé par être un bateleur et un saltimbanque comme nous, je ne te refuserai pas, mon enfant... et nous ferons à ton frère un baptême royal, sois tranquille.

PISTOL.

C'est une sœur; mais ça ne fait rien. Et quand cela, monsieur Kean?

KEAN.

Ce soir, si tu veux.

PISTOL.

Convenu... Mais, d'ici là, aurez vous le temps de trouver une commère?

KEAN.

Elle est trouvée.

PISTOL.

Laquelle, sans être trop curieux?

KEAN.

Ketty la Blonde... Crois-tu qu'elle refuse?

PISTOL.

Elle, refuser?... Oh! pauvre fille!... oh! oui, vous ne la connaissez pas! Il va falloir des précautions pour lui dire ça... elle se pâmerait... Oh! Ketty! pauvre Ketty! va-t-elle être contente!...

(Il fait une cabriole.)

SALOMON.

Eh bien, que fais-tu donc?

PISTOL.

Ah bien, tant pis, père Salomon! je suis comme les paons moi : quand je suis content, je fais la roue. Adieu, monsieur Kean.

KEAN.

Et tu t'en vas déjà?

PISTOL.

Et, là-bas, les autres qui attendent et qui disent : « Voudra-t-il? ne voudra-t-il pas? » Il veut! il veut!

KEAN.

Salomon, reconduis ce garçon jusque chez lui... et mets dix guinées dans la main de sa mère pour la layette.

PISTOL.

N'allez pas vous dédire, monsieur Kean! c'est qu'il y aurait des larmes de versées si un malheur comme celui-là arrivait.

KEAN.

Sois tranquille...

PISTOL, rentrant.

Je n'oubliais que ça, moi!... Où ferons-nous le gatelet?

KEAN.

Chez Peter Patt, au *Trou du Charbon*... Connais-tu cela?...

PISTOL.

Si je connais? sur le port, là, à dix pas de la Tamise, à la renommée des matelottes?... Je ne connais que ça... Adieu, monsieur Kean.

(Il sort avec Salomon.)

## SCÈNE III

KEAN, puis UN DOMESTIQUE.

KEAN.

Bonne et respectable famille, famille de patriarches, enfants du bon Dieu! oh! je n'oublierai pas les heures que j'ai passées avec vous! Combien de fois ai-je été me coucher sans souper, en disant que je n'avais pas faim pour vous laisser ma part! Alors, il nous semblait qu'il était aussi difficile à une guinée de descendre dans notre bourse, qu'à une étoile de tomber du ciel. Ai-je beaucoup gagné à vous quitter, en bonheur du moins? et la pauvre Ketty ne m'aimait-elle pas mieux que les nobles dames qui m'honorent aujourd'hui de leurs bontés? (On frappe.) On frappe! (Un Domestique entre.) Qui est là?

LE DOMESTIQUE.

Une jeune dame qui doit avoir écrit hier à monsieur.

KEAN.

Miss Anna Damby... Faites-la entrer, et priez-la d'attendre un instant.

(Il entre dans sa chambre à coucher.)

LE DOMESTIQUE, à la dame.

Miss!

(Elle entre. Il sort.)

## SCÈNE IV

ANNA, voilée; KEAN, puis SALOMON.

ANNA.

Me voilà donc venue chez lui!... Aurai-je le courage de lui dire ce qui m'amène?... Oh! mon Dieu! mon Dieu!... donne-moi de la force, car je me sens mourir!

KEAN, rentrant avec un habit.

Vous m'avez fait l'honneur de m'écrire, miss... Puis-je être assez heureux pour vous être bon à quelque chose, assez favorisé du ciel pour me trouver en position de vous être utile?

ANNA, à part.

Oh! c'est sa voix! (Haut.) Excusez mon trouble, monsieur, il est bien naturel; et, si modeste que vous soyez, vous comprendrez que votre réputation, votre talent, votre génie...

KEAN.

Madame...

ANNA.

M'effrayent plus encore que votre accueil ne me rassure... On vous dit cependant aussi bon que grand... Si vous n'eussiez été que grand, je ne serais pas venue à vous.

(Elle lève son voile. Ils s'asseyent.)

KEAN, faisant un signe.

Vous m'avez dit que je pourrais vous rendre un service; mon désir de vous le rendre est grand, miss, et cependant j'hésite à vous presser... Un service est sitôt rendu!

ANNA.

Oui, vous avez deviné juste, monsieur, et j'attends beaucoup de vous; il s'agit de mon bonheur, de mon avenir, de ma vie peut-être.

KEAN.

Votre bonheur? Oh! vous avez sur le front toutes les lignes heureuses, miss. Votre avenir? Et quelle prophétesse damnée, fût-ce l'une des sorcières de Macbeth, oserait vous prédire autre chose que des félicités? Votre vie? Partout où elle brillera, il poussera des fleurs comme sous un rayon de soleil.

ANNA.

Il se peut que les années qui me restent à vivre soient plus heureusement dotées que les années que j'ai déjà vécues, car il y a un quart d'heure encore, monsieur Kean, que je me demandais si je devais venir vous trouver ou mourir.

KEAN.

Vous m'effrayez, madame...

ANNA.

Il y a un quart d'heure que j'étais encore la fiancée d'un homme que je déteste, que je méprise, et que l'on veut me forcer d'épouser; non pas ma mère, non pas mon père, hélas! je suis orpheline, mais un tuteur à qui mes parents, en mourant, ont légué tout leur pouvoir. C'était hier matin que mon malheur devait s'accomplir, si je n'avais, soit folie, soit inspiration, quitté la maison de mon tuteur. J'ai fui, j'ai demandé où vous demeuriez; on m'a indiqué votre maison, je suis venue.

KEAN.

Et qui m'a valu l'honneur d'être choisi par vous, miss... ou comme conseiller, ou comme défenseur?

ANNA.

Votre exemple, qui m'a prouvé qu'on pouvait se créer des ressources honorables et glorieuses.

KEAN.

Vous avez songé au théâtre?

ANNA.

Oui; depuis longtemps, mes yeux sont fixés ardemment sur cette carrière, à l'exemple de mistress Siddons, de miss O'Neil, et de miss Fanny Kemble.

KEAN.

Pauvre enfant!

ANNA.

Vous paraissez me plaindre, et cependant vous ne me répondez pas, monsieur?

KEAN.

Il y a en vous tant de jeunesse, tant de candeur, que ce serait un crime à moi, tout pervers que l'on me fait et que je suis peut-être, de ne pas vous répondre ce que je pense. Me permettez-vous de vous parler comme un père, miss?

ANNA.

Oh! je vous en supplie!

KEAN.

Asseyez-vous, ne craignez rien; à compter de cette heure, vous m'êtes aussi sacrée que si vous étiez ma sœur.

ANNA, s'asseyant.

Que vous êtes bon!

KEAN, debout.

Vous avez vu le côté doré de notre existence, et il vous a ébloui. C'est à moi de vous montrer le revers de cette médaille brillante qui porte deux couronnes, une de fleurs, une d'épines.

ANNA.

Je vous écoute, monsieur, comme si Dieu me parlait.

KEAN.

Votre candeur, votre âge, miss, vont rendre délicate la tâche que je me suis imposée. Il y a des choses difficiles à dire pour un homme de mon âge, dificiles à comprendre pour une jeune fille du vôtre... Vous m'excuserez, n'est-ce pas, si l'expression ternissait la chasteté de la pensée?

ANNA.

Edmond Kean ne dira rien que ne puisse entendre Anna Damby, je l'espère.

KEAN.

Kean ne devrait rien dire de ce qu'il va dire à miss Damby, jeune fille du monde, destinée à rester dans le monde; Kean dira tout et doit tout dire à la jeune artiste qui lui accorde sa confiance, et lui fait l'honneur de venir chez lui le consulter, et ce qui lui paraîtrait, dans le premier cas, une inconvenance, lui semble, dans le second, un devoir.

ANNA.

Parlez donc, monsieur.

KEAN.

Vous êtes belle, je vous l'ai dit. C'est quelque chose, c'est beaucoup même pour la carrière que vous voulez embrasser; mais ce n'est point tout, miss... La part de la nature est faite, celle de l'art reste à faire.

ANNA.

Oh ! dirigée par vous, j'étudierai, je ferai des progrès, j'acquerrai un nom.

KEAN.

Dans cinq ou six ans, c'est possible... car ne croyez pas que rien se fasse sans le temps et sans l'étude. Quelques privilégiés naissent avec le génie, mais comme le bloc de marbre naît avec la statue;... il faut la main de Praxitèle ou de Michel-Ange pour en tirer une *Vénus* ou un *Moïse*. Oui, certes, je suppose, je crois même que vous êtes de ces élues ; que, dans quatre ou cinq ans, votre talent, votre réputation, ne vous laisseront rien à envier vos rivales, car c'est la gloire seule que vous cherchez... et votre immense fortune...

ANNA.

J'ai tout abandonné du moment que j'ai fui de chez mon tuteur.

KEAN.

Ainsi, vous n'avez rien?

ANNA.

Rien.

KEAN.

En supposant que vous possédiez toutes les dispositions nécessaires, il vous faut toujours six mois d'étude avant vos débuts.

ANNA.

J'ai heureusement appris dans ma jeunesse tous ces petits ouvrages de femme qui peuvent nourrir celles qui les font. D'ailleurs, j'appartiens à une classe qui est habituée à s'honorer de ce qu'elle gagne. La fortune de ma famille, toute considérable qu'elle est, fut puisée à une source commerciale. Je travaillerai.

KEAN.

C'est bien ! Au bout de ces six mois de travail, supposons toujours des débuts brillants, et, alors, vous trouverez un directeur qui vous offrira cent livres sterling par an...

ANNA.

Mais, avec mes goûts simples et retirés, cent livres sterling, c'est une fortune.

KEAN.

C'est le quart de ce que vous aurez à dépenser rien que pour vos costumes. La soie, le velours et les diamants coûtent cher, miss. Êtes-vous disposée à vendre votre amour pour parer votre personne?

ANNA.

Oh! monsieur...

KEAN.

Pardon, miss, mais je me tairai à l'instant, ou vous me permettrez de tout dire... A l'heure où vous sortirez de cette chambre pour rentrer dans le monde, cette conversation sera oubliée.

ANNA, baissant son voile.

Parlez, monsieur.

KEAN.

Il se peut cependant que vous ayez le bonheur de rencontrer un homme riche, délicat, généreux... que vous aimiez et qui vous aime... qui ne vous donne pas, qui partage... Alors le premier danger est évité... la première humiliation n'existe plus... Mais, je vous l'ai dit, vous êtes belle... Vous ne connaissez pas nos journalistes d'Angleterre, miss... Il en est qui ont compris leur mission du côté honorable, qui sont partisans de tout ce qui est noble, défenseurs de tout ce qui est beau, admirateurs de tout ce qui est grand... Ceux-là, c'est la gloire de la presse, ce sont les anges du jugement de la nation... Mais il en est d'autres, miss, que l'impuissance de produire a jetés dans la critique... Ceux-là sont jaloux de tout, ils flétrissent ce qui est noble... ils ternissent ce qui est beau... ils abaissent ce qui est grand! Un de ces hommes, pour votre malheur, vous trouvera belle, peut-être... Le lendemain, il attaquera votre talent... le surlendemain, votre honneur... Alors, dans votre innocence du mal, vous voudrez savoir quelle cause le pousse;... naïve et pure, vous irez chez lui comme vous êtes venue chez moi... Vous lui demanderez le motif de sa haine et ce que vous pouvez faire pour qu'elle cesse... Alors il vous dira que vous vous êtes méprise sur ses intentions, que votre talent lui plaît, qu'il ne vous hait pas, qu'il vous aime au contraire... Vous vous lèverez comme vous venez de le faire, et il vous dira : « Rasseyez-vous, miss... ou demain... »

ANNA.

Horreur!...

KEAN.

Et supposons que vous ayez échappé à ces deux épreuves... une troisième vous attend... Vos rivales... car, au théâtre, on n'a pas d'amies... on n'a pas d'émules... on n'a que des rivales... vos rivales feront ce que Cimmer et d'autres que je ne veux pas nommer ont fait contre moi. Chaque coterie étendra ses mille bras pour vous empêcher de monter un degré de plus, ouvrira ses mille bouches pour vous cracher la raillerie au visage, fera entendre ses mille voix pour dire du bien d'elles et du mal de vous... Elles emploieront, pour vous perdre, des moyens que vous mépriserez... et elles vous perdront avec ces moyens;... elles achèteront la louange et l'injure à un prix qui ne leur coûte rien, à elles, et que vous ne voudrez pas payer, vous... Le public, insoucieux, ignorant, crédule, qui ne sait pas comment se fabriquent hideusement ces réputations et ces mensonges, les prendra pour des talents ou des vérités, à force de les entendre vanter ou redire. Enfin, un beau jour, vous vous apercevrez que la bassesse, l'ignorance et la médiocrité sont tout avec l'intrigue; que l'étude, le talent, le génie ne servent à rien sans l'intrigue... Vous ne voudrez pas croire; vous douterez encore quelque temps... Puis enfin, des larmes dans les yeux, du dégoût plein le cœur, du désespoir plein l'âme, vous en viendrez à maudire le jour, l'heure, la minute où cette fatale idée vous a prise de poursuivre une gloire qui coûte si cher et qui rapporte si peu... Maintenant, levez votre voile, miss; j'en ai fini avec les choses honteuses.

ANNA.

O Kean! Kean! il faut que vous ayez bien souffert!... Comment avez-vous fait?

KEAN.

Oui, j'ai bien souffert! mais moins encore que ne doit souffrir une femme... car je suis un homme, moi... et je puis me défendre... Mon talent appartient à la critique, c'est vrai... Elle le foule sous ses pieds, elle le déchire avec ses griffes; elle le mord avec ses dents... C'est son droit, et elle en use...

Mais, quand un de ces aristarques d'estaminet s'avise de regarder dans ma vie privée, oh ! alors, la scène change. C'est moi qui menace, et c'est lui qui tremble. Mais cela arrive rarement... On voit trop souvent Hamlet faire des armes, pour que l'on cherche querelle à Kean.

ANNA.

Mais toutes ces douleurs ne sont-elles pas rachetées par ce seul mot que vous pouvez vous dire : « Je suis roi ? »

KEAN.

Oui, je suis roi, c'est vrai... trois fois par semaine à peu près, roi avec un sceptre de bois doré, des diamants de strass et une couronne de carton ; j'ai un royaume de trente-cinq pieds carrés, et une royauté qu'un bon petit coup de sifflet fait évanouir. Oh ! oui, oui, je suis un roi bien respecté, bien puissant, et surtout bien heureux, allez !

ANNA.

Ainsi, lorsque tout le monde vous applaudit, vous envie, vous admire...

KEAN.

Eh bien, parfois, je blasphème, je maudis, je jalouse le sort du porte faix courbé sous son fardeau, du laboureur suant sur sa charrue, et du marin couché sur le pont du vaisseau.

ANNA.

Et si une femme, jeune, riche, et qui vous aimât, venait vous dire : « Kean, ma fortune, mon amour sont à vous... sortez de cet enfer qui vous brûle... de cette existence qui vous dévore... quittez le théâtre... »

KEAN.

Moi ! moi ! quitter le théâtre... moi ! Oh ! vous ne savez donc pas ce que c'est que cette robe de Nessus qu'on ne peut arracher de dessus ses épaules qu'en déchirant sa propre chair ? Moi, quitter le théâtre, renoncer à ses émotions, à ses éblouissements, à ses douleurs ! moi, céder la place à Kemble et à Macready, pour qu'on m'oublie au bout d'un an, au bout de six mois, peut-être ! Mais rappelez-vous donc que l'acteur ne laisse rien après lui, qu'il ne vit que pendant sa vie, que sa mémoire s'en va avec la génération à laquelle il appartient, et qu'il tombe du jour dans la nuit... du trône dans le néant... Non ! non ! lorsqu'on a mis le pied une fois dans cette fatale carrière, il faut la parcourir jusqu'au bout... épuiser ses joies et ses douleurs, vider sa coupe et son calice, boire son miel et sa lie... Il faut finir comme on a commencé, mourir comme on a vécu... mourir comme est mort Molière, au bruit des applaudissements, des sifflets et des bravos!... Mais, lorsqu'il est encore temps de ne pas prendre cette route, lorsqu'on n'a pas franchi la barrière... il n'y faut pas entrer... croyez-moi, miss, sur mon honneur, croyez-moi !

ANNA.

Vos conseils sont des ordres, monsieur Kean... Mais que faut-il que je fasse?

KEAN.

Où vous êtes-vous retirée en quittant hier la maison de votre tuteur?

ANNA.

Chez une tante... bonne... excellente, et qui m'aime comme sa fille...

KEAN.

Eh bien, il faut y retourner, miss, et lui demander asile et protection.

ANNA.

Pourra-t-elle me les accorder?... Lord Mewill est puissant, et, lorsqu'il connaîtra l'endroit où je me suis réfugiée...

KEAN.

La loi est égale pour tous, miss, pour le faible comme pour le fort, excepté pour nous autres comédiens, cependant, qui sommes hors la loi. Votre tante demeure-t-elle loin d'ici?

ANNA.

Dans Clary street.

KEAN.

A dix minutes de chemin d'ici. Prenez mon bras, miss... Je vais vous y conduire.

SALOMON, entrant.

Son Altesse royale le prince de Galles.

ANNA.

Oh! mon Dieu!...

KEAN.

Vous direz au prince que je ne puis le recevoir, que je suis écrasé de fatigue, que je dors.

SALOMON.

J'ajouterai que vous avez passé la nuit à étudier, maître.

### KEAN.

Non... Ajoute que j'ai passé la nuit à boire, il y a plus de chances pour qu'il te croie... Venez, miss...

### ANNA.

Oh! Kean, Kean! vous êtes deux fois mon sauveur.

## ACTE TROISIÈME

### TROISIÈME TABLEAU

La taverne de Peter Patt, au *Trou du Charbon*. Le théâtre est séparé au fond par deux cloisons qui forment des compartiments; les côtés sont séparés de la même manière, de sorte que chaque buveur se trouve chez lui, quoique dans une pièce commune.

### SCÈNE PREMIÈRE

JOHN COOKS, Buveurs, au fond. A droite, LE Constable, lisant un journal.

### PREMIER BUVEUR.

De sorte qu'on l'a emporté sans connaissance?

### JOHN, avalant un verre de bière.

Sans connaissance.

### DEUXIÈME BUVEUR.

Et tu lui avais cassé sept dents?

### JOHN, tendant son verre.

Sept! trois en haut, quatre en bas; deux canines, cinq incisives.

### TROISIÈME BUVEUR.

Et, alors, le duc de Sutherland, qui pariait pour toi, a gagné.

### JOHN.

D'emblée!... et il m'a donné une guinée par dent cassée... Aussi, je lui ai promis de boire à sa santé... (Vidant son verre.) Et je lui tiens parole.

PREMIER BUVEUR.

Et tu n'as attrapé qu'un coup de soleil sur l'œil?

JOHN.

En tout et pour tout : une affaire de soixante-douze heures, aujourd'hui noir, demain violet, après-demain jaune, et c'est fini.

## SCÈNE II

Les Mêmes, LORD MEWILL, entrant.

LORD MEWILL.

Le maître de la taverne?

PETER.

Me voilà, Votre Honneur.

LORD MEWILL.

Écoutez, mon ami, et retenez bien ce que je vais vous dire.

PETER.

J'écoute.

LORD MEWILL.

Une jeune fille viendra dans la soirée, et demandera une chambre; vous lui ouvrirez la plus propre de votre taverne. Tout ce qu'elle désirera, vous le lui donnerez. Ayez pour elle les plus grands soins, les plus grands égards; car cette jeune fille est destinée à devenir l'une des plus grandes dames d'Angleterre. Voici pour vous payer de vos peines.

PETER.

Est-ce tout ce que vous avez à me recommander, milord?

LORD MEWILL.

Pouvez-vous me faire connaître le patron d'un petit bâtiment, bon voilier, que je puisse affréter pour huit jours?

PETER.

J'ai votre affaire. (Appelant.) Georges! (Un des Buveurs habillé en marin se lève, et vient sur le devant de la scène.) Voici un gentleman qui aurait besoin d'un joli slop pour huit jours, dix jours.

GEORGES.

Pour le temps qu'il voudra; le tout est de s'entendre.

LORD MEWILL.

Mais bon marcheur.

GEORGES.

Oh! *la Reine-Élisabeth* est connue dans le port; vous pou-

vez vous informer à qui vous voudrez si elle ne file pas ses huit nœuds à l'heure.
LORD MEWILL.
Et peut-elle remonter jusqu'ici?
GEORGES.
Je la mènerai où je voudrai. Elle ne tire que trois pieds d'eau... Faites défoncer un tonneau de bière, et je me charge de l'amèner dans la chambre.
LORD MEWILL.
Et peut-on la voir?
GEORGES.
Elle est ancrée à un quart de mille d'ici, voilà tout.
LORD MEWILL.
Eh bien, allons, et nous causerons d'affaires en route.
GEORGES.
Volontiers, milord. Attendez seulement que j'achève ma bière.

(Il boit, puis sort avec lord Mewill.)

## SCÈNE III

LES MÊMES, moins GEORGES et LORD MEWILL.

PETER.
Et l'autre, pour combien de temps en aura-t-il?
JOHN.
Pour ses trois bons mois... Six semaines de bouillie... six semaines de panade... Ça lui apprendra à se frotter à John Cooks.

## SCÈNE IV

LES MÊMES, KEAN, entrant; il est vêtu en matelot.

KEAN.
Master Peter Patt!
PETER.
Voilà!... Ah! c'est vous, Votre Honneur?
KEAN.
En personne... Le souper?
PETER.
On le dresse dans la grande salle.

KEAN.

Et?

PETER.

Oh! ce qu'il y a de plus beau, voyez-vous, ce n'est pas trop bon pour Votre Honneur.

KEAN, s'asseyant à la table, en face de celle du Constable.

C'est bien; donne-moi quelque chose à boire en attendant.

PETER.

De l'ale, du porter?

KEAN.

Me prends-tu pour un Flamand, drôle?... Du vin de Champagne!

(Peter sort.)

JOHN.

As-tu entendu ce marin d'eau douce qui prétend que la bière lui déshonorerait le gosier?

KEAN, à Peter, qui lui apporte son vin.

Et personne n'est arrivé encore?

PETER.

Personne.

KEAN.

Va donner un coup d'œil au souper... Je crois qu'il brûle.

PETER.

J'y vais, Votre Honneur.

(Peter sort.)

JOHN.

Il faut que j'approfondisse ce que c'est que ce farceur-là... Laisse-moi faire un peu, nous allons rire.

DEUXIÈME BUVEUR.

Que vas-tu faire?

JOHN.

Écoute : s'il avale un verre de la bouteille qu'il a devant lui, je ne veux pas m'appeler John Cooks. (S'approchant de Kean d'un air goguenard.) Il paraît qu'il n'y avait pas trop de glaces du côté du pôle, beau baleinier, et que la pêche n'a pas été mauvaise.

KEAN, le regardant.

Qu'est-ce que vous avez donc sur l'œil?

JOHN.

Et que nous convertissons l'huile en vin de Champagne.

KEAN.

Il faudrait vous mettre quatre sangsues là-dessus, mon brave homme; ça n'est pas beau.

(Kean verse du vin dans son verre.)

JOHN, prenant le verre.

Avez-vous demandé du meilleur, au moins?

(Il avale le champagne et repose le verre sur la table; Kean le regarde faire.)

KEAN.

A moins que vous n'ayez l'espoir d'appareiller l'autre œil avec celui-là; ce qui n'est pas difficile, en vous y prenant comme vous faites.

JOHN.

Ah! vous croyez?

KEAN, se versant une seconde fois à boire.

J'en suis sûr.

JOHN.

En donnant du retour, hein?

KEAN.

Gratis.

JOHN, prenant le verre et buvant.

A la santé du marchand!

KEAN, ôtant son habit.

Merci, l'ami.

JOHN.

Ah! il paraît que vous tenez l'article.

KEAN, ôtant sa veste.

Oui, et je me charge de la fourniture.

JOHN, riant.

Ah! ah! ah!

TOUS.

Bravo! bravo!

PETER, rentrant, à John.

Eh bien, que fais-tu donc, John?

JOHN.

Tu le vois bien : je m'apprête...

PETER, à Kean.

Que fait Votre Honneur?

KEAN.

Tu le vois bien, je me prépare.

PETER, à John.
Mais tu ne sais pas à qui tu as affaire.
JOHN.
Qu'est-ce que ça me fait?
PETER.
Monsieur le constable!
LE CONSTABLE, monté sur une chaise pour mieux voir.
Laissez-moi donc regarder, imbécile!
PETER.
Allons, allons, battez-vous si ça vous fait plaisir.
(Il sort. — Morceau d'ensemble pendant lequel Kean et John boxent, et à la fin duquel John reçoit un coup de poing sur l'autre œil; il tombe dans les bras de ses amis qui l'entourent; Kean remet sa veste, et va s'asseoir à la table.)

KEAN.
Peter!
PETER.
Voilà.
KEAN.
Un autre verre.
PETER.
Il paraît que c'est fini. (Il va voir dans le compartiment voisin.) Ça n'a pas été long.
LE CONSTABLE, descendant de sa chaise, et allant à la table de Kean.
Voulez-vous me permettre de vous offrir mes compliments, monsieur le marin?
KEAN.
Voulez-vous me permettre de vous offrir un verre de ce vin de Champagne, monsieur le constable?
LE CONSTABLE.
Vous avez donné là un triomphant coup de poing, jeune homme.
KEAN.
Vous me flattez, monsieur; c'est un coup de poing de troisième ordre, pauvre et mesquin : si j'avais serré le coude au corps et dégagé le bras du bas en haut, le drôle aurait certainement eu la tête fendue.
(Peter apporte des verres et Kean verse.)
LE CONSTABLE.
C'est un petit malheur, monsieur le marin; espérons qu'une autre fois vous serez plus heureux.

KEAN.

Je n'ai fait que ce que je voulais faire : je lui avais promis un coup de poing pareil à celui qu'il avait déjà reçu, je le lui ai donné.

LE CONSTABLE.

Oh! religieusement, il n'a rien à dire; je le crois même d'une qualité supérieure.

KEAN.

Vous paraissez amateur, monsieur le constable.

LE CONSTABLE.

Je suis passionné : il ne se passe pas dans mon arrondissement un boxing ou un combat de coqs que je n'y assiste; j'adore les artistes.

KEAN.

Vraiment? Eh bien, monsieur le constable, si vous voulez être un des mes convives, je vous ferai connaître un artiste, moi.

LE CONSTABLE.

Vous donnez un soupe?

KEAN.

Je suis parrain. Eh! tenez, voilà la marraine, n'est-elle pas jolie?

(Ketty la Blonde entre avec tous les Convives.)

LE CONSTABLE.

Charmante! je vais faire un tour chez moi, prévenir ma femme que je ne rentrerai pas de bonne heure.

KEAN.

Prévenez-la que vous ne rentrerez pas du tout, allez: c'est plus prudent.

(Le Constable sort.)

## SCÈNE V

KEAN, KETTY, LES CONVIVES.

KEAN. allant à Ketty et l'embrassant.

Ketty!

KETTY.

Oh! monsieur Kean, vous ne m'avez donc pas tout à fait oubliée?

KEAN.

Et toi, Ketty, tu te souviens donc toujours du pauvre bateleur David, quoiqu'il ait changé de nom, et qu'il s'appelle maintenant Edmond Kean?

KETTY.

Oh! toujours.

KEAN.

Et qu'as-tu fait, mon enfant, depuis que je ne t'ai vue?

KETTY.

J'ai pensé au temps où j'étais heureuse.

KEAN.

Eh bien, ma pauvre Ketty, je veux que ce temps-là revienne pour toi.

KETTY, tristement.

Impossible, monsieur Kean.

KEAN.

Tu aimes quelqu'un sans doute? Voyons!

KETTY, baissant les yeux.

Je n'aime personne.

KEAN.

Mais enfin, si la chose arrivait jamais, et que quelques centaines de guinées fussent nécessaires à ton établissement, viens me trouver, mon enfant, et je me charge de la dot.

KETTY, pleurant.

Je ne me marierai jamais, monsieur Kean.

KEAN.

Tiens, pardonne-moi, Ketty, je suis un imbécile. (A Pistol, qui entre.) Eh bien, Pistol, et le vieux Bob, vient-il?

## SCÈNE VI

Les Mêmes, PISTOL.

PISTOL.

Oh! oui, le vieux Bob, il est dans son lit.

KETTY.

Dans son lit!

KEAN.

Comment cela?

PISTOL.

En voilà un guignon!... Imaginez-vous, monsieur Kean... la, qu'il était descendu dans la rue... Il était superbe, quoi! il avait son chapeau gris, son carrick pistache et son grand col de chemise qui lui guillotine les oreilles, vous savez... Nous nous mettons en route, il fait quatre pas... « Oh! dit-il, j'ai oublié ma trompette... — Bah! qu'est-ce que vous voulez faire de votre trompette? que je lui réponds. — Je veux leur en jouer un petit air au dessert, ça les distraira... — Est-ce qu'ils ne connaissent pas tous vos airs? Gardez votre respiration pour une autre circonstance, allez... — Veux-tu courir me chercher mon instrument, et sans raisonner, drôle!... — Ah! tiens, je ne sais pas où elle est, votre instrument, allez la chercher vous-même... » Vous savez, il est vif, le père Bob... Je n'avais pas fini, qu'il m'allonge un coup de pied... Heureusement que je connais ses tics, et que je ne le perds jamais de vue quand nous causons ensemble.

KEAN.

Eh bien, tu l'as reçu, voilà tout.

PISTOL.

Eh! non, voilà le malheur, j'ai fait un saut de côté.

KEAN.

Alors tu ne l'as pas reçu, tant mieux!

PISTOL.

Non, je ne l'ai pas reçu; mais, comme il s'attendait à trouver de la résistance... quelque chose au bout de son pied, pauvre cher homme! et qu'il n'y a rien trouvé, il a perdu l'équilibre et est tombé à la renverse!

KETTY.

Oh! mon Dieu!

PISTOL.

Tiens, ne m'en parle pas, j'aimerais mieux avoir reçu vingt-cinq coups de pied où il visait, que d'être cause d'un malheur comme celui qui lui est arrivé.

KETTY.

S'est-il blessé, mon Dieu?

PISTOL, pleurant.

On croit qu'il s'est démis l'épaule.

KEAN.

Et l'on a envoyé chercher un médecin?

PISTOL.

Oui, oui...

KEAN.

Et qu'a-t-il dit, ce médecin?

PISTOL.

Il a dit que Bob en avait au moins pour six semaines sans bouger de son lit; et, pendant ce temps-là, toute la troupe se serrera le ventre, voyez-vous, parce que la trompette du père Bob, elle est connue comme l'enseigne de M. Peter. Eh bien, si demain il ôtait son enseigne, on croirait qu'il a fait banqueroute, et personne n'entrerait plus.

KEAN.

Il n'y a pas d'autre malheur que ça?

PISTOL.

Eh! mais il me semble que c'en est un, de malheur, que de jeûner six semaines, quand on n'est pas dans le carême.

KEAN.

Peter!

PETER.

Votre Honneur?

KEAN.

Une plume, de l'encre, du papier.

KETTY.

Que va-t-il faire?

PETER.

Voilà.

KEAN, écrivant.

Fais porter cette lettre au directeur du théâtre de Covent-Garden. Je lui annonce que je jouerai demain le deuxième acte de *Romeo* et le rôle de Falstaff, au bénéfice d'un de mes anciens camarades qui s'est démis l'épaule.

KETTY.

Oh! monsieur Kean!

PISTOL.

En voilà, un vrai et véritable ami, dans le bonheur comme dans le malheur!

PETER, appelant.

Philips!

(Un Garçon entre.)

KEAN, lui donnant la lettre.

Tiens, il y a réponse. Eh bien, tout le monde est-il prêt?

PISTOL.

Tout le monde.

KEAN.

Partons, alors.

PISTOL.
C'est juste; il ne faut pas faire attendre le vicaire.

KEAN.
Oh! ce n'est pas encore tout à fait pour le vicaire, qui attendrait à la rigueur; c'est pour le souper qui n'attendrait pas. Peter, je te le recommande.

PETER.
Soyez tranquille; je vais voir si la broche tourne.

## SCÈNE VII

PETER, puis UN SOMMELIER.

PETER.
On y veille, au souper, et soigneusement. On sait que vous êtes un gourmand, monsieur Kean, et l'on vous traitera en conséquence. Sommelier! sommelier!

LE SOMMELIER.
Voilà.

PETER.
Vous aurez soin que l'on ne mette pas une goutte d'eau dans les bouteilles qu'on servira devant M. Kean.

LE SOMMELIER.
Et dans les autres?

PETER.
Dans les autres, j'y vois beaucoup moins d'inconvénients.

LE SOMMELIER.
C'est bien, maître.

## SCÈNE VIII

PETER, ANNA, entrant suivie d'une femme de chambre.

ANNA.
Monsieur, je voudrais une chambre.

PETER.
Elle est prête.

ANNA.
Comment?

PETER.
Oui. Quelqu'un m'a ordonné de préparer la meilleure cham-

bre de mon auberge pour une dame qui devait venir ce soir. La dame, c'est vous, je le présume.

ANNA, à part.

Il pense à tout! (Haut.) Menez-moi vite à cette chambre, mon ami; je crains à tout moment que quelqu'un n'entre ici.

PETER.

Dolly! Dolly. (Une Femme de chambre entre.) Voici la porte, miss, numéro 1. (A la Femme de chambre.) Conduisez. Madame désire-t-elle quelque chose?

ANNA.

Merci; je n'ai besoin de rien.

(Elle entre.)

## SCÈNE IX

PETER, SALOMON.

SALOMON, entrant.

Bonjour, monsieur Peter.

PETER.

Ah! monsieur Salomon, c'est vous? Diable! vous entendez votre affaire : vous arrivez trop tard pour le temple et trop tôt pour le souper. Qu'est-ce qu'on peut vous offrir en attendant?

SALOMON.

Rien, maître Peter, absolument rien; je viens seulement parler à notre grand et illustre Kean d'une affaire de théâtre, une misère, rien du tout.

PETER.

C'est égal, je vais toujours vous envoyer un pot de vieille bière; vous causerez ensemble en attendant.

SALOMON.

Ce n'est pas l'embarras, le temps paraît moins long passé avec un ami. Mais, aussitôt que notre grand tragédien sera revenu, dites-lui que je l'attends ici, hein! et que j'ai à lui parler à lui seul, et à l'instant.

PETER, sortant.

Convenu.

## SCÈNE X

SALOMON, seul, assis à la place où était le Constable.

Ah! voyons ce qu'on dit de notre dernière représentation du *More de Venise*. (Il prend les journaux; on lui apporte un pot de bière.) Merci, l'ami... (Lisant.) Hum, hum... « Paris... Saint-Pétersbourg... Vienne... » Sont-ils ennuyeux d'emplir leurs journaux de nouvelles politiques, de la France, de la Russie, de l'Autriche! qui est-ce qui s'occupe de cela? qui est-ce que ça intéresse?... Ah! (Lisant.) « Théâtre de Drury-Lane, représentation du *More de Venise*. M. Kean. — Le spectacle d'hier a attiré peu de monde... » On a refusé cinq cents places au bureau; la salle craquait. « La mauvaise composition de la soirée. » Merci! on jouait *le More de Venise* et *le Songe d'une nuit d'été*, les deux chefs-d'œuvre de Shakspeare. « La médiocrité des acteurs... » L'élite de la troupe seulement : miss O'Neil, mistriss Siddons, Kean, l'illustre Kean! « Le jeu frénétique de Kean, qui fait d'Othello un sauvage. » Eh bien, qu'est-ce qu'il veut qu'il en fasse? un fashionable? (Regardant la signature de l'auteur de l'article.) Ah! cela ne m'étonne plus : « Cooksman. » Connu! O honte! honte! voilà les hommes qui jugent, qui condamnent, et qui parfois étranglent. (Il prend un autre journal.) Ah! ceci, c'est autre chose; l'article est d'un camarade, M. Brixon; il a pris l'habitude de les faire lui-même, de peur que les autres ne lui rendent pas justice. Le public ne sait pas ça, lui; mais nous autres!... Voyons. « La représentation a été magnifique hier à Drury-Lane; la salle regorgeait de monde; et la moitié des personnes qui se sont présentées au bureau n'ont pu trouver place. La grande et sombre figure d'Iago... » C'est le rôle qu'il joue! « A été magnifiquement rendue par M. Brixon. » En voilà un qui ne s'écorche pas, au moins. Du reste, il n'y a pas de mal, tant qu'on ne dit que du bien de soi, chacun est libre. « La faiblesse de l'acteur chargé de représenter Othello. » Il le trouve trop faible, celui-là; l'autre le trouvait trop fort! « A servi à faire mieux ressortir encore la profondeur du jeu de notre célèbre... » (Il jette le journal.) Coterie! coterie! Ah! mon Dieu, que je suis heureux de n'être qu'un pauvre souffleur.

## SCÈNE XI

#### KEAN, entrant, SALOMON.

##### KEAN.

Qu'as-tu donc de si pressé à me dire, Salomon? et pourquoi ne viens-tu pas te mettre à table?

##### SALOMON.

Je ne suis pas venu pour souper; je n'ai pas faim, voyez-vous; il vient d'arriver quelque chose à l'hôtel!

##### KEAN.

Quoi donc?

##### SALOMON.

C'est le brigand de juif Samuel, le bijoutier, vous savez? qui a obtenu prise de corps contre vous, pour votre billet de quatre cents livres sterling, et le schérif et les attorneys sont à l'hôtel!

##### KEAN.

Qu'importe, puisque je suis à la taverne, moi?

##### SALOMON.

Mais ils ont dit qu'ils attendraient jusqu'à ce que vous rentrassiez.

##### KEAN.

Eh bien, Salomon, sais-tu ce que je ferai, mon ami?

##### SALOMON.

Non.

##### KEAN.

Je ne rentrerai pas.

##### SALOMON.

Maître!

##### KEAN.

Que me manque-t-il ici? Bon vin, bonne table, crédit ouvert et inépuisable, des amis qui m'aiment à me faire oublier le monde entier. Laisse le schérif et les attorneys s'ennuyer à l'hôtel et amusons-nous à la taverne. Nous verrons lesquels, d'eux ou de moi, se lasseront les premiers.

## SCÈNE XII

Les Mêmes, ANNA, entrant vivement; puis PETER et le Constable.

ANNA.

Monsieur Kean, monsieur Kean, c'est votre voix; je l'ai entendue. Me voilà.

KEAN.

Miss Anna! vous ici, dans une taverne, sur le port? Pardon, mais les droits que vous m'avez donnés à votre confiance me permettent de vous adresser cette question. Au nom du ciel, que venez-vous faire ici? qui vous y a conduite? Salomon, mon ami... va dire qu'on se mette à table en m'attendant.

ANNA.

Oh! maintenant que nous sommes seuls, expliquez-vous, monsieur Kean.

KEAN.

Mais vous-même, miss, dites-moi, qui vous amène dans un lieu si peu digne?

ANNA.

Votre lettre.

KEAN.

Ma lettre? Je n'ai pas eu l'honneur de vous écrire.

ANNA.

Vous ne m'avez pas écrit, monsieur, que ma liberté était compromise, qu'il fallait que je quittasse la maison de ma tante, parce qu'on devait?... Oh! mais j'ai votre lettre sur moi. Tenez, tenez, la voilà.

KEAN.

Il y a quelque infamie cachée sous tout cela. Quoiqu'on ait essayé d'imiter mon écriture, ce n'est pas la mienne.

ANNA.

N'importe! lisez-la, monsieur; elle vous expliquera ma présence ici, ma joie en vous revoyant. Lisez, lisez, je vous prie.

KEAN, lisant.

« Miss, on vous a vue entrer chez moi; on vous a vue en sortir; on nous a suivis : votre retraite est découverte; on sollicite, pour vous en arracher, un ordre que l'on obtiendra. Il n'y a qu'un moyen d'échapper à vos persécuteurs : rendez-vous ce soir sur le port; demandez la taverne du *Trou du*

*Charbon.* Un homme masqué viendra vous y prendre; suivez-le avec confiance, il vous conduira dans un lieu où vous serez à l'abri de toute recherche, et où vous me retrouverez. Ne craignez rien, miss, et accordez-moi toute votre confiance; car j'ai pour vous autant de respect que d'amour.
>> EDMOND KEAN.

» On veille sur moi comme sur vous; voilà pourquoi je ne vais pas moi-même vous supplier de prendre cette résolution, qui seule peut vous sauver. »

ANNA.

Voilà l'explication de ma conduite, monsieur Kean; je n'ai pas besoin de vous en donner d'autre. J'ai cru que cette lettre était de vous; je me suis fiée à vous; je suis venue à vous.

KEAN.

O miss! miss, combien je remercie le hasard ou plutôt la Providence qui m'a conduit ici! Écoutez, il y a dans toute cette chose un mystère d'infamie que je vais approfondir, je vous jure, et dont l'auteur se repentira. Mais, au point où nous en sommes, et pour me soutenir dans la lutte que je vais engager, il faut que vous me disiez tout, miss; il faut que vous n'ayez plus de secrets pour moi; il faut que je vous connaisse comme une sœur; car je vais vous défendre, j'en jure Dieu, comme si vous étiez de ma plus proche et de ma plus chère famille.

ANNA.

Oh! avec vous, près de vous, je ne crains rien.

KEAN.

Et cependant vous tremblez, miss.

ANNA.

Oh! monsieur Kean, est-il bien généreux à vous de m'interroger, lorsqu'à vous surtout je ne puis tout dire.

KEAN.

Et que peut avoir à cacher un jeune cœur comme le vôtre, miss? Parlez-moi comme vous parleriez à votre meilleur ami, à votre frère.

ANNA.

Mais comment oserai-je ensuite lever les yeux sur vous?

KEAN.

Écoutez-moi, car je vais aller au-devant de vos paroles... Je vais lever un coin du voile sous lequel vous cachez votre secret... Habitué, comme nous le sommes, nous autres comédiens, à reproduire tous les sentiments humains, notre étude continuelle doit être d'aller les chercher au plus profond de la pensée... Eh bien, j'ai cru lire dans la vôtre... pardon, miss, si je me trompe... que votre haine pour lord Mewill... vient d'un sentiment tout opposé pour un autre.

ANNA.

Oui, oui... et vous ne vous êtes pas trompé... Mais ce n'est point ma faute : j'ai été entraînée par une fatalité bizarre, à laquelle aucune femme n'aurait pu résister... Oh! pourquoi ne m'a-t-on pas laissée mourir?

KEAN.

Mourir!... vous si jeune, si belle! et pourquoi vouliez-vous mourir?

ANNA.

Ce n'était point moi qui voulais quitter la vie, c'était Dieu qui semblait m'avoir condamnée. Une mélancolie profonde, un dégoût amer de l'existence s'étaient emparés de moi... Mon corps manquait de forces, ma poitrine d'air, mes yeux de lumière; j'éprouvais l'impossibilité de vivre, et je sentais que j'étais entraînée vers la mort, sans secousse, sans douleur, sans crainte même, car je n'éprouvais aucune envie de vivre... Je ne désirais rien, je n'espérais rien, je n'aimais rien. Mon tuteur avait consulté les médecins les plus habiles de Londres, et tous avaient dit que le mal était sans remède, que j'étais attaquée de cette maladie de nos climats contre laquelle toute science échoue. Un seul d'entre eux demanda si, parmi les distractions de ma jeunesse, le spectacle m'avait été accordé. Mon tuteur répondit qu'élevée dans un pensionnat sévère, cet amusement m'avait toujours été interdit... Alors il le lui indiqua comme un dernier espoir... Mon tuteur en fixa l'essai au jour même; il fit retenir une loge, et m'annonça, après le dîner, que nous passions notre soirée à Drury-Lane; j'entendis à peine ce qu'il me disait. Je pris son bras lorsqu'il me le demanda, je montai en voiture... et je me laissai conduire comme d'habitude, chargeant en quelque sorte les personnes qui m'accompagnaient de sentir, de penser, de vivre pour moi... J'entrai dans la salle... Mon premier sentiment fut presque douloureux : toutes ces lumières m'éblouirent, cette atmosphère chaude et embaumée m'étouffa... Tout mon sang reflua vers mon cœur et je fus près de défaillir... Mais, en ce moment, je sentis un peu de fraîcheur, on venait de lever le rideau. Je me tournai instinctivement, cherchant de l'air à respirer... C'est alors que j'entendis une voix... oh!... qui vibra jusqu'au fond de mon cœur... Tout mon être tressaillit... Cette voix disait des vers mélodieux comme jamais je n'en avais entendu... des paroles d'amour comme je n'aurais jamais cru que des lèvres humaines pussent en prononcer... Mon âme tout entière passa dans mes yeux et dans mes oreilles... Je restai muette et immobile comme la statue de l'étonnement, je regardai, j'écoutai... On jouait *Romeo*.

KEAN.

Et qui jouait Romeo?

ANNA.

La soirée passa comme une seconde, je n'avais point respiré, je n'avais point parlé, je n'avais point applaudi... Je rentrai à l'hôtel de mon tuteur, toujours froide et silencieuse pour tous, mais déjà ranimée et vivante au cœur. Le surlendemain, on me conduisit au *More de Venise*... j'y vins avec tous mes souvenirs de *Romeo*... Oh! mais, cette fois, ce n'était plus la même voix, ce n'était plus le même amour, ce n'était plus le même homme; mais ce fut toujours le même ravissement... le même bonheur... la même extase... Cependant je pouvais parler déjà, je pouvais dire : « C'est beau!... c'est grand!... c'est sublime! »

KEAN.

Et qui jouait Othello?

ANNA.

Le lendemain, ce fut moi qui demandai si nous n'irions point à Drury-Lane. C'était la première fois, depuis un an peut-être, que je manifestais un désir; vous devinez facilement qu'il fut accompli. Je retournai dans ce palais de féeries et d'enchantements : j'allais y chercher la figure mélancolique et douce de Romeo... le front brûlant et basané du More... j'y trouvai la tête sombre et pâle d'Hamlet... Oh! cette fois, toutes les sensations amassées depuis trois jours jaillirent à la fois de mon cœur trop plein pour les renfermer... mes mains battirent, ma bouche applaudit... mes larmes coulèrent.

KEAN.

Et qui jouait Hamlet, Anna?

ANNA.

Romeo m'avait fait connaître l'amour, Othello la jalousie,

Hamlet le désespoir... Cette triple initiation compléta mon être... Je languissais sans force, sans désir, sans espoir; mon sein était vide, mon âme en avait déjà fui, ou n'y était pas encore descendue, l'âme de l'acteur passa dans ma poitrine : je compris que je commençais seulement de ce jour à respirer, à sentir, à vivre !

KEAN.

Mais vous ne m'avez pas dit, miss, quel était l'homme qui avait rallumé l'âme éteinte, et quel était le Christ qui avait ressuscité la jeune fille déjà couchée dans la tombe.

ANNA.

Oh! c'est que voilà justement le nom que je n'ose pas vous dire... de peur de ne pouvoir plus lever mes regards sur vous.

KEAN.

Anna, est-il vrai?... est-il bien vrai?... et suis-je assez malheureux?...

ANNA, effrayée.

Que dites-vous?

KEAN.

Quelque chose que vous ne pouvez pas comprendre, Anna... quelque chose que je vous avouerai peut-être un jour... plus tard... Mais, dans ce moment, miss Anna, ne songeons qu'à vous, chère sœur !

ANNA.

Kean, mon frère, mon ami !...

KEAN.

Revenons à cette lettre; car, maintenant que je sais tout, il n'y a pas une minute à perdre...

ANNA.

Mais, à votre tour, dites-moi, comment êtes-vous venu, et que signifie ce costume?

KEAN.

Parrain d'un enfant qui appartient à de pauvres gens que j'ai connus autrefois, j'ai pensé que cet habit leur donnerait plus de liberté avec de moi, en me faisant davantage leur égal... Je l'ai pris, et me voilà... Mais parlons d'autre chose... Cet homme masqué n'est pas venu?

ANNA.

Pas encore.

KEAN.
Il va venir, alors.
ANNA.
Sans doute.
KEAN, appelant.
Peter!
ANNA.
Qu'allez-vous faire?

(Peter entre.)

KEAN.
Le constable est-il arrivé?
PETER.
Il attend dans la grande salle avec le reste de la société.
KEAN.
Priez-le de venir.
ANNA.
Oh! Kean, vous m'effrayez.
KEAN.
Que pouvez-vous craindre?
ANNA.
Je ne crains rien pour moi... C'est pour vous.
KEAN.
Oh! soyez tranquille... Ah! venez, monsieur le constable, venez... Voici miss Anna Damby, l'une des plus riches héritières de Londres, à qui l'on veut faire violence pour le choix d'un époux; je vous ai appelé pour vous la confier... Votre mission est grande et belle, monsieur le constable... Étendez le bras sur cette jeune fille, et sauvez-la.
LE CONSTABLE.
Quel changement! et qui êtes vous, monsieur, qui réclamez mon ministère avec tant de confiance et d'autorité?
KEAN.
Peu importe qui réclame la protection de la loi, puisque la loi est égale pour tous, puisque la justice porte un bandeau sur les yeux, et que ses oreilles seules sont ouvertes. En tout cas, si vous voulez savoir qui je suis, je suis l'acteur Kean. Vous m'avez dit que vous aimiez les artistes, je vous ai promis de vous en faire connaître un... Vous voyez que je tiens ma parole.
LE CONSTABLE.
Comment ne vous ai-je pas reconnu, moi qui vous ai vu

jouer cent fois, et qui suis un de vos plus chauds admirateurs?... Ainsi, mademoiselle, vous réclamez ma protection?

ANNA.

A genoux.

LE CONSTABLE.

Elle vous est acquise, mademoiselle; seulement, dites-moi de quelle manière...

KEAN.

Anna, entrez avec M. le constable dans cette chambre; vous lui direz... vous lui raconterez tout... Quant à moi, il faut que je reste seul ici... J'attends quelqu'un.

ANNA.

Kean, de la prudence.

KEAN.

Allez, je vous prie... Quant à nous, monsieur le constable, soyez tranquille, cela ne changera rien au programme de notre soirée, et nous n'en souperons que plus joyeusement, je vous le jure.

(Anna et le Constable sortent.)

## SCÈNE XIII

### KEAN, seul.

Oh! quelle étrange chose! Pauvre Anna! quelle persécution! quelle trame! quel complot! Et tout cela contre une enfant frêle à être brisée par un souffle, et encore pâle de cette mort dont elle est à peine sauvée. Et quand je pense qu'il y avait mille chances pour que je ne me trouvasse point ici, et qu'alors un rapt s'y commettait en mon nom! Ah! voilà donc pourquoi ce bruit se répandit si rapidement et si étrangement... que j'avais enlevé miss Anna, avant même que je l'eusse vue... Je devais servir de manteau à un lord ruiné qui veut refaire sa fortune... Oh! mais je suis venu, me voilà... On ne peut arriver à miss Anna que par cette porte, et elle est gardée, et bien gardée à cette heure, je le jure... Ah! voilà quelqu'un, ce me semble... Vive-Dieu! c'est lui... J'avais peur qu'il ne vînt pas.

(Demi-nuit au théâtre.)

## SCÈNE XIV

KEAN, assis; LORD MEWILL, entrant masqué.

**LORD MEWILL.**
Elle est venue. (A Kean.) Pardon, mon ami, mais je voudrais passer.

**KEAN.**
Pardon, milord, mais vous ne passerez pas.

**LORD MEWILL.**
Et pourquoi cela, s'il vous plaît?

**KEAN.**
Parce que nous ne sommes ni dans un temps de l'année, ni dans une ère du monde où l'on voyage avec des masques... C'est une mode perdue en Angleterre depuis le règne de Marie la Catholique.

**LORD MEWILL.**
Il peut se trouver telle circonstance où il y ait nécessité de cacher son visage.

**KEAN.**
Un honnête homme et un noble projet vont toujours figure découverte, milord... Votre projet, je le connais déjà, et c'est un projet infâme. Quant à votre figure, je la connaîtrai tout à l'heure et je saurai qu'en penser, comme de votre projet, milord; car, si vous n'ôtez pas votre masque, je jure Dieu que je vous l'arracherai, et cela à l'instant même, entendez-vous?

**LORD MEWILL.**
Monsieur!...

**KEAN.**
Hâtez-vous, hâtez-vous, milord. (Lord Mewill fait un mouvement pour sortir, Kean lui saisissant le bras droit de la main gauche.) Oh! vous ne sortirez pas, c'est moi qui vous le dis... Vous avez encore une main libre, milord : usez-en pour vous démasquer... et, croyez-moi, ne laissez pas approcher la mienne de votre visage.

**LORD MEWILL, voulant dégager son bras.**
Ah! c'en est trop! je saurai quel est l'insolent qui m'insulte.

**KEAN.**
Et moi, quel est le lâche qui veut fuir! (Il lui arrache son masque.)

Entrez... entrez tous... et avec de la lumière, afin que nous puissions nous reconnaître ici...

(Tous entrent.)

LORD MEWILL.

Kean!...

KEAN.

Lord Mewill! je ne m'étais donc pas trompé.

LORD MEWILL.

C'est un guet-apens!

KEAN.

Non, milord, car la chose restera entre nous... Mais, comme vous m'avez insulté en vous servant de mon nom pour commettre une lâcheté, vous me rendrez raison, milord, et tout sera dit.

LORD MEWILL.

Il n'y a qu'une difficulté à cela, monsieur: c'est qu'un lord, un noble, un pair d'Angleterre... ne peut pas se battre avec un bateleur, un saltimbanque, un histrion.

KEAN, reposant à terre une chaise qu'il avait soulevée.

Oui, vous avez raison, il y a trop de distance entre nous. Lord Mewill est un homme honorable, tenant à l'une des premières familles d'Angleterre... de riche et vieille noblesse conquérante... si je ne me trompe. Il est vrai que lord Mewill a mangé la fortune de ses pères en jeux de cartes et de dés, en paris de coqs et en courses de chevaux ; il est vrai que son blason est terni de la vapeur de sa vie débauchée, et de ses basses actions... et qu'au lieu de monter encore, il a descendu toujours. Tandis que le bateleur Kean est né sur le grabat du peuple, a été exposé sur la place publique, et, ayant commencé sans nom et sans fortune, s'est fait un nom égal au plus noble nom, et une fortune qui, du jour où il le voudra bien, peut rivaliser avec celle du prince royal... Cela n'empêche pas que lord Mewill ne soit un homme honorable, et Kean un bateleur! — Il est vrai que lord Mewill a voulu rétablir sa fortune au détriment de celle d'une jeune fille belle et sans défense; que, sans faire attention qu'elle était d'une classe au-dessous de la sienne, il l'a fatiguée de son amour, poursuivie de ses prétentions, écrasée de son influence. Tandis que le saltimbanque Kean a offert protection à la fugitive, qui est venue la lui demander, qu'il l'a reçue chez lui comme un frère aurait reçu une sœur, et qu'il l'en a laissée sortir pure, ainsi qu'elle y était entrée... quoi qu'elle fût belle, jeune et sans défense... Cela n'empêche pas que Mewill ne soit un lord, et Kean un saltimbanque!... — Il est vrai que lord Mewill, pair d'Angleterre, a son siége à la Chambre suprême, fait et défait les lois de notre vieille Angleterre, porte une couronne comtale sur sa voiture, et un manteau de pair sur ses épaules, et n'a qu'à dire son nom pour voir ouvrir devant lui la porte du palais de nos rois... Cela fait que parfois lord Mewill, lorsqu'il daigne descendre parmi le peuple, change de nom, soit qu'il rougisse de celui de ses aïeux, soit qu'il ne veuille pas les faire rougir... Alors il prend celui d'un bateleur et d'un saltimbanque et signe une lettre de ce faux nom... Ceci est une affaire de bagne et de galères... rien de plus... rien de moins... entendez-vous, milord? Tandis que l'histrion Kean marche à visage découvert, lui! et dit hautement son nom; car le lustre de son nom ne lui vient pas de ses aïeux, mais y retourne;... tandis que l'histrion Kean arrache le masque à tout visage, au théâtre comme à la taverne, et, fort de la loi qu'il a reçue, l'invoque contre celui qui l'a faite... Lorsque l'histrion Kean offre à lord Mewill de ne rien dire de tout cela, à la condition qu'il lui fera satisfaction d'une insulte, dont la société pourrait lui demander justice, lord Mewill répond qu'il ne peut se battre avec un bateleur, un saltimbanque, un histrion... Oh! sur mon honneur! c'est bien répondu, car il y a trop de distance entre ces deux hommes. — Milord, vous n'avez oublié, dans tout ceci, que trois choses : la première, c'est que je pourrais dénoncer votre attentat à la justice, et vous remettre, à cette heure, entre ses mains; la seconde, c'est qu'il y a de ces insultes qui marquent le front d'un homme comme un fer rouge l'épaule d'un forçat, et que je pourrais vous faire une de ces insultes; la troisième, c'est que vous êtes enfermé ici en mon pouvoir, en ma puissance... et que je pourrais vous briser entre mes mains... voyez-vous?... comme je briserais ce verre... (riant) ah! ah! ah! si je n'aimais mieux m'en servir pour porter un toast... Verse, Peter. Au bonheur de miss Anna Damby, à son libre choix d'un époux.... et puisse cet époux lui donner tout le bonheur qu'elle mérite et que je lui souhaite!

TOUS.

Vive M. Kean!...

KEAN.

Maintenant, vous êtes libre de vous retirer, milord.

## ACTE QUATRIÈME

### QUATRIÈME TABLEAU

La loge de Kean.

### SCÈNE PREMIÈRE

PISTOL, SALOMON, préparant des verres d'eau au sucre.

PISTOL.

Dites donc, père Salomon, sans être trop curieux, qu'est-ce que vous faites là, hein?

SALOMON.

Je prépare un verre d'eau au sucre.

PISTOL.

Eh bien, le père Bob est comme M. Kean... Il faut toujours qu'il se gargarise dans les entr'actes;... seulement, lui, c'est avec du rhum.

SALOMON.

Oh! si je n'avais pas de la raison pour deux, nous en ferions autant, nous; mais je suis, là-dessus, d'une sévérité incorruptible: de temps en temps, je permets le verre de grog, mais jamais davantage.

PISTOL.

Et vous avez raison... (Regardant dans l'armoire.) Qu'est-ce que c'est que toutes ces friperies-là, hein?

SALOMON.

Comment, drôle! tu appelles cela des friperies, toi?... Des costumes magnifiques!

PISTOL.

Du d'or... du vrai d'or... Oh! oh! oh!... Excusez, alors, il y en a pour quelques schelings là dedans.

SALOMON, se rengorgeant.

Mais nous en avons une, garde-robe, qui vaut deux mille livres sterling, rien que ça...

PISTOL.

Alors, plus riche que celle du roi? Enfoncés les diamants de la couronne. Dites donc, père Salomon, voilà une porte.

SALOMON.

Chut!...

PISTOL.

Oh! mais une vraie porte.

SALOMON.

Chut!...

PISTOL.

Sait-il cela, M. Kean?... C'est qu'on pourrait le venir voler par là... et, quoiqu'elle ait l'air de ne pas s'ouvrir, tenez, elle s'ouvre...

SALOMON.

Mais, serpent que tu es, comment donc t'y es-tu pris?

PISTOL.

Oh! avec la pointe de mon couteau.

SALOMON.

Si M. Kean savait ce que tu viens de faire!...

PISTOL.

Il se fâcherait?... Alors il ne faut pas le lui dire... Supposons que je n'ai rien vu: il n'y a pas de porte, quoi!... où y a-t-il une porte?... qu'est-ce qui a dit qu'il y avait une porte?... C'est pas moi! c'est vous, père Salomon. Oh! farceur!

SALOMON.

Aurons-nous du monde, ce soir?

PISTOL.

Du monde?... Il y a une queue qui fait trois fois le tour du théâtre... Je me suis promené un quart d'heure le long de la queue.

SALOMON.

Et à quoi pensais-tu?

PISTOL.

Je pensais qu'il y avait dans toutes ces poches-là de l'argent qui allait passer dans celles du père Bob!... Est-il heureux, le père Bob! je n'aurai jamais le bonheur qu'un malheur comme le sien m'arrive, à moi!

SALOMON.

Silence, voilà M. Kean !

PISTOL.

Je file !

(Il se sauve.)

## SCÈNE II

SALOMON, KEAN, jetant son chapeau.

SALOMON, à part.

Oh ! oh ! Pistol a bien fait de se sauver, il y a de l'orage.

KEAN.

Salomon !

SALOMON.

Maître ?

KEAN.

Étends sur ce parquet une peau de lion... une peau de tigre... un tapis... ce que tu voudras, peu m'importe...

SALOMON.

Que voulez-vous faire ?

KEAN.

Des culbutes.

SALOMON, stupéfait.

Des culbutes ?

KEAN.

J'ai commencé par là, sur la place de Dublin... et je vois bien que je serai forcé de reprendre mon premier métier. Fais afficher aux quatre coins de Londres que le paillasse Kean fera des tours de souplesse dans Regent street et dans Saint-James, à la condition qu'il lui sera payé cinq guinées par fenêtre; et alors huit jours me suffiront pour faire une fortune royale, car tout le monde voudra voir comment Hamlet marche sur les mains, et comment Othello fait le saut de carpe en arrière... Tandis que, dans ce théâtre maudit, il me faudra, Shakspeare aidant, des années, et encore, au train dont j'y vais, plus j'y passerai d'années, plus j'y ferai de dettes, pour amasser de quoi aller mourir, dans une misère honnête, au fond de quelque village du Devonshire, entre un morceau de bœuf salé et un pot de bière. Oh ! la gloire ! le génie ! l'art ! l'art ! squelette efflanqué, vampire mourant de faim, à qui nous jetons un manteau d'or sur les épaules, et que nous adorons comme un dieu! je puis encore être ta victime; mais je ne serai plus ta dupe, va!

SALOMON.

Qu'y a-t-il, maître?

KEAN.

Il y a que mon hôtel est cerné par les attorneys, et que j'ai vécu toute la journée dans ma voiture, après avoir passé une nuit à la taverne ; ce qui me met dans une merveilleuse disposition pour être sifflé ce soir... Et tout cela pour un misérable billet de quatre cents livres sterling. Viens donc encore me dire que je suis le premier acteur de l'Angleterre, et que tu ne changerais pas ma place contre celle du prince de Galles... Vil flatteur!...

SALOMON.

Mais aussi c'est votre faute!... si vous vouliez avoir de l'ordre.

KEAN.

Avoir de l'ordre!... c'est cela, et le génie, qu'est-ce qu'il deviendra pendant que j'aurai de l'ordre?... Avec une vie agitée et remplie comme la mienne, ai-je le temps de calculer minute par minute et livre par livre ce que je dois dépenser de jours ou dissiper d'argent? Oh! si Dieu m'avait donné cette honorable faculté, je serais à cette heure marchand de draps dans la Cité et non marchand de vers à Covent-Garden et à Drury-Lane.

SALOMON.

Mais il me semble, maître, pour en revenir à ces quatre cents livres sterling, que vous pourriez, sur la recette de ce soir...

KEAN.

La recette est-elle à moi?... Elle est à ces braves gens, et tu veux que je leur fasse payer le service que je leur rends? Ceci est un conseil de laquais, monsieur Salomon.

SALOMON.

Mais vous ne m'avez pas compris, maître... Dans trois ou quatre jours, vous leur rendriez...

KEAN.

C'est cela, n'est-ce pas ?... j'emprunterai à des saltimbanques, moi, Kean... Allons donc !

SALOMON.

Pardon, maître, pardon!

KEAN.

C'est bien, c'est bien! allez repasser mon rôle, entendez-vous, drôle! et prenez garde que je n'en oublie un seul mot.

SALOMON.

Oui, maître.

KEAN.

Ou, sans cela, tu auras affaire à moi, mon bon Salomon, mon vieux camarade, mon seul ami.

SALOMON.

Allons, allons, il paraît que l'orage est passé.

KEAN.

Eh! sans doute! ne suis-je pas Prospero le magicien?... ne puis-je pas, en étendant ma baguette, faire le calme ou la tempête, évoquer Caliban ou Ariel? Va-t'en, Caliban; j'attends Ariel.

SALOMON.

Oh! c'est autre chose! que ne disiez-vous cela tout de suite?... Je me sauve, maître, je me sauve. (Revenant.) A propos, maître, n'oubliez pas que nous jouons six actes ce soir.

(Il sort.)

## SCÈNE III

KEAN, seul.

Bon et excellent homme, ami de tous les temps, fidèle de toutes les heures, seule âme pour laquelle mon âme n'ait point de secrets; miroir de ma douleur et de ma vanité... toi qui ne t'approches de moi que pour me caresser comme le chien fait à son maître, et qui ne reçois, pour prix de ton amitié, que bourrades et brusqueries, je ferai graver ton nom en lettres d'or sur ma tombe, et l'on saura que Kean n'a eu que deux amis, son lion et toi ; mon pauvre Ibrahim! en voilà un qui s'entendait à recevoir mes créanciers... Je n'avais qu'à étendre le soir un tapis devant la porte de ma chambre à coucher, et j'étais sûr de dormir tranquille... Mais j'ai entendu marcher dans ce corridor... Je ne me trompe pas... Serait-ce elle?

(Il court à la porte par laquelle est sorti Salomon et la ferme.)

## SCÈNE IV

### KEAN, ELENA.

KEAN.

Elena!

ELENA.

Kean!

KEAN.

Oh! c'est vous!

ELENA, se retournant.

Attends-moi, Gidsa... Je ne serai qu'un instant.

KEAN.

Mais êtes-vous bien sûre de cette femme?

ELENA.

Comme de moi-même; c'est une exilée de Venise comme moi.

KEAN.

Vous êtes venue... Oh! je vous espérais, mais je ne vous attendais pas.

ELENA.

N'avais-je pas à la fois des remerciments et des reproches à vous faire? Quelle imprudence!

KEAN.

Comment! vous voulez maintenant que je me repente de l'avoir commise?

ELENA.

Mais qui vous demande de vous repentir?... Voyons!

KEAN.

Et vous êtes venue!... et vous voilà!... Oh! je ne puis vraiment croire à mon bonheur!

ELENA.

Croyez-vous que je vous aime, maintenant?

KEAN.

Oh! oui, je le crois.

ELENA.

Vous êtes ainsi, vous autres hommes, injustes toujours : il ne vous suffit pas qu'on vous confie son honneur, il faut encore qu'on risque de le perdre pour vous.

KEAN.

Oh! non, non... Mais mettez-vous pour un instant à la

place d'un pauvre paria... qui voit tourner autour de lui la société tout entière, et qui, pareil à un homme qui rêve, se sent enchaîné à sa place et en est réduit à plonger des regards avides dans ces jardins enchantés où il voit des êtres privilégiés cueillir les fruits dont il a soif. Oh! il faut bien que l'on vienne à nous, puisque nous ne pouvons pas aller aux autres.

ELENA.

Et, comme je ne pourrais pas venir aussi souvent que je le désirerais, j'ai voulu qu'en mon absence du moins mon portrait répondît de moi.

KEAN.

Votre portrait!... vous avez fait faire votre portrait pour moi, Elena?... Oui, le voilà... Oh! mais vous êtes bien plus belle!

ELENA.

N'en voulez-vous point, monsieur?

KEAN.

Oh! si, si, je le veux... là... là... sur mon cœur... toujours!

ELENA.

Vous m'aimez donc?

KEAN.

Pouvez-vous me le demander!

ELENA, lui prenant la main.

Mon Othello!

KEAN.

Oh! tu as bien dit, car je suis jaloux comme le More de Venise, entendez-vous, Desdemona!

ELENA.

Jaloux!... et de qui, bon Dieu?

KEAN.

Oh! vous le savez bien.

ELENA.

Non, je vous jure.

KEAN.

Ne jurez point, car je ne croirais plus à vos autres serments; les femmes ont un instinct qui leur dit qu'un homme les aime bien avant qu'il le leur dise lui-même.

ELENA.

Mais beaucoup de jeunes dandys me font la cour, monsieur.

KEAN.

Je le sais, et cependant il n'est qu'un seul homme que je craigne.

ELENA.

Vous craignez quelqu'un?

KEAN.

Je devrais dire que je crains sa réputation, son rang...

ELENA.

Vous voulez parler du prince de Galles, je le vois.

KEAN.

Oui... Non pas que je craigne que vous ne l'aimiez, je crains seulement qu'on ne le dise.

ELENA.

Mais que voulez-vous que je fasse? Ce n'est pas moi qu'il dit venir voir, c'est mon mari.

KEAN.

Je le sais bien, sur mon honneur! et c'est cela qui me tourmente. Chez vous, à la promenade, au spectacle, il est toujours à vos côtés... Comment voulez-vous qu'on croie que le plus riche, le plus noble et le plus puissant prince de l'Angleterre après le roi aime sans espoir... avec cela que l'on sait parfaitement que ce n'est point son habitude?... Oh! quand je le vois près de vous, Elena, c'est à me rendre fou!

ELENA.

Eh bien, voulez-vous que je ne vienne pas au spectacle ce soir?

KEAN.

Au contraire!... oh! venez-y, je vous en supplie... Si vous n'y veniez pas et que par hasard il n'y vînt pas non plus, lui, alors, alors je penserais que vous êtes ensemble.

ELENA.

Que vous êtes insensé de vous créer de pareilles craintes!

KEAN.

Mais ne faut-il pas que nous soyons toujours malheureux, nous?... malheureux, si nous ne sommes pas aimés... malheureux, si nous le sommes? Elena! Elena! (Il tombe à ses genoux.) Plaignez-moi, pardonnez-moi.

ELENA.

Et de quoi voulez-vous que je vous plaigne, rêveur?... que voulez-vous que je vous pardonne, jaloux?

KEAN.
Pardonnez-moi d'avoir passé ces quelques instants que vous m'accordez à vous tourmenter et à me tourmenter moi-même, au lieu de les employer à vous dire que je vous aime, et à vous le répéter cent fois.

ELENA.
On frappe.

KEAN.
La clef en dehors!

ELENA.
Ah! mon Dieu!

KEAN.
Qui est là?

LE PRINCE.
Moi.

ELENA.
La voix du prince de Galles!

KEAN.
Qui, vous?

LE PRINCE.
Le prince de Galles, pardieu!

LE COMTE.
Et le comte de Kœfeld.

ELENA.
Mon mari? Oh! je suis perdue!

KEAN.
Silence!... Votre voile, et sortez, sortez!... Pardon, mon prince, mais j'ai pour le moment le malheur... (A Elena.) Dépêchez-vous!

ELENA.
Comment s'ouvre cette porte?

KEAN, au Prince.
D'avoir à mes trousses certains hommes qui me poursuivent pour quatre cents misérables livres sterling.

LE PRINCE.
Je comprends.

ELENA, à Kean.
Venez à mon secours.

KEAN.
Attendez... (Au Prince.) Et qui ne se feraient pas scrupule d'emprunter le nom respectable de Votre Altesse pour parve-

nir jusqu'à moi : ayez donc la bonté de me faire passer votre nom, écrit de votre main, monseigneur.

LE PRINCE.

Que fais-tu donc?

KEAN.

Je retire la clef pour vous laisser le passage libre... Me voici; adieu, Elena, je vous aime, aimez-moi; adieu! (Kean ferme la porte par laquelle est sortie Elena; il revient à l'autre porte, et amène par le trou de la serrure une banknote.) Une banknote de quatre cents livres sterling!... C'est véritablement une carte royale... Entrez, mon prince, car c'est bien vous.

(Il ouvre; le Prince et le Comte entrent.)

## SCÈNE V

KEAN, LE PRINCE DE GALLES, LE COMTE DE KOEFELD SALOMON.

LE PRINCE, entrant et regardant de tous côtés.

Vous ne vous doutez pas d'une chose, monsieur le comte : c'est qu'en entrant dans la loge de Roméo, nous avons fait fuir Juliette.

LE COMTE.

Vraiment?

KEAN.

Oh! quelle idée folle, monseigneur! Voyez, cherchez.

LE PRINCE.

Oh! une loge d'acteur, c'est machiné comme un château d'Anne Radcliffe... Il y a des trappes invisibles qui donnent dans des souterrains, des panneaux qui s'ouvrent sur des corridors inconnus, des...

KEAN, au Comte.

Combien je suis reconnaissant à Votre Excellence d'avoir daigné venir dans la loge d'un pauvre acteur!

LE PRINCE.

Oh! ne vous en prenez pas à votre mérite, monsieur le fat! mais à la curiosité... Le comte, tout diplomate qu'il est, n'avait jamais mis le pied dans les coulisses d'un théâtre, et il a voulu voir...

KEAN.

Un acteur qui s'habille, j'en préviens Votre Altesse. Nous avons, monsieur le comte, une étiquette bien plus sévère à observer, nous autres courtisans du public, que vous, messeigneurs les courtisans du roi. Il faut que nous soyons prêts à l'heure, sous peine d'être sifflés; et, tenez, voilà la seconde fois que l'on sonne; ainsi vous permettez?...

LE COMTE.

Eh! mon Dieu, faites comme si nous n'étions pas là,... à moins que nous ne vous gênions.

KEAN.

Point du tout...

SALOMON, entrant

Me voilà, maître.

KEAN.

Mais, auparavant, monseigneur, reprenez, je vous prie, ce billet.

LE PRINCE.

Point! c'est le prix de ma loge, qu'il me plaît de payer à vous, monsieur l'Écossais, au lieu de le payer à la location.

KEAN.

A ce titre, je l'accepte... Allons, Salomon, mon ami, tu sais ce qu'il faut faire de cet argent.

(Il passe derrière une draperie.)

LE COMTE, au Prince.

Et vous croyez qu'il était avec une femme?

LE PRINCE.

J'en suis sûr.

LE COMTE.

Miss Anna, peut-être.

LE PRINCE.

Oh! c'est fort difficile à savoir...

LE COMTE, apercevant l'éventail oublié par sa femme.

Eh bien, je le saurai, moi, je vous en réponds...

(Il met l'éventail dans sa poche.)

LE PRINCE.

Et comment cela?

LE COMTE.

C'est un secret diplomatique.

KEAN, derrière la tapisserie.

Eh bien, Votre Altesse, quelles nouvelles?

LE PRINCE.

Aucune bien importante... Ah! un insolent qui, je crois,

a insulté lord Mewill, hier au soir, à la taverne du *Trou du Charbon*.
LE COMTE.
Et pourquoi cela?
KEAN.
Parce que lord Mewill avait refusé de se battre avec lui, sous le prétexte qu'il était un comédien?... Oui, j'ai entendu parler de cela, ce me semble.
LE PRINCE.
Que dites-vous de l'excuse, monsieur le comte?
LE COMTE.
Je ne sais pas quelles sont, sous ce rapport, les habitudes anglaises, monseigneur; mais je sais que, nous autres Allemands, quand nous nous croyons insultés, nous nous battons avec tout le monde, excepté avec les voleurs, dont les galères se chargent de nous faire justice.
KEAN, revenant en scène avec son maillot et ses souliers à la poulaine.
Bien, monsieur le comte! vous avez un noble cœur, et les Allemands sont un noble peuple... Je vous promets d'aller me faire tuer à Vienne.
LE COMTE.
Et vous y serez le bien reçu; en attendant, je remercie le prince de m'avoir introduit dans le sanctuaire des arts.
KEAN.
Et moi, monsieur le comte, je vous présente mes excuses de ce que le grand prêtre vous y a reçu dès le premier jour comme un initié.
LE COMTE.
Laissons-nous M. Kean achever sa toilette, monseigneur?
KEAN, bas, au Prince.
Je désirerais vivement parler à Votre Altesse.
LE PRINCE.
Allez toujours, comte, je vous rejoins.
LE COMTE.
Votre Altesse sait le numéro de la loge?
LE PRINCE.
Oui, à l'avant-scène! (Bas.) Vous me direz, n'est-ce pas?
LE COMTE.
Soyez tranquille. (Il salue.) Monsieur Kean...

KEAN, s'inclinant.

Monseigneur...

(Le Comte sort.)

## SCÈNE VI

### KEAN, LE PRINCE.

KEAN.

Oh! mon prince, que je suis heureux de me trouver seul avec vous!...

LE PRINCE.

Et pourquoi cela?

KEAN.

Pour vous remercier de toutes vos bontés d'abord; puis, ensuite, pour vous présenter mes excuses. Vous êtes passé à mon hôtel, et l'on vous a dit que je n'y étais pas.

LE PRINCE.

Tandis que tu y étais, hein?

KEAN.

Oui... Mais des affaires de la plus haute importance...

LE PRINCE.

Bah! entre amis... est-ce qu'on se gêne?

KEAN.

Je vous arrête à ce mot, monseigneur : entre amis.

LE PRINCE.

Crois-tu donc qu'il te compromette?

KEAN.

Non, certes; mais je voudrais savoir si Votre Altesse laisse tomber ce mot du bout de ses lèvres... ou du fond du cœur.

LE PRINCE.

Eh! qu'ai-je donc fait pour avoir mérité que M. Kean me pose la question d'une manière si nette et si précise? ma bourse n'est-elle pas toujours à son service? mon palais ne lui est-il pas ouvert à toute heure? et, chaque jour, le peuple et les grands ne le voient-ils pas traverser les rues de Londres dans ma voiture et à mes côtés?

KEAN.

Oui, toutes ces choses, je le sais, sont des preuves d'amitié pour le monde, et, certes, chacun croit que je n'ai qu'à demander à Votre Altesse, pour obtenir d'elle tout ce qu'il me plaira de désirer.

LE PRINCE.

Ah! chacun croit cela?...

KEAN.

Excepté moi, cependant, monseigneur!... excepté moi qui ne me trompe point à ces marques extérieures... suffisantes pour ma vanité... mais qui, toutes flatteuses qu'elles sont, laissent pourtant un doute au fond de mon cœur.

LE PRINCE.

Et lequel, s'il vous plait?

KEAN.

Le voici, monseigneur : c'est que, si j'avais à demander à Votre Altesse, non plus une de ces faveurs qui s'accordent de prince à sujet, mais un de ces sacrifices qui se font d'égal à égal, peut-être la bienveillance du protecteur n'irait-elle point jusqu'au dévouement de l'ami.

LE PRINCE.

Fais-en l'épreuve.

KEAN.

Si je disais à Votre Altesse : Nous autres artistes, monseigneur, nous avons des amours bizarres, et qui ne ressemblent en rien à celles des autres hommes; car elles ne franchissent pas la rampe; eh bien, ces amours n'en sont pas moins passionnées et jalouses. Parfois, il arrive qu'entre les femmes qui assistent habituellement à nos représentations, nous en choisissons une dont nous faisons l'ange inspirateur de notre génie; tout ce que nos rôles contiennent de tendre et de passionné, c'est à elle que nous l'adressons... Les deux mille spectateurs qui sont dans la salle disparaissent à nos yeux, qui ne voient plus qu'elle; les applaudissements de tout ce public nous sont indifférents, car ce sont ses applaudissements seuls que nous ambitionnons; c'est son âme que notre voix va chercher parmi toutes ces âmes... Ce n'est plus pour la réputation, pour la gloire, pour l'avenir que nous jouons; c'est pour un soupir... pour un regard... pour une larme d'elle.

LE PRINCE.

Eh bien?

KEAN.

Eh bien, monseigneur, si cette femme daigne s'apercevoir

de cette puissance qu'elle exerce sur nous; si, prenant pitié de cette distance qui nous sépare d'elle en réalité, elle nous permet de la franchir en rêve; si le bonheur que nous en ressentons, tout vain et tout frivole qu'il est, est cependant un bonheur!... si enfin cet amour imaginaire a ses jalousies comme un amour matériel, l'homme qui les cause ne doit-il pas prendre en pitié le malheureux qui les éprouve?

LE PRINCE.

C'est-à-dire que je suis ton rival, n'est-ce pas?

KEAN.

Ce mot suppose l'égalité, monseigneur, et vous savez que je suis placé trop loin de vous...

LE PRINCE.

Hypocrite!... et que puis-je faire pour la plus grande tranquillité de votre amour, monsieur Kean?

KEAN.

Monseigneur, vous êtes jeune, vous êtes beau, vous êtes prince... Il n'y a pas une femme en Angleterre qui puisse résister à toutes ces séductions. Vous avez, pour vos distractions, vos caprices ou vos amours, Londres et ses provinces... vous avez l'Écosse et l'Irlande, les trois royaumes enfin. Eh bien, faites la cour à toutes les femmes... excepté...

LE PRINCE.

Excepté à Elena, n'est-ce pas?

KEAN.

Vous l'avez deviné, monseigneur!

LE PRINCE.

Ah!... c'est la belle comtesse de Kœfeld... la dame de nos secrètes pensées?... Je m'en étais douté, vaurien!... quand je t'ai vu venir chez elle, pour te disculper... Tu es son amant!

KEAN.

Non, monseigneur!... je n'ai pour elle, je vous l'ai dit, que cet amour artistique auquel les plus grands acteurs ont dû leurs plus beaux succès... Mais cet amour, j'en ai fait ma vie, voyez-vous; plus que ma vie : ma gloire! plus que ma gloire : mon bonheur!

LE PRINCE.

Mais, si je me retire, un autre prendra ma place.

KEAN.

Eh! que m'importe tout autre, monseigneur! il n'y a que

vous que je craigne; car, de tout autre, je puis me venger... tandis que, de vous, monseigneur...

LE PRINCE.

Tu es son amant!

KEAN.

Non, Votre Altesse! mais, par exemple, lorsqu'elle est au spectacle, et que, de la scène où je suis enchaîné, je vous vois entrer dans sa loge... oh! alors, vous ne pouvez comprendre tout ce qui se passe dans mon âme; je ne vois plus, je n'entends plus; tout mon sang se porte à ma tête, et il me semble que je vais perdre la raison.

LE PRINCE.

Tu es son amant!

KEAN.

Non, je vous jure... Mais, si vous avez la moindre amitié pour moi... et que vous ne vouliez pas m'entraîner à quelque scandale... dont je me repentirais du fond de mon cœur... n'allez plus dans sa loge, je vous en conjure!... Tenez, rien qu'en parlant de cela, je m'oublie. Voilà que l'on va commencer, je ne suis pas prêt.

LE PRINCE.

Je te laisse.

KEAN.

Vous me promettez?...

LE PRINCE.

Avoue que tu es son amant...

KEAN.

Mais je ne puis avouer ce qui n'est pas.

LE PRINCE.

Adieu, Kean...

KEAN.

Monseigneur...

LE PRINCE.

Je vais t'applaudir.

KEAN.

Dans votre loge?...

LE PRINCE.

Pas de demi-confidences, monsieur Kean, ou je ne fais qu'une demi-promesse.

KEAN, s'inclinant.

Je ne puis vous dire que ce qui est... Agissez comme bon vous semblera, monseigneur.

LE PRINCE, sortant.

Merci de la permission, monsieur Kean.

## SCÈNE VII

### KEAN, SALOMON.

SALOMON, tenant le pourpoint à la main.

Maître!... maître!... dépêchons-nous...

KEAN.

Me voilà!... (Il passe le pourpoint.) Oh! je l'avais bien deviné : mon ami!... lui, mon ami!... Il n'y a d'amitié qu'entre égaux, monseigneur, et il y a autant de vanité à vous de m'avoir dans votre voiture, que de sottise à moi d'y monter... (On frappe à la porte secrète.) On frappe à cette porte qui n'est connue que d'Elena...

GIDSA.

Ouvrez, monsieur Kean, c'est moi, c'est Gidsa...

KEAN, ouvrant.

Gidsa, que voulez-vous? qu'est-il arrivé?

## SCÈNE VIII

LES MÊMES, GIDSA, puis DARIUS, puis LE RÉGISSEUR, PISTOL, LE PUBLIC, au dehors.

GIDSA.

Ma maîtresse a oublié son éventail, et je viens le chercher.

KEAN.

Son éventail? L'as-tu vu, Salomon?

SALOMON.

Non, maître...

KEAN.

Voyez, Gidsa; cherchez.

GIDSA.

Oh! mon Dieu, comment cela se fait-il? C'est que ma maîtresse y tenait beaucoup, c'était un cadeau du prince de Galles.

KEAN.

Ah! c'est un cadeau du prince de Galles?... Voyez dans sa voiture, elle l'y a peut-être oublié.

GIDSA.

Vous avez raison...

KEAN, lui donnant une bourse.

Tenez, mon enfant, si votre maîtresse a perdu son éventail, vous aurez au moins trouvé quelque chose, vous.

GIDSA

Merci, monsieur Kean.

(Elle sort.)

KEAN.

Un éventail donné par le prince de Galles !... je conçois que l'on tienne à un présent royal. (Appelant.) Darius !... Eh bien, est-ce qu'il ne viendra pas, cet imbécile de coiffeur?... Darius!

SALOMON.

Ménagez votre diamant, maître, et laissez-moi l'appeler à votre place... (Appelant.) Darius !...

DARIUS, entrant une perruque à la main.

Voilà! voilà!

KEAN, s'asseyant.

Qu'est-ce que tu faisais donc, drôle?

DARIUS, retapant la perruque.

Je vous demande pardon, mais c'est que...

KEAN.

Tu bavardais, n'est-ce pas?... Viens ici, et coiffe-moi.

LE RÉGISSEUR, ouvrant la porte.

Peut-on sonner au foyer du public, monsieur Kean?

KEAN.

Oui, je suis prêt.

LE RÉGISSEUR, se retirant.

Merci!

KEAN.

Pendant qu'on me coiffe, Salomon, cherche donc cet éventail...

DARIUS.

Quel éventail?

KEAN.

Un éventail qui a été perdu ici.

DARIUS.

Ah! je vous dis cela, parce que j'ai vu le monsieur qui est venu vous voir avec le prince de Galles qui en tenait un qui était un peu drôle, d'éventail!

KEAN.

Un éventail garni de diamants?

DARIUS.

Oui, et qui reluisait joliment encore, puisqu'en le voyant, je me suis dit : « Si j'avais trouvé un éventail comme celui-là, je ne ferais plus de perruques; » et pourtant je les fais crânement, les perruques!...

KEAN, se levant.

Tu as vu cet éventail entre les mains du comte de Kœfeld?

DARIUS.

Je ne sais pas si c'était le comte de Kœfeld; mais ce que je sais, c'est qu'il ne paraissait pas content du tout, et qu'il a remis l'éventail dans sa poche avec un air un peu vexé.

KEAN.

Oh! mais que va-t-il penser? il se doutera qu'Elena est venue ici.

LE RÉGISSEUR, à la porte.

On va lever le rideau, monsieur Kean.

KEAN.

Je ne suis pas prêt.

LE RÉGISSEUR.

Mais vous avez dit qu'on pouvait sonner.

KEAN.

Allez au diable!

LE RÉGISSEUR, se sauve en criant.

Ne levez pas le rideau! ne levez pas le rideau!

KEAN.

Que faire? Comment la prévenir?... Je ne puis y aller, je ne puis lui envoyer... Oh! c'est à perdre la tête.

DARIUS.

Eh bien, monsieur Kean, votre perruque?

KEAN.

Laissez-moi tranquille...

(Bruit au dehors.)

SALOMON.

Maître, entendez-vous?

LE PUBLIC, criant et trépignant.

La toile! la toile! le rideau!

SALOMON.

Le public s'impatiente.

KEAN.

Qu'est-ce que ça me fait, à moi?... Oh! métier maudit... où aucune sensation ne nous appartient, où nous ne sommes maîtres ni de notre joie, ni de notre douleur... où, le cœur brisé, il faut jouer Falstaff; où, le cœur joyeux, il faut jouer Hamlet! toujours un masque, jamais un visage... Oui, oui, le public s'impatiente... car il m'attend pour s'amuser, et il ne sait pas qu'à cette heure, mes larmes m'étouffent. Oh! quel supplice! et puis, si j'entre en scène avec toutes les tortures de l'enfer dans le cœur; si je ne souris pas là où il me faudra sourire, si ma pensée débordante change un mot de place, le public sifflera, le public, qui ne sait rien, qui ne comprend rien, qui ne devine rien de ce qui se passe derrière la toile... qui nous prend pour des automates... n'ayant d'autres passions que celles de nos rôles... Je ne jouerai pas.

(Pistol paraît à la porte.)

SALOMON.

Maître, maître, qu'est-ce que vous dites?

KEAN.

Je ne jouerai pas, voilà ce que je dis.

LE RÉGISSEUR, revenant sur ce dernier mot.

Monsieur, on vous y forcera.

KEAN

Et qui cela, s'il vous plaît?

LE RÉGISSEUR.

Le constable.

KEAN.

Qu'il vienne.

SALOMON.

Maître, maître, au nom du ciel! il vous mettront en prison.

KEAN.

En prison? Eh bien, tant mieux. Je ne jouerai pas.

SALOMON.

Rien ne peut vous faire changer de résolution?

KEAN.

Rien au monde. Je ne jouerai pas.

LE RÉGISSEUR.

Mais la recette est faite.

KEAN.

Qu'on rende l'argent.

LE RÉGISSEUR.

Monsieur, vous manquez à vos devoirs.

KEAN.

Je ne jouerai pas, je ne jouerai pas, je ne jouerai pas!
(Il prend une chaise et la brise.)

LE RÉGISSEUR.

Faites comme vous voudrez, je ne suis pas le bénéficiaire.
(Il sort; Kean tombe sur un fauteuil. Bruit prolongé.)

PISTOL, d'un côté du fauteuil.

Eh bien, monsieur Kean, et le père Bob?

SALOMON, de l'autre côté.

Ces braves gens ne peuvent pas payer les frais de la soirée.

PISTOL.

Ce n'est pas la faute de la pauvre famille si l'on vous a fait du chagrin.

SALOMON.

Allons, maître, de la pitié pour les malheureux.

PISTOL.

Vous nous aviez donné votre parole.

SALOMON.

Et ce serait la première fois que vous y manqueriez.

KEAN, dans le plus grand abattement.

Assez... James, prenez ceci. (Il lui donne sa robe de chambre.) Où est M. Darius?

SALOMON.

Il s'est sauvé.

DARIUS, sortant du cabinet aux habits.

Me voilà!

KEAN.

Où est le régisseur?

SALOMON, à Pistol.

Va le chercher.
(Rencontre de Darius et de Pistol.)

KEAN.

Mon manteau! (On le lui donne.) Qu'est-ce que c'est que ça? C'est mon ceinturon que je vous demande.

PISTOL, revenant.

Voilà, monsieur Kean, voilà.

LE RÉGISSEUR, entrant.

Vous m'avez fait appeler?

KEAN.

Oui, monsieur. Mon épée!

SALOMON.

Votre épée?

KEAN.

Eh! oui, sans doute, mon épée; cela t'étonne?... Avec quoi veux-tu que je tue Tybalt? (Au Régisseur.) Monsieur, je joue.

LE RÉGISSEUR.

Oh! monsieur Kean, que de remercîments!

KEAN.

C'est bien... Seulement, faites une annonce; dites que je suis indisposé, que je suis malade... Enfin, dites ce que vous voudrez. J'étrangle.

LE RÉGISSEUR.

Oh! merci, monsieur Kean, merci.

(Il sort.)

SALOMON.

Il était temps! Il paraît que le public commence à casser les banquettes.

KEAN.

Et il a raison, monsieur; je voudrais bien vous voir dans la salle, si vous aviez pris votre billet à la porte, et qu'on vous fît attendre... Qu'est-ce que vous diriez?...

SALOMON.

Dame! maître...

KEAN.

Qu'est-ce que tu dirais? Tu dirais qu'un acteur se doit au public avant tout.

SALOMON.

Oh!

KEAN.

Et tu aurais raison. Allons, cheval de charrue, maintenant que te voilà harnaché, va-t'en labourer ton Shakspeare.

LE RÉGISSEUR.

Me voilà prêt, monsieur Kean. Puis-je faire l'annonce?

KEAN.

Oui, monsieur. Y a-t-il beaucoup de monde?

LE RÉGISSEUR.

Salle comble!... on se bat encore à la porte.

KEAN.

Allez.

(La toile tombe; au moment où elle a touché le plancher, le Régisseur passe par devant, et vient jusqu'au milieu de l'avant-scène.)

LE RÉGISSEUR, au public.

Milords et messieurs, M. Kean s'étant trouvé subitement indisposé, et craignant de ne pas se montrer digne de l'honorable empressement que vous lui témoignez, me charge de réclamer toute votre indulgence.

LE PUBLIC.

Bravo! bravo! bravo!

(Le Régisseur salue de nouveau et se retire; l'orchestre joue l'air *God save the King*; puis la toile se relève sur la scène des adieux de Roméo et Juliette.)

## CINQUIÈME TABLEAU

### SCÈNE PREMIÈRE

ROMEO, à la porte d'un donjon gothique qui donne sur une terrasse; JULIETTE, sur le dernier escalier du donjon. LA COMTESSE DE KOEFELD, LE PRINCE DE GALLES, LE COMTE DE KOEFELD, dans une loge d'avant-scène; LORD MEWILL, dans une loge de côté; LA NOURRICE, SALOMON.

JULIETTE.

Ne tourne pas les yeux vers l'horizon vermeil;
Tu peux rester encor, ce n'est point le soleil;
C'était le rossignol et non pas l'alouette
Dont le chant a frappé ton oreille inquiète;
Caché dans les rameaux d'un grenadier en fleurs,
Toute la nuit, là-bas, il chante ses douleurs...
Tu peux rester encor, crois-en ta Juliette.

ROMEO.

Oh! c'est bien le soleil, et c'est bien l'alouette!
Vois ce trait lumineux, de mon bonheur jaloux,

Qui perce à l'horizon et s'étend jusqu'à nous;
Vois le matin riant, un pied sur la montagne,
Prêt à prendre son vol à travers la campagne;
Vois au ciel moins obscur les étoiles pâlir :
Il faut partir et vivre, ou rester et mourir...

JULIETTE.

Non, ce n'est point le jour; c'est quelque météore
Qui, pour guider tes pas, a devancé l'aurore...
Tu te trompes, ami; reste.

ROMEO.

Je resterai,
Et, puisque tu le veux, comme toi je dirai :
Non, ce n'est point le feu de l'aube orientale,
C'est la sœur d'Apollon, c'est la reine au front pâle;
Ce n'est point l'alouette au ramage joyeux
Dont le chant matinal s'élance dans les cieux.
Ah! crois-moi, j'ai bien plus de penchant, je te jure,
A rester qu'à partir; et, si, vengeant l'injure
Que ma présence fait à ta noble maison,
La mort me vient en face ou bien par trahison,
La mort, dont on craint tant la douleur inconnue,
Me frappant à tes pieds, sera la bienvenue...
Oh! non, tu l'as bien dit, non ce n'est pas le jour :
Restons... Je t'aime! et toi, m'aimes-tu, mon amour?

JULIETTE.

C'est le jour, c'est le jour! oh! j'étais insensée;
Fuis, Romeo! de peur je suis toute glacée;
Je ne sais où je vais, je ne sais où je suis,
Et je n'ai plus qu'un mot à la bouche... Fuis, fuis!...

LA NOURRICE.

Madame...

JULIETTE, entrant.

Que veux-tu?

LA NOURRICE.

Votre père!

JULIETTE.

Mon père!
Entends-tu?

LA NOURRICE.

Va venir!

ROMEO.

Oh! contre sa colère,
Ange, je te remets à la garde de Dieu.

JULIETTE.

Adieu, mon Romeo...

(En ce moment, Kean, qui avait déjà enjambé la balustrade, s'aperçoit que le prince de Galles est à l'avant-ssène, dans la loge d'Elena, et, au lieu de faire sa sortie, il remonte le théâtre et regarde fixement la loge, les bras croisés.)

JULIETTE, le suivant.

Eh bien, que fait-il donc? (A voix basse.) Kean, Kean, vous manquez votre sortie.

SALOMON, paraissant au bord de la coulisse, la brochure à la main.

Maître! maître!...

JULIETTE, reprenant.

Adieu, mon Romeo.

SALOMON, soufflant.

Ma Juliette, adieu!

KEAN, riant.

Ah! ah! ah!

SALOMON, soufflant.

Romeo!

JULIETTE.

Romeo!

KEAN.

Qui est-ce qui m'appelle Romeo? qui est-ce qui croit que je joue ici le rôle de Romeo?

JULIETTE.

Kean, devenez-vous fou?

KEAN.

Je ne suis pas Romeo... Je suis Falstaff, le compagnon de débauches du prince royal d'Angleterre... A moi, mes braves camarades!... à moi, Pons!... à moi, Peto!... à moi, Bardolph!... a moi, Quickly l'hôtelière!... et versez, versez à pleins bords, que je boive à la santé du prince de Galles, le plus débauché, le plus indiscret, le plus vaniteux de nous tous! A la santé du prince de Galles, à qui tout est bon, depuis la fille de taverne qui sert les matelots du port, jusqu'à la fille d'honneur qui jette le manteau royal aux épaules de sa mère! au prince de Galles, qui ne peut regarder une femme, vertueuse ou non, sans la perdre avec son regard! au prince de Galles, dont j'ai cru être l'ami, et dont je ne suis que le jouet et le bouffon!... Ah! prince royal, bien t'en prend d'être inviolable et sacré, je te le jure!... car, sans cela, tu aurais affaire à Falstaff.

LORD MEWILL, d'une loge.

A bas Kean! à bas l'acteur!

KEAN.

Falstaff?... Eh! je ne suis pas plus Falstaff que je n'étais Romeo; je suis Polichinelle, le Falstaff des carrefours... Un bâton à Polichinelle, un bâton pour lord Mewill, un bâton pour le misérable enleveur de jeunes filles, qui porte une épée au côté, et qui refuse de se battre avec ceux dont il a volé le nom, et cela, sous prétexte qu'il est noble, qu'il est lord, qu'il est pair... Ah! oui! un bâton pour lord Mewill... et nous rirons... Ah! ah! ah! que je souffre!... A moi! mon Dieu! à moi!

(Il tombe dans les bras de Juliette et de Salomon, qui l'entraînent par la porte du donjon.)

## SCÈNE II

Le Régisseur, DARIUS, MERCUTIO, CAPULET, un Comparse, SALOMON.

LE RÉGISSEUR, paraissant au fond.

Le médecin du théâtre! le médecin du théâtre! où est-il?

DARIUS, courant ramasser la perruque que Kean a jetée à terre.

Il est près de M. Kean.

LE RÉGISSEUR.

Où?

DARIUS, montrant le donjon.

Là.

MERCUTIO, entrant en costume.

Qu'est-il arrivé?

CAPULET, également en costume.

Je ne sais pas; ça lui a pris en scène.

LE CHEF DES COMPARSES, conduisant ses hommes.

Allez.

(Les Comparses entrent.)

MERCUTIO.

Ce n'est pas votre entrée... (Voix diverses.) Si!... Non!... Si!

(Confusion complète.)

CAPULET, voyant paraître Salomon.

Silence !

SALOMON, s'approchant, un mouchoir à la main.

Milords et messieurs, la représentation ne peut continuer... Le soleil de l'Angleterre s'est éclipsé : le célèbre, l'illustre, le sublime Kean vient d'être atteint d'un accès de folie.

(On entend un cri douloureux dans la loge de la comtesse de Kœfeld.)

## ACTE CINQUIÈME

### SIXIÈME TABLEAU

Un salon chez Kean.

### SCÈNE PREMIÈRE

SALOMON, BARDOLPH, TOM, DAVID, DARIUS, PISTOL, puis LE MÉDECIN.

SALOMON.

C'est cela, mes enfants, inscrivez-vous, voici la liste.

BARDOLPH, après s'être inscrit.

Et quelle nuit a-t-il passée ?

SALOMON.

Terrible !

TOM.

Il est donc réellement fou ?

SALOMON.

A lier !

DAVID.

Et, dans ce moment-ci, le médecin le saigne ?

SALOMON.

A blanc !

DARIUS.

A blanc !...

BARDOLPH.

Mais quel est son genre de folie ?

DARIUS.

Oui, voyons, quel est son genre de folie?

SALOMON.

Folie frénétique.

DAVID.

Et que fait-il dans ses accès?

SALOMON.

Il frappe.

DARIUS.

Sur quoi?

SALOMON.

Sur tout, et de préférence sur ceux qu'il connaît.

DARIUS.

Comment! il attaque son semblable?

SALOMON

Ah! mon Dieu, oui.

DARIUS.

Il aura été mordu.

SALOMON.

J'en ai peur.

DARIUS.

Et il est enragé... J'en ai coiffé un enragé, un homme qui avait une position, quoi! il était membre des Communes. Eh bien, sa rage, à lui, c'était de faire des tragédies... On ne les jouait pas; eh bien, c'est égal, il en faisait d'autres; on les refusait, il allait toujours.

SALOMON.

Et mordait-il?

DARIUS.

Oui, oui, oui; mais il ne faisait pas de mal, il n'avait plus de dents; on le laissait faire, pauvre cher homme! ça l'amusait.

SALOMON.

Eh! tenez, voilà...

DARIUS.

M. Kean? Je me sauve...

SALOMON.

Non, le médecin.

DARIUS.

Ah! le médecin. Eh bien, monsieur le docteur?...

TOM.

Comment va Kean?

DAVID.

Y a-t-il espoir?

LE MÉDECIN, remettant un papier à Salomon.

Vous lui ferez suivre ponctuellement cette ordonnance; tout autre traitement que celui qui est indiqué sur ce papier ne pourrait qu'empirer son état.

SALOMON.

Vous voyez que la chose est sérieuse, hein? Voyons ce qu'ordonne le médecin... (Il retourne le papier de tous côtés, il est blanc.) Ah! ah!

DARIUS.

Eh bien, qu'ordonne le médecin?

SALOMON.

Quatre douches, deux saignées, un sinapisme.

DAVID.

Veux-tu que je te dise, Salomon? ça m'a l'air d'un âne, ton docteur.

DARIUS.

Oui, oui, il me fait l'effet d'un âne.

DAVID.

Et, à ta place, je le traiterais à ma mode.

SALOMON.

Que lui donneriez-vous? Voyons!

DAVID.

Je prendrais de bon vin de Bordeaux, je le mettrais dans une casserole avec du citron, de la cannelle et du sucre; je le ferais chauffer, et, de dix minutes en dix minutes, je lui en donnerais un verre.

DARIUS.

Non, non, non, je ne ferais pas ça, moi.

SALOMON.

Eh bien, que ferais-tu?

DAVID.

Je te dis qu'un verre...

DARIUS.

Non, écoutez, David, vous jouez bien le Lion, vous êtes magnifique sous la peau d'animal; mais, quand il s'agit de médecine, c'est autre chose; à la place de Salomon, je ferais le vin chaud.

DAVID.

Tu vois bien.

DARIUS.

Patience! je lui raserais d'abord la tête comme un genou, ça lui rafraîchirait le cerveau; ensuite, je lui commanderais une perruque, ce qu'il y a de plus beau en cheveux, du cheveu numéro 1.

SALOMON.

Et le vin chaud?

DARIUS.

Je le boirais, alors... (On sonne.) Dites-donc, Salomon, on sonne.

SALOMON.

Allons, encore un accès qui lui prend.

DARIUS.

Un accès, je me sauve!

(Salomon l'arrête.)

DAVID.

Filons, filons.

DARIUS.

Salomon, Salomon, pas de bêtises, voyons.

(On sonne encore.)

TOM et BARDOLPH.

Sauve qui peut!

SALOMON.

Darius, mon ami, toi qui es le plus brave, reste avec moi, je t'en prie.

DARIUS.

Père Salomon, si vous ne me lâchez pas, je fais ma plainte, je vous dénonce, je ne vous poudre plus vos perruques, je vous enfonce des épingles noires dans les mollets, et je vous mords le nez. (Salomon le lâche.) Ah! mais...

(Il sort.)

SALOMON.

Ah! les voilà partis; j'espère que ça va se répandre; car, si l'on venait à savoir...

PISTOL, se levant du coin où il est resté assis, et venant à Salomon.

Monsieur Salomon?

SALOMON.

Tu es encore là, toi ! pourquoi n'es-tu pas parti avec les autres ?

PISTOL.

Parce que vous avez dit qu'il vous fallait quelqu'un, monsieur Salomon.

SALOMON.

Tu es un brave garçon ; va-t'en.

PISTOL.

Moi ? Jamais !

SALOMON.

Me promets-tu d'être discret ?

PISTOL.

Moi ? Je crois bien ! (Salomon lui parle à l'oreille.) Vraiment ?... Oh !

SALOMON.

Pas un mot.

PISTOL.

On me couperait plutôt le cou. Oh ! que je suis content, que je suis content ! (Il sanglote.) Oh ! M. Kean, monsieur Salomon !... Oh ! je m'en vas.

(Il sort.)

## SCÈNE II

SALOMON, KEAN, entrant.

KEAN.

Avec qui causais-tu donc là ?

SALOMON.

Avec des camarades du théâtre, cet imbécile de Darius et le petit Pistol.

KEAN.

Et que leur as-tu dit ?

SALOMON.

Que vous étiez fou à lier.

KEAN.

Tu as eu tort.

SALOMON.

Comment, j'ai eu tort ? Mais songez donc que, si l'on apprend jamais que cette folie n'était qu'une feinte...

KEAN.

Eh bien ?

SALOMON.

Et que vous avez insulté de sang-froid lord Mewill et le prince de Galles...

KEAN.

Après?

SALOMON.

On vous punira sévèrement.

KEAN.

Que m'importe! que peuvent-ils me faire? Me mettre en prison? Eh bien, j'irai.

SALOMON.

Oui; mais, moi, je n'irai pas. (A part.) Égoïste! (Haut.) Tandis que, si seulement vous vouliez faire semblant pendant huit jours... Vous êtes si beau dans *le Roi Lear!*

KEAN.

Monsieur Salomon, je joue la comédie depuis huit heures du soir jusqu'à minuit, mais jamais dans la journée.

SALOMON.

Maître...

KEAN.

Assez sur ce sujet. Donne-moi la liste des personnes qui sont venues pour me voir.

SALOMON.

Il y en a deux, de listes : une ici, l'autre chez le concierge. Celle-ci est celle des amis intimes.

KEAN.

C'est bien, va!... Elle n'aura pas osé monter jusqu'ici, elle; mais elle sera venue en bas, ou elle aura envoyé; je trouverai, non pas son nom, sans doute, mais un mot, un signe, auquel je reconnaîtrai qu'elle a pensé à moi, à moi qui souffre tant pour elle, mon Dieu!

SALOMON.

Tenez.

KEAN.

Donne.

SALOMON.

Il y a là plus de deux noms qui sont bien étonnés de se trouver ensemble.

KEAN.

Oui, oui, il y a là des noms de riches, de nobles et de puissants; il y a là des noms d'artistes, d'ouvriers, de portefaix, depuis celui du duc de Sutherland, premier ministre, jusqu'à celui de William le cocher. Oui, je crois que tous les noms y sont, excepté celui que je cherche; elle n'aura pas osé envoyer. Oh! pour venir elle-même, sans doute, elle saisira une occasion, le premier moment où son mari la laissera libre. Salomon, va dans la chambre à côté; ne laisse entrer personne... excepté...

SALOMON.

Ariel excepté, n'est-ce pas?

KEAN.

Oui, oui, Ariel... Va, mon bon Salomon va; et, si elle vient, fais-la entrer à l'instant... sans lui demander son nom... car c'est une grande dame, vois-tu.

SALOMON.

Mais comment la reconnaître?

KEAN.

Je n'attends qu'elle.

SALOMON.

Soyez tranquille.

(Il sort.)

## SCÈNE III

**KEAN**, seul.

Dix heures, et pas un mot d'elle, pas un message, pas une lettre!... Ah! vous étiez plus inquiète de votre éventail que de moi, madame... Oh! ce n'est point comme cela qu'on aime, Elena, et c'est douloureux à penser que, si cet accident était réel, je serais mort peut-être à cette heure... sans vous avoir vue... sans avoir entendu parler de vous... Que je suis inquiet!... j'ai son portrait là, sur mon cœur... et je me plains... Ne serait-ce pas plutôt que le comte, qui a trouvé cet éventail, à qui la scène scandaleuse que j'ai faite hier au prince de Galles, a dû ouvrir les yeux?... Oh! oui, c'est possible, c'est probable, cela est. Et quand je pense qu'à cette heure peut-être, Elena, soupçonnée, accusée, menacée, m'appelle à son secours... Oh! je n'y puis plus tenir. Salomon! Salomon!

## SCÈNE IV

### KEAN, SALOMON.

SALOMON.

Maître?

KEAN.

Personne encore?

SALOMON.

Personne.

KEAN.

Fais mettre les chevaux à la voiture.

SALOMON.

Les chevaux?

KEAN.

Eh! oui, les chevaux. Qu'y a-t-il là d'étonnant? Je sors.

SALOMON.

Vous sortez?

KEAN.

Newman!... Newman!...

SALOMON.

Que lui voulez-vous?

KEAN.

Celui-là m'obéira, peut-être.

SALOMON.

Et ne savez-vous pas que tout ce que vous voudrez, votre pauvre Salomon le fera?

KEAN.

Eh bien, va donc alors, et ne me laisse pas souffrir plus longtemps... Ne vois-tu pas que j'ai la fièvre, que la tête me brûle, que le sang me bout?... D'ailleurs, je fermerai les stores, je me contenterai de passer sous ses fenêtres, je... (Voyant que Salomon n'est pas sorti.) Eh bien, pas encore?

SALOMON.

J'y vais, Kean, j'y vais... Ah! l'on frappe.

KEAN.

Oui, oui, l'on frappe. Eh bien, va ouvrir.

SALOMON.

Et, si c'est elle, vous resterez, n'est-ce pas?

KEAN, riant.

Imbécile!

SALOMON.

J'y cours.

(Il sort.)

KEAN, s'appuyant au dossier d'une chaise.

Enfant que je suis!... mais c'est que, Dieu me pardonne, mon cœur bat comme il battait à vingt ans; je suis réellement insensé... et je n'ai pas besoin de feindre la folie...

SALOMON, paraissant.

C'est elle, maître! c'est elle!

KEAN.

Elle?... Elena!... Elena!... c'est vous!

## SCÈNE V

KEAN, ANNA, puis SALOMON.

ANNA, levant le capuchon de sa mante.

Non, monsieur Kean, c'est moi!

KEAN, tombant sur une chaise.

Ah!...

ANNA.

Pardon d'être venue ainsi; mais, comprenez-vous? ce matin, un bruit affreux s'est répandu par la ville, qu'hier, au spectacle, vous aviez été atteint d'un accès de folie... J'ai dit : « Il n'a pas de mère, il n'a pas de sœur, il n'a personne auprès de lui... J'y vais aller, moi... »

KEAN.

Anna! ah! je reconnais bien là votre cœur dévoué. Anna, sur mon Dieu! vous êtes une âme bonne et loyale... Ah! vous n'avez pas tremblé, n'est-ce pas, pour votre réputation, pour votre honneur?... vous n'avez pas craint qu'on ne dît que vous étiez ma maîtresse?... Vous n'avez écouté que votre cœur... vous êtes venue... tandis qu'elle... C'est bien... Parlons de vous, Anna.

ANNA.

Oh! ce n'est donc pas vrai, cette nouvelle?...

KEAN.

Non. Je n'ai pas ce bonheur... Un fou, cela doit être bien heureux... Cela rit,... cela chante,... cela ne se souvient de rien!

ANNA.

Ah! maintenant, je partirai donc tranquille, sinon heureuse!

KEAN.

Vous partez? vous quittez Londres?

ANNA.

Londres? Oh! ce ne serait point assez; je quitte l'Angleterre.

KEAN.

Mais êtes-vous libre de le faire? Et votre tuteur?

ANNA.

J'ai atteint ce matin ma majorité, et le premier usage que j'en ai fait a été de signer un engagement avec le correspondant du théâtre de New-York.

KEAN.

Ainsi, rien n'a pu changer votre résolution; et le tableau que je vous ai fait de cette carrière?...

ANNA.

Ce tableau était tracé pour la pauvre fille, et non pour la riche héritière. Si cher que coûtent le velours et la soie, pensez-vous, monsieur Kean, que vingt mille livres sterling de rente suffiront à payer mes costumes?

KEAN.

Et comment, avec tant de fortune et tant de beauté?...

ANNA.

Ni l'une ni l'autre n'ont suffi pour me faire aimer, et je veux y ajouter le talent pour compléter ma dot.

KEAN.

Pauvre enfant!

ANNA.

Oh! n'est-ce pas qu'au milieu de vos triomphes, de vos plaisirs, de vos amours, n'est-ce pas que vous garderez un souvenir à la pauvre exilée, qui aura tout quitté dans un seul but, et avec un seul espoir?

KEAN.

Anna! chère Anna!...

ANNA.

N'est-ce pas que vous me permettrez de vous écrire, de vous raconter mes chagrins... mes travaux... mes progrès?... Car, j'en ferai, oh! je vous le jure!... surtout si, tout éloigné de moi que vous serez, vous voulez bien me conseiller et me soutenir.

KEAN.

Oh! tout ce que je pourrai faire pour ma meilleure amie, je le ferai, soyez-en sûre... Mais quand partez-vous?

ANNA.

Dans deux heures.

KEAN.

Et comment?...

ANNA.

Ma place est retenue sur le paquebot *le Washington*.

SALOMON, entrant avec mystère.

Maître!

KEAN.

Eh bien?

SALOMON.

Elle est montée par l'escalier dérobé, elle est entrée au moment où je m'y attendais le moins

KEAN.

Qui?...

SALOMON.

Une dame.

KEAN.

Comment s'appelle-t-elle?

SALOMON.

Elle n'a voulu me dire que son prénom d'Elena.

KEAN.

Elena! et où est-elle?

SALOMON.

Dans la chambre à côté; elle semble désespérée, elle veut vous voir absolument...

KEAN.

Ah! mon Dieu, comment faire?

ANNA.

C'est elle, n'est-ce pas?

KEAN.

Oui.

ANNA.

On la dit bien belle. Laissez-moi-la voir, Kean.

KEAN.

Oh! cela ne se peut pas.

ANNA.

Ne craignez rien... Je n'ai qu'une chose à lui demander,

qu'une prière à lui faire... Je me jetterai à ses genoux; et je lui dirai : « Rendez-le heureux, madame!... car il vous aime bien!... »

#### KEAN.

Non, non, Anna, cela est impossible; elle ne croirait jamais à l'innocence de nos relations... Comment pourrait-elle penser, vous voyant si jeune et si belle?... Oh! entrez dans ce cabinet, je vous en prie... Pardonnez-moi, Anna, pardonnez-moi...

#### ANNA, entrant dans e cabinet.

Ai-je le droit de me plaindre?

## SCÈNE VI

#### KEAN, puis ELENA.

#### KEAN.

Maintenant, Salomon, fais entrer, fais entrer vite! (Elena entre.) C'est vous, Elena!... c'est vous!... Oh! vous êtes donc venue, au risque de tout ce qui pouvait vous arriver?... Si vous saviez comme je vous attendais!

#### ELENA.

J'ai hésité longtemps, je vous l'avouerai, Kean; mais notre danger commun...

#### KEAN.

Notre danger?

#### ELENA.

Oui, une lettre pouvait être surprise; je tremblais que vous ne fussiez déjà arrêté.

#### KEAN.

Arrêté, moi!... et pourquoi cela?

#### ELENA.

Parce que le bruit commence à se répandre que c'est un accès de colère, et non point de folie, qui vous a fait insulter le prince royal et lord Méwill... On assure que ce dernier a vu, ce matin, le roi, auquel il s'est plaint, et le ministre, dont il a obtenu un mandat... Un procès terrible vous menace, Kean, fuyez! vous n'avez pas une minute à perdre... et, cette nuit quittez Londres, quittez l'Angleterre, si c'est possible... Vous ne serez en sûreté qu'en France ou en Belgique.

KEAN.

Moi, fuir?... moi, quitter Londres, l'Angleterre, comme un lâche qui tremble?... Oh! vous ne me connaissez pas, Elena... Lord Mewill veut de la publicité, nous lui en donnerons; son nom n'est pas encore assez honorablement connu, il le sera comme il mérite de l'être.

ELENA.

Vous oubliez qu'un autre nom aussi sera prononcé aux débats: on cherchera les motifs de ce double emportement, contre le prince royal et lord Mewill, et on le trouvera.

KEAN.

Oui, oui... vous avez raison... et tout cela est peut-être un bonheur... M'aimez-vous, Elena?

ELENA.

Vous le demandez!

KEAN.

Écoutez: vous aussi, vous êtes compromise.

ELENA.

Je le sais.

KEAN.

Non, vous ne savez pas tout encore; cet éventail que vous avez oublié hier dans ma loge...

ELENA.

Eh bien?

KEAN.

Il a été trouvé.

ELENA.

Par qui?

KEAN.

Par le comte.

ELENA.

Grand Dieu!

KEAN.

Il le connaît, n'est-ce pas?

ELENA.

Sans doute.

KEAN.

Eh bien...

ELENA.

Eh bien?

KEAN.

Vous me donniez le conseil de fuir, je suis prêt. Fuirai-je seul ?

ELENA.

Oh! vous êtes insensé, monsieur Kean... Non, non, c'est chose impossible; non! notre amour fut un instant d'égarement, d'erreur, de folie, auquel il ne faut plus songer, et que nous devons oublier nous-mêmes, afin que les autres l'oublient.

KEAN.

L'oublier? Oh! vous n'y songez pas, Elena! mais, quand je m'exilerais, quand je cesserais de vous voir, n'aurais-je pas votre image éternellement sur mon cœur ou devant mes yeux? n'ai-je pas votre portrait, votre portrait chéri?

ELENA.

Je viens vous le redemander, Kean.

KEAN.

Vous venez me redemander votre portrait! votre portrait, donné hier, vous venez me le redemander aujourd'hui!

ELENA.

Mais songez que la raison l'exige. Kean, vous m'aimez, je le crois, je le sais; mais pensez-vous qu'éloigné de moi, cet amour résistera à l'absence? Non; avec votre talent, et célèbre comme vous l'êtes, les occasions viendront d'elles-mêmes au-devant de vous; vous aimerez une autre femme, et mon portrait, mon portrait, qui est en ce moment un souvenir d'amour, ne sera plus alors qu'un trophée de victoire.

KEAN.

Ah! le voilà, madame! Un pareil soupçon ne laisse aucun moyen de refus; en amour, qui doute accuse.

ELENA.

Kean!

KEAN.

Le voilà; je ne l'ai pas gardé longtemps et personne ne l'a vu, madame; de sorte que, si vous en avez promis un autre, vous pouvez vous dispenser de le faire faire, et donner celui-là à la place.

ELENA.

Promis à qui?

KEAN.

Que sais-je? en échange de quelque éventail, peut-être!

ELENA.

O Kean! Kean! après ce que j'ai fait pour vous, après ce que je vous ai sacrifié...

KEAN.

Et que m'avez-vous tant sacrifié, madame, si ce n'est votre orgueil, vous? C'est vrai, madame la comtesse de Kœfeld est descendue jusqu'à aimer un comédien; vous avez raison, cet amour était un moment d'erreur, d'égarement, de folie ; mais tranquillisez-vous, madame, l'erreur fut pour moi seul; moi seul fus égaré, moi seul ai été fou; oh! oui, fou, et bien fou de croire au dévouement d'une femme! fou de risquer pour elle mon avenir, ma liberté, ma vie, et cela sur un soupçon de jalousie, tandis que j'étais si ardemment aimé! Oh! j'avais tort, sang-Dieu! j'avais tort! Et voilà donc pourquoi! c'était pour entendre ces choses sortir de votre bouche que je vous attendais depuis hier avec tant de mortelles impatiences! voilà pourquoi mon cœur battait à me briser la poitrine, à chaque coup que l'on frappait à cette porte! Oh! je les connaissais pourtant bien, ces sortes d'amours; je savais de quelle profondeur et de quelle durée elles sont, et, vaniteux que je suis, je m'y suis laissé prendre!... Voilà votre portrait, madame.

ELENA.

Oh! Kean, ne m'en veuillez point d'avoir plus de raison que vous.

KEAN.

Plus de raison que moi? Oh! je vous en défie, madame, et vous venez de faire une cure merveilleuse. J'avais le transport, le délire, quelque chose comme une fièvre cérébrale; vous m'avez appliqué de la glace sur la tête et sur le cœur, je suis guéri. Mais une plus longue absence augmenterait probablement les soupçons du comte, en admettant que cet éventail lui en ait donné; puis, d'un moment à l'autre, le constable peut venir pour m'arrêter...

ELENA.

Ah! Kean, Kean, j'aime mieux votre colère que votre ironie. Me quitterez-vous ainsi? est-ce ainsi que vous me direz adieu?

KEAN.

Madame la comtesse de Kœfeld permettra-t-elle au comédien Kean de lui baiser la main ?...

(Il s'incline pour baiser la main de la Comtesse.)

LE COMTE, dans l'antichambre.

Je vous dis que j'entrerai, monsieur !...

SALOMON, de même.

Et je vous dis que vous n'entrerez pas, moi!

ELENA.

Le comte! le comte!

KEAN.

Votre mari ?... Oh! mais c'est donc une fatalité qui l'amène! Cachez-vous, Elena, cachez-vous! (Elle va au cabinet d'Anna.) Non, point là; ici, ici! Là du moins, personne ne vous verra; les fenêtres donnent sur la Tamise.

ELENA.

Un dernier mot, une dernière prière...

KEAN.

Laquelle? Dites, dites.

ELENA.

Mon mari vient vous demander raison, sans doute.

KEAN.

Soyez tranquille, madame, le comte me sera sacré. Hier, peut-être eussé-je donné des années de ma vie pour une rencontre avec lui; mais, aujourd'hui, soyez tranquille, je ne lui en veux plus.

LE COMTE.

Je vous dis qu'il faut que je le voie!

KEAN, allant ouvrir la porte.

Qu'est-ce à dire, Salomon? et pourquoi ne laissez-vous pas entrer M. le comte de Kœfeld?

(Le Comte entre. Kean referme la porte, et met la clef dans sa poche.)

## SCÈNE VII

KEAN, LE COMTE DE KOEFELD, SALOMON.

SALOMON.

Maître, vous m'aviez dit...

KEAN.

Que je ne voulais recevoir personne, c'est vrai ; mais j'étais loin de m'attendre à l'honneur que me fait M. le comte.

(Il fait signe à Salomon de sortir.)

LE COMTE.

Au contraire, monsieur, j'aurais cru que vous n'aviez clos votre porte que parce que vous comptiez sur ma visite.

KEAN.

Et d'où m'aurait pu venir cette présomption, monsieur le comte?

LE COMTE.

De ce que j'avais dit hier dans votre loge, à propos de nous autres Allemands, que, lorsque nous nous croyions offensés, nous nous battions avec tout le monde : or, je suis offensé, monsieur, et je viens pour me battre. La cause, vous la connaissez, mais il est important qu'elle reste entre nous; aussi vous voyez que, contrairement aux habitudes, je ne vous ai point écrit, je ne vous ai envoyé personne, et je suis venu à vous, seul et confiant comme un homme d'honneur. En passant devant la première caserne que nous trouverons sur le chemin d'Hyde park, nous prierons deux officiers de nous servir de témoins. Quant au motif de notre rencontre, ce sera tout ce que vous voudrez : une querelle à propos de la mort de lord Castlereagh ou de l'élection de M. O'Connell.

KEAN.

Mais vous comprenez, monsieur le comte, que ce motif, suffisant pour tout autre, ne l'est pas pour moi : il ne peut y avoir rencontre que lorsqu'il y a offense, et je ne crois pas avoir été assez malheureux...

LE COMTE.

C'est bien, monsieur, c'est bien ! je comprends cette délicatesse; mais cette délicatesse est presque une nouvelle insulte. Si vous ne vous battez pas lorsque vous avez offensé, vous battez-vous lorsqu'on vous offense?

KEAN.

C'est selon, monsieur... Si l'on m'offense sans motif, j'attribue à la folie l'insulte qu'on me fait, et je plains celui qui m'insulte.

LE COMTE.

Monsieur Kean, dois-je croire que votre réputation de courage est usurpée?

KEAN.

Non, monsieur le comte, car j'ai fait mes preuves.

LE COMTE.

Prenez garde, je dirai partout que vous êtes un lâche.

KEAN.

On ne vous croira pas.

LE COMTE.

Je dirai que j'ai levé la main...

KEAN.

Et vous ajouterez que je l'ai arrêtée pour épargner à l'un de nous un chagrin mortel.

LE COMTE.

C'est bien; vous ne voulez pas vous battre, je ne puis pas vous forcer; mais il faut que ma colère se répande, songez-y bien, et, si ce n'est sur vous, ce sera sur votre complice.

KEAN, le retenant.

Je vous jure, monsieur le comte, que vous êtes dans l'erreur la plus profonde, je vous jure que vous n'avez aucun motif de soupçonner ni moi ni personne.

LE COMTE.

Ah! je voulais que tout cela se passât dans le silence, et vous me forcez au bruit; votre sang suffisait à ma haine, et je ne demandais pas autre chose; mais vous avez peur de ma vengeance et vous la renvoyez à une femme, c'est bien.

KEAN.

Monsieur le comte, il y a quelque chose de plus lâche qu'un homme qui refuse de se battre, c'est un homme qui s'attaque à une femme qui ne peut pas lui répondre.

LE COMTE.

Toute vengeance est permise du moment qu'elle atteint le coupable.

KEAN.

Et moi, je vous dis, monsieur, que la comtesse est innocente;

je vous dis qu'elle a droit à vos égards et à votre respect ; je vous dis que, si vous prononcez un seul mot qui la compromette, que, si vous froissez un pli de sa robe, que, si vous touchez un cheveu de sa tête, il y a à Londres des hommes qui ne laisseront pas impunie une telle action. Et tenez, moi tout le premier, moi qui ne l'ai vue qu'une fois, moi qui la connais à peine, moi qui ne la connais pas...

LE COMTE.

Ah ! tout bon comédien que vous êtes, monsieur Kean, vous venez cependant de vous trahir. Eh bien, maintenant parlons franc ; regardons-nous en face et ne détournez plus les yeux : connaissez-vous cet éventail ?

KEAN.

Cet éventail ?

LE COMTE.

Il appartient à la comtesse.

KEAN.

Eh bien, monsieur ?...

LE COMTE.

Eh bien, monsieur, cet éventail, hier, je l'ai trouvé...

SALOMON, entrant.

Une lettre pressée du prince de Galles.

KEAN.

Plus tard.

SALOMON, à demi-voix.

Non, tout de suite.

KEAN.

Vous permettez, monsieur le comte ?

LE COMTE.

Faites, faites ; je ne m'éloigne pas.

KEAN, après avoir lu.

Vous connaissez l'écriture du prince de Galles, monsieur ?

LE COMTE.

Sans doute ; mais que peut avoir à faire l'écriture du prince de Galles ?...

KEAN.

Lisez.

LE COMTE, lisant.

« Mon cher Kean, voulez-vous faire chercher avec le plus grand soin dans votre loge ; je crois y avoir oublié hier l'éventail de la comtesse de Kœfeld, que je lui avais emprunté afin d'en faire faire un pareil à la duchesse de Northumberland. J'irai vous demander raison aujourd'hui de la sotte querelle que vous m'avez cherchée hier au théâtre, à propos de cette petite fille d'Opéra ; je n'aurais jamais cru qu'une amitié comme la nôtre pût être altérée par de semblables bagatelles.

» Votre affectionné,

» GEORGES. »

KEAN.

Cette lettre répond mieux que je ne pourrais le faire à des soupçons que je commence à comprendre, monsieur le comte, et dont vous sentirez facilement que ma modestie ne me permettait pas de me croire l'objet.

LE COMTE.

Monsieur Kean, on parle de vous arrêter, de vous conduire en prison, n'oubliez pas que les palais consulaires sont inviolables; et que l'ambassade de Danemark est un palais consulaire.

KEAN.

Merci, monsieur le comte.

LE COMTE.

Adieu, monsieur Kean.

(Kean le reconduit jusqu'à la porte.)

## SCÈNE VIII

KEAN, puis LE CONSTABLE.

KEAN.

Elle est sauvée ! Bon et excellent Georges, par quel miracle a-t-il appris?... Maintenant, il faut qu'elle sorte et sans perdre un instant, afin d'être arrivée avant son mari. Allons... (Le Constable entre.) Qui vient encore? Salomon laissera-t-il donc entrer toute la terre?

LE CONSTABLE.

Je vous demande mille pardons pour lui, monsieur Kean, mais c'est moi qui lui ai forcé la main.

KEAN.

C'est vous, monsieur le constable!

LE CONSTABLE.

Oui, et désolé de la circonstance qui m'amène : j'aime tant les artistes! mais, vous comprenez, monsieur Kean? le devoir avant tout, et, au nom du roi et des deux Chambres (le touchant de sa baguette), je vous arrête.

KEAN.

Et de quoi m'accuse-t-on?

LE CONSTABLE.

D'injures graves prononcées dans un endroit public contre le prince royal et contre un membre de la Chambre.

KEAN.

Et que me reste-t-il à faire?

LE CONSTABLE.

A suivre mes gens, qui sont dans l'antichambre.

KEAN.

Et je dois ainsi abandonner mon hôtel?

LE CONSTABLE.

J'y reste pour faire mettre les scellés : à votre retour, vous y trouverez tout ce que vous y avez laissé.

KEAN.

Pardon, monsieur le constable, mais il y a peut-être dans mon hôtel des choses qui ne pourraient en conscience rester sous le scellé tout le temps que durera mon absence. Vous êtes esclave de la loi, monsieur le constable; mais vous n'êtes pas plus sévère qu'elle?

LE CONSTABLE.

Non, monsieur Kean, et, si je puis faire quelque chose pour un artiste que j'admire...

KEAN.

Vous avez reçu l'ordre de m'arrêter, mais non pas d'arrêter les personnes qui se trouveraient chez moi, n'est-ce pas?

LE CONSTABLE.

L'ordre est nominal et pour vous seul.

KEAN.

Eh bien, il y a dans ce cabinet (il montre la chambre où est cachée Anna) une jeune dame que vous connaissez et qui désirerait sortir...

LE CONSTABLE.

Avant que les scellés fussent mis? Je comprends.

KEAN.

Et sans être soumise à l'inspection de vos gens.

LE CONSTABLE.

Et je connais cette jeune dame?

KEAN.

A moins que vous n'ayez déjà oublié le nom de miss Anna Damby.

LE CONSTABLE.

Miss Anna Damby?

KEAN.

Elle part pour New-York dans une heure, sur le paquebot *le Washington*.

LE CONSTABLE.

Je le sais bien; c'est moi qui l'ai conduite chez le correspondant, et qui ai retenu sa place.

KEAN.

Vous devez comprendre alors qu'elle a quelque recommandation particulière à me faire avant son départ.

LE CONSTABLE.

Vous me promettez de ne point chercher à vous échapper, monsieur Kean?

KEAN.

Je vous en donne ma parole d'honneur. (Le Constable sort. Kean ouvre la porte.) Anna!

## SCÈNE IX

#### Les Mêmes, ANNA.

##### ANNA.

Qu'ai-je entendu, mon Dieu ! on veut vous arrêter? Oh! je ne pars plus, Kean, je reste. Vous, prisonnier !

##### KEAN.

Anna, voici monsieur le constable, qui permet qu'avant de vous quitter, je vous dise un dernier adieu. Monsieur le constable, madame sortira tout à l'heure, enveloppée de ce mantelet et de ce voile; je vous rappelle votre promesse.

##### LE CONSTABLE.

Et je la tiendrai, monsieur Kean ; ce n'est point à un artiste comme vous que je voudrais manquer de parole.

(Il sort.)

## SCÈNE X

#### KEAN, ANNA.

##### KEAN.

Il est sorti... Anna !... oh! je vais vous faire une demande étrange, que vous pourriez me refuser, mais que vous ne me refuserez pas; un dernier sacrifice, un dernier dévouement... Une femme est là, vous le savez, une femme qui serait perdue si son visage était reconnu, si son nom était prononcé, car elle est mariée. Oh! Anna! Anna! au nom de ce que vous avez de plus cher et de plus sacré, prenez pitié d'elle !

##### ANNA, détachant son voile et sa mante.

Tenez, Kean.

##### KEAN, tombant à genoux.

Anna ! Anna ! vous êtes un ange !... (Se précipitant dans le cabinet.) Elena ! Elena ! vous êtes sauvée ! (Il pousse un cri.) Ah!

##### ANNA.

Qu'y a-t-il, mon Dieu ?

##### KEAN.

Elena !... Elena !... Personne !... disparue ! et la fenêtre ouverte, la Tamise !... Oh! elle aura entendu la voix de son mari, ses menaces... Je suis son meurtrier, son assassin ! c'est moi qui l'ai tuée!... (S'élançant vers la porte du fond.) Perdue! perdue!

## SCÈNE XI

### Les Mêmes, LE PRINCE DE GALLES.

LE PRINCE, à demi-voix.

Sauvée!

KEAN.

Elena?

LE PRINCE.

Oui.

KEAN.

Comment?

LE PRINCE.

Par un ami qui veille sur vous depuis hier, et qui, à tout hasard et prévoyant tout péril, avait une gondole sous vos fenêtres, et une voiture devant votre porte.

KEAN.

Et où est-elle?

LE PRINCE.

Chez elle, où je l'ai fait reconduire par un homme de confiance, tandis que j'écrivais, moi. Avez-vous reçu ma lettre?

KEAN.

Oui, mon prince, et vous m'avez sauvé deux fois. Comment expierai-je mes torts envers vous, monseigneur? Ah! j'ai mérité un châtiment, et j'irai en prison avec joie.

LE PRINCE.

Eh bien, pas du tout! c'est que vous n'irez pas, monsieur.

(Anna lève la tête.)

KEAN.

Comment?

LE PRINCE.

J'ai obtenu de mon frère, à grand'peine, je vous l'avouerai, et voilà pourquoi ma gondole était sous vos fenêtres et ma voiture devant votre porte, que vos six mois de prison, car il ne s'agissait pas de moins que six mois de prison, fussent convertis en une année d'exil.

KEAN.

Ah! Votre Altesse m'envoie en exil, tandis que la comtesse de Kœfeld...

LE PRINCE.

Retourne en Danemark, monsieur, où les premières dépêches de son roi rappelleront l'ambassadeur. Êtes-vous tranquille, maintenant?

KEAN.

Oh! mon prince! Et le lieu de mon exil est-il indiqué?

LE PRINCE.

Vous irez où vous voudrez, pourvu que vous quittiez l'Angleterre : à Paris, à Berlin, à New-York.

KEAN.

J'irai à New-York.

ANNA, se levant.

Que dit-il?

KEAN.

Fixe-t-on le moment de mon départ?

LE PRINCE.

Vous avez huit jours pour régler vos affaires.

KEAN.

Je partirai dans une heure.

ANNA, s'approchant de Kean.

Ah! mon Dieu!

KEAN.

Le bâtiment sur lequel je dois m'éloigner m'est-il désigné?

LE PRINCE.

Non; vous prendrez celui que bon vous semblera.

KEAN.

Je choisis le paquebot *le Washington*.

ANNA, s'appuyant sur Kean.

Kean!

LE PRINCE.

Et j'espère, monsieur, que l'air de l'Amérique vous rafraîchira le cerveau et vous rendra plus sage.

KEAN.

Je compte m'y marier, monseigneur.

ANNA.

Ah!

LE PRINCE.

Quelle est cette jeune fille?

KEAN.

Miss Anna Damby, engagée d'aujourd'hui pour jouer les premiers rôles au théâtre de New-York.

LE PRINCE.

Miss Anna Damby? Ah! je devine... (S'inclinant.) Miss!...

ANNA, faisant la révérence.

Monseigneur...

SALOMON, entrant avec des guêtres, et un paquet à la main.

La!

KEAN.

Eh bien, mon pauvre Salomon?

SALOMON

Eh bien, maître, me voilà prêt

KEAN.

Comment?

SALOMON.

N'allez-vous pas à New-York?

KEAN.

Oui.

SALOMON.

Pour y donner des représentations?

KEAN.

Sans doute.

SALOMON.

Eh bien, du moment que vous jouez la comédie, il vous faut un souffleur?

KEAN, à Salomon et à Anna.

Ah! vous êtes mes deux seuls, mes deux vrais amis!

LE PRINCE.

Vous êtes un ingrat, monsieur Kean.

KEAN, se jetant dans ses bras.

Que Votre Altesse me pardonne!

FIN DE KEAN

# PIQUILLO

OPÉRA-COMIQUE EN TROIS ACTES

MUSIQUE D'HIPPOLYTE MONPOU

Opéra-Comique. — 31 octobre 1837.

## DISTRIBUTION

| | |
|---|---|
| PIQUILLO............................................ MM. | CHOLLET. |
| DON CARLOS DE MENDOCE, connu sous le nom de DON DIÈGUE.......................................... | JANSENNE. |
| DON FABRICE D'OLIVARÈS......................... | REVIAL. |
| DON ANTONIO PAEZ................................. | HENRI. |
| DON HENRIQUE..................................... | PALIANTI. |
| L'ALCADE ZAMBULOS............................... | RICQUIER. |
| SILVIA........................................... Mlle | JENNY-COLON. |
| LEONOR........................................... Mme | ROSSI. |
| UNE CAMÉRIÈRE.................................... Mlle | EUDOXIE. |

SEIGNEURS ET DAMES, ALGUAZILS, DOMESTIQUES.

— Le premier acte, aux portes de Séville; les deuxième et troisième actes, à Séville, vers 1650. —

## ACTE PREMIER

Un site demi-solitaire. D'un côté, une maison fermée et isolée. En face, dans un petit bois, une tente dressée pour un rendez-vous de chasse; de jeunes Seigneurs et de jeunes Femmes y sont réunis.

### SCÈNE PREMIÈRE

DON ANTONIO PAEZ, DON HENRIQUE, SEIGNEURS et DAMES, puis SILVIA.

LE CHŒUR.
A table, à table, amis! le temps est précieux;
Au rendez-vous nos beautés sont fidèles;
Elles sont belles,
Point cruelles;

Les vins sont vieux,
Les mets délicieux.
En vain
Dans le lointain
Le cor résonne,
Nous n'attendons personne :
Malheur aux amants, aux buveurs attardés!
Pour eux les cœurs sont pris, et les flacons vidés.

PAEZ.

Mais où donc est la reine de la fête?
Où donc cette beauté parfaite
Qui ne s'attaque pas au gibier des forêts,
Mais qui choisit nos cœurs pour le but de ses traits?

(Silvia soulève le rideau de sa tente.)

LE CHŒUR.

La voilà!

PAEZ.

Belle comme un rêve,
Elle vient charmer nos ennuis;
C'est Phœbé qui se lève,
Et va présider à nos nuits.

SILVIA.

Je ne suis point Phœbé, la déesse voilée
Qui verse à pleines mains les pavots du sommeil,
Et dont le char parcourt une route étoilée,
Qui se fond en azur aux rayons du soleil.
Je suis, au contraire,
Le doux rossignol
Dont l'aile légère
Va rasant le sol,
Et dont la voix tendre,
Le soir, fait entendre
Son brillant accord;
Nocturne merveille
Dont le chant s'éveille
Quand le bruit s'endort.

LE CHŒUR.

Ah! c'est charmant!
C'est ravissant!
Qui peut se défendre
D'admirer sa voix?
Ah! c'est charmant!
C'est ravissant!
On croirait entendre
L'oiseau dans les bois.

SILVIA.

Je ne suis point non plus la sévère Diane,
Qui cache au fond des bois son orgueil inhumain,
Et qui, lorsqu'elle joue en une eau diaphane,
Punit de mort celui qui la surprend au bain.
  Non, non, je suis celle
  Dont l'ardent regard
  Dans l'ombre étincelle
  Ainsi qu'un poignard ;
  Dont on sent la lame,
  Dévorante flamme,
  Jusqu'au cœur courir ;
  Mais dont les mains sûres
  Ne font des blessures
  Que pour les guérir.

LE CHŒUR.

  Ah ! c'est charmant !
  C'est ravissant !
  Qui peut se défendre
  D'admirer sa voix ?
  Ah ! c'est charmant !
  C'est ravissant !
  On croirait entendre
  L'oiseau dans les bois.

PAEZ.

Amis, un verre encore, et regagnons la ville ;
Il se fait tard, la nuit s'épaissit dans les cieux :
 Partons ! d'ici, l'on aperçoit Séville ;
Nous y retournerons au bruit des chants joyeux.

LE CHŒUR.

 Encore un coup de ce vin vieux ;
 Il faut boire à la plus jolie,
 A son esprit plein de folie,
 A l'amour qui luit dans ses yeux.

SILVIA.

  Ah ! ma gaîté s'envole,
  Les amours ont fui ;
  Je ne suis plus folle
  Qu'aujourd'hui.

PAEZ.

  Que peut le chagrin
Contre les chants, e plaisir et le vin ?
 Et que peut la mélancolie
  Quand on est aussi jolie ?

LE CHŒUR.

Que peut le chagrin
Contre les chants, le plaisir et le vin ?
Oui, la folie
Peut tout guérir,
Et tout s'oublie
Dans le plaisir.

## SCÈNE II

Les Mêmes, puis FABRICE, en dehors de la tente.

PAEZ, qui, depuis un instant, suit des yeux Fabrice.

Silence, messieurs, silence!

SILVIA.

Qu'y a-t-il, et que voyez-vous?

PAEZ.

Une ombre qui me fait l'effet d'être au service d'un assez drôle de corps; venez voir plutôt.

HENRIQUE.

Ah! ah! qui diable cela peut-il être?

SILVIA.

Mais il me semble qu'il n'y a pas à chercher longtemps, et qu'à cette heure de nuit, il n'y a guère dehors que les amants et les voleurs.

HENRIQUE, prenant son épée.

Eh bien, amant ou voleur, je saurai qui il est.

(Il sort par l'ouverture du fond et va se placer entre Fabrice et la maison.)

PAEZ.

Et moi aussi.

FABRICE.

Que me voulez-vous, messieurs, et qu'avons-nous à faire ensemble?

HENRIQUE.

Vrai-Dieu! si je ne me trompe pas... Qu'en dites-vous, Silvia, vous qui savez votre Madrid sur le bout du doigt?

SILVIA.

Je dis que, s'il est aussi aimable, aussi beau et aussi noble que celui dont il a emprunté la tournure, je l'embrasse.

(Elle s'approche de Fabrice et lui fait sauter son chapeau.)

TOUS.

Don Fabrice d'Olivarès!

SILVIA, lui faisant la révérence.

Je vous dois un baiser, monseigneur.

FABRICE.

Allons, je vois bien que ce que j'ai de mieux à faire, c'est de le prendre.

PAEZ.

Tu n'es donc pas mort?

FABRICE.

Mais vous voyez...

HENRIQUE.

Et ton coup d'épée, qu'en as-tu fait?

FABRICE.

J'en ai guéri.

PAEZ.

Et tu viens en chercher un autre à Séville?

FABRICE.

Point, messieurs : je voyage pour affaires de famille.

SILVIA.

Laissez donc : lorsqu'on se promène à cette heure et dans un endroit comme celui-ci, ce n'est pas sans mauvaise intention contre la bourse des passants ou la fille de son voisin.

PAEZ, levant un coin du manteau de Fabrice.

Une mandoline!

SILVIA.

Messieurs... il n'y a plus de doute, et voilà la preuve du crime.

FABRICE.

Eh bien, j'en conviens, messieurs, je suis amoureux.

SILVIA.

Amoureux! vous! par quelle aventure?

FABRICE.

La voici en deux mots : je logeais en face d'une jeune dame des environs de Burgos, qui habitait Madrid avec une vieille tante. Quelque chose que j'eusse pu faire, impossible de parvenir jusqu'à elle; des duègnes muettes, des valets sourds; c'était à croire à la magie.

SILVIA.

Pauvre marquis!

v. 13

FABRICE.

Cependant, comme, depuis deux mois, je suivais mon inconnue, au spectacle, à la promenade, à l'église, je commençai à m'apercevoir qu'elle m'avait remarqué.

HENRIQUE.

Fat!

FABRICE.

Non, sur ma parole. Alors je me décide à faire un pas de plus, je risque la sérénade.

PAEZ.

Comment! au bout de deux mois, tu n'en étais encore que là?

SILVIA.

Oh! ne l'interrompez pas, messieurs; à la manière dont la chose se prolonge, nous en avons pour quelque temps.

FABRICE.

Au contraire, nous sommes arrivés. A peine étais-je installé sous les fenêtres de ma belle, qu'un homme, un esprit, un démon, arrive au grand galop de son cheval, saute à terre et tombe sur mes musiciens à grands coups de plat d'épée; ils se sauvent; je jette mon manteau, j'appelle à moi l'inconnu, nous croisons le fer, et, ma foi, à la troisième botte, il me donne ce charmant coup d'épée dont vous avez entendu parler.

HENRIQUE.

Et comment appelles-tu ce cher gentilhomme?

FABRICE.

Est-ce que j'ai eu le temps de lui demander son nom? Tu es adorable, toi!... Il m'a passé son épée au travers du corps; je suis tombé à la renverse, et, retrouvé le lendemain matin à la même place, on m'a rapporté chez mon père, qui a été désespéré, non pas précisément à cause de moi, je crois, mais à cause de son nom, dont je suis le seul soutien. Trois jours après, lorsque je repris connaissance, je sus qu'en sa qualité de premier ministre, mon père poursuivait mon inconnu; j'eus beau soutenir qu'il s'était battu en brave chevalier, en brave gentilhomme, et non en assassin, on ne voulut pas m'entendre. Heureusement, mon homme n'était plus à Madrid.

SILVIA.

Il s'était donc sauvé?

FABRICE.

La même nuit... Mais le plus malheureux de tout cela, c'est qu'il avait emmené avec lui Léonor.

PAEZ.

Ta belle?

FABRICE.

Pardieu! oui, ma belle... Aussi il ne faut pas demander si je me suis dépêché de guérir; la chose aux trois quarts faite, je me suis mis en route. Je suis parvenu à découvrir leurs traces, et, tandis que mon père fait inutilement chercher mon homme du côté de la Galice et des Algarves, je l'ai rejoint à Séville.

SILVIA.

Et quand cela?

FABRICE.

Hier au soir... Et vous voyez que je ne perds pas de temps; cette nuit, je commençais ma ronde.

PAEZ.

Comment, la dame de tes pensées...?

FABRICE.

Demeure là.

PAEZ.

Dans cette maison?

FABRICE.

Dans cette maison.

PAEZ.

Mais il n'y a dans cette maison que don Diego!

SILVIA.

Vous le connaissez?

FABRICE.

Oui, non, peut-être... Vous dites qu'il s'appelle don Diego, une espèce de sage, de solitaire, d'anachorète, qui va toujours pensant, écrivant?

PAEZ.

C'est cela même.

SILVIA.

Et vous dites qu'il habite cette maison?

PAEZ.

Sans doute, avec Léonor, sa femme.

SILVIA, à part.

Il est marié!

FABRICE.

Elle est mariée?

PAEZ.

Tout ce qu'il y a de plus mariée, cher ami.

FABRICE.

Et comment sais-tu cela?

PAEZ.

La maison qu'ils habitent est à mon oncle.

SILVIA, à part.

Plus de doute, c'est lui.

FABRICE.

J'avais trois chances : ce pouvait être un amant, un tuteur ou un mari... Je tombe sur le mari.

PAEZ.

Mais c'est de la bergerie toute pure... Un amant qui poursuit sa maîtresse deux mois, qui reçoit un coup d'épée pour elle, qui, à peine guéri, se remet en quête, et tout cela sans savoir si elle est fille ou femme...

SILVIA.

Qu'y a-t-il là d'étonnant? n'a-t-on pas vu de ces amours sympathiques, qu'un premier coup d'œil allume dans deux cœurs? est-il besoin de se connaître pour se chercher? est-il nécessaire de se parler pour s'être dit : « Je t'aime? »

PAEZ.

Courage, Fabrice! voilà du renfort qui t'arrive.

FABRICE.

Mariée!...

PAEZ.

Eh bien, il y a là dedans un bon côté : c'est que tu pourras l'enlever sans être soumis à la loi d'Alphonse le Chaste, qui veut que le ravisseur épouse.

FABRICE.

Eh! pardieu! je ne demanderais pas mieux, si j'en étais le maître.

SILVIA, qui a longtemps réfléchi.

Écoutez : que diriez-vous, Fabrice, si le mari n'était plus là pour garder sa femme?

FABRICE.

Je dirais que c'est partie à moitié gagnée. Sauriez-vous un moyen de l'éloigner?

SILVIA.

Peut-être.

FABRICE.

Et lequel?

SILVIA.

Laissez-moi faire. Voulez-vous m'obéir ponctuellement?

FABRICE.

Oh! tout ce que vous voudrez.

SILVIA.

Eh bien, d'abord, faites-moi le plaisir de tout éteindre et de tout faire enlever, de manière à rendre ce bois à sa solitude habituelle.

HENRIQUE.

Esclaves, vous entendez les ordres de la reine.

(On éteint les lustres et l'on enlève la tente.)

SILVIA.

Maintenant, messieurs, l'épée à la main et attaquez-moi.

FABRICE.

Vous attaquer, pourquoi faire?

SILVIA.

Pour me voler.

PAEZ.

Pour vous voler? Mais quel résultat?

SILVIA.

Cela me regarde, je n'ai pas besoin de vous mettre dans ma confidence. Allons, l'épée à la main, messeigneurs.

PAEZ, lui prenant la taille.

Vous êtes charmante!

SILVIA.

Mais allons donc!... vous ne me volez pas... Mes mains ne sont pas des bijoux, mes bras ne sont pas des colliers... Au voleur!...

## SCÈNE III

SILVIA, DON CARLOS DE MENDOCE, puis LEONOR, PÉREZ.

TRIO

SILVIA.

Aux voleurs! aux voleurs! aux voleurs!

MENDOCE, ouvrant sa fenêtre.
Au secours quelqu'un appelle...
SILVIA, bas.
Fuyez, fuyez, messeigneurs!
MENDOCE.
C'est la voix d'une femme! oh! Dieu! courons vers elle.
SILVIA, le voyant venir.
Je m'évanouis! je me meurs!
Aux voleurs! aux voleurs! aux voleurs!
MENDOCE.
Mais où donc êtes-vous dans l'ombre?
SILVIA.
Par ici.
MENDOCE.
La nuit est si sombre...
SILVIA.
Seigneur, ayez pitié de moi !
MENDOCE.
Je suis homme d'honneur, fiez-vous à ma foi.
Souffrez que je vous soutienne
Encore un pas.
SILVIA.
Oui, seigneur.
MENDOCE.
Sa main frémit dans la mienne.

ENSEMBLE

SILVIA, à part.
Ciel! c'est lui-même! ô bonheur!
C'est bien lui, celui que j'aime,
Celui que j'aime sans espoir;
Mais déjà c'est un bien suprême
De lui parler et de le voir.
MENDOCE, appelant.
Léonor! Léonor!
SILVIA.
Sa femme!
(Entrant deux Valets, portant des flambeaux.)
LÉONOR.
Me voici!
MENDOCE.
C'est doña Léonor, madame,
Qui réclame
L'honneur de vous servir aussi.

SILVIA.

Ah ! quelle espérance!
Rend la confiance
A mon cœur blessé!
Mais sa femme est belle,
Et, s'il est fidèle,
Ah! voici par elle
Mon rêve effacé.

MENDOCE, regardant Silvia.

Quelle ressemblance !.
Ah! d'une espérance
Mon cœur est bercé.
Je sens qu'auprès d'elle,
Si noble et si belle,
Mon esprit rappelle
Un rêve effacé.

LÉONOR.

Seule et sans défense,
Ah ! quelle imprudence !
Mon cœur est glacé.
Ce qui renouvelle
Ma frayeur mortelle
Est déjà, pour elle,
Un rêve effacé.

SILVIA.

A vos soins je suis sensible;
Mais il est tard, je dois quitter ces lieux.

MENDOCE.

Hélas! quel charme invincible
Dans sa voix et dans ses yeux!

SILVIA.

La ville est là, bientôt je l'aurai regagnée.

LÉONOR.

Eh quoi! vous exposer à des dangers nouveaux?

MENDOCE.

Vous serez accompagnée
Par Pérez et par moi.

(A Pérez.)

Prépare des flambeaux.

LÉONOR.

Arrêtez : les bandits rôdent encor dans l'ombre.

MENDOCE.

Mais nous la défendrons.

LÉONOR.
Mais ils seront en nombre.
MENDOCE.
Prenez mon bras, madame, il n'y faut pas songer ;
Près de vous, c'est mon cœur qui risque, et non ma vie.
SILVIA.
Il vaudrait mieux prévenir tout danger.
Pour moins exciter leur envie,
Permettez, seigneur cavalier,
Permettez que je vous confie
Ces bracelets et ce collier.
MENDOCE.
Mais où faudra-t-il vous les rendre ?
SILVIA.
Seigneur, j'enverrai les reprendre.

ENSEMBLE

MENDOCE.
De la revoir
Quel doux espoir !
Je sens que je l'aime,
Et ce stratagème
Me donne l'espoir
De la revoir.

SILVIA.
De le revoir
Quel doux espoir !
Ah ! déjà je l'aime,
Et c'est pour moi-même
Un doux espoir
De le revoir.

(Doña Léonor rentre. Silvia s'éloigne, donnant le bras à Mendoce, précédé de Pérez, qui porte un flambeau.)

## SCÈNE IV

PIQUILLO, seul.

Il descend d'un arbre doucement et avec précaution.

Ouais ! il se passe de singulières choses ici ; et il me semble qu'on chasse sur mes terres. Fi ! les maladroits, qui font crier les femmes en les volant !... Ah ! Piquillo, Piquillo, tant que l'université de Madrid ne t'aura pas confié une chaire d'enseignement public, le grand art du vol restera dans l'enfance... Enfin, tout le monde est parti... Ces diables de chasseurs qui étaient venus poser leur tente justement au pied de l'arbre où je m'étais niché pour échapper à ce damné d'alcade qui, je ne sais pas pourquoi, a la rage de vouloir me prendre!... Il paraît que je lui aurai été recommandé par la police de Madrid. Du reste, ma faction n'a pas été perdue, puisque j'ai été témoin d'un certain dépôt de bijoux qui, si j'en crois la lumière que j'ai vue tout à l'heure à travers cette fenêtre, doivent être dans cette chambre... Je voudrais bien savoir quelle est la dame à qui ils appartiennent, je me ferais présenter chez elle; ce doit être une charmante connaissance à faire; malheureusement, elle n'a pas dit son adresse, et je n'ai pas vu son visage. Enfin il faut bien se contenter de ce que la Providence nous envoie. (Heurtant la mandoline de Fabrice, qui a été oubliée au pied d'un arbre.) Au reste, ces bijoux tomberont à merveille pour m'ouvrir la porte de certain boudoir... Piquillo, mon ami, c'est une grande faute d'être amoureux quand on veut faire fortune... Enfin il faut bien que les mains fassent quelque chose pour le cœur... (Il s'assied.) Une mandoline... et fort belle, ma foi, mais une mandoline trouvée, fi!... c'est humiliant. Examinons d'abord les localités... Personne par ici, silence parfait par là... Voyons... dans tous les pays du monde, il y a trois moyens de pénétrer dans les maisons: la porte, chemin du mari; la fenêtre, chemin de l'amant; la cheminée, chemin du ramoneur... La porte est close, la fenêtre grillée; reste la cheminée... Allons donc! et mon pourpoint!... un pourpoint du meilleur tailleur de Madrid, qui, par sa couleur et par sa coupe, a fait l'admiration de tout ce que le Prado a d'élégants et de coquettes!... Cela est bon pour les moyens extrêmes et lorsqu'il n'en reste pas d'autres... Voyons... (Il frappe le mur avec son poing.) Vrai-Dieu! on bâtit merveilleusement à Séville, et je suis tenté de croire que les voleurs font une remise aux maçons... Si celui qui a bâti cette maison-là pouvait être nommé architecte des prisons du royaume, ce serait un brevet bien placé, et qui me donnerait une grande tranquillité sur mon avenir... Allons, à l'œuvre!

Amis, de l'architecture
Venez prendre une leçon

Dans cette ouverture
De ma façon.
La fenêtre où je m'applique
N'est moresque ni gothique,
Et cependant je me pique
Que c'est un travail fort beau ;
Et, quand l'art où je suis maître
Plus tard fleurira peut-être,
On l'appellera fenêtre,
Fenêtre à la Piquil'o.
« Ah! quel homme habile!
Quelle main subtile
Fit un coup si beau?
C'est un grand maître ;
Ce ne peut être
Que Piquillo!
Bravo,
Piquillo!

(On entend la marche d'une Ronde de nuit.).

## SCÈNE V

#### PIQUILLO, L'ALCADE, ALGUAZILS.

LES ALGUAZILS.
Amis, marchons ensemble ;
Il faut veiller sans bruit
Au soin qui nous rassemble
Dans l'ombre de la nuit.

PIQUILLO.
Alerte! prenons garde.
Du bruit !
Chut! on vient ; c'est la garde.
De nuit.
Vite, changeons de face
Gaîment,
Et que le voleur fasse
L'amant.

(Il prend la mandoline et prélude. L'Alcade, qui s'est approché avec défiance, écoute.)

PIQUILLO.
Allons, mon Andalouse,
Puisque la nuit jalouse
Etend son ombre aux cieux,
Fais, à travers son voile,

Briller sur moi l'étoile,
L'étoile de tes yeux.

Allons, ma souveraine,
Puisque la nuit sereine
Nous prête son secours,
Permets que je déploie
Notre échelle de soie,
Échelle des amours.

Allons, mon amoureuse,
Puisque la nuit heureuse,
Qui sert mes vœux hardis,
Du balcon m'a fait maître,
Ouvre-moi ta fenêtre,
Porte du paradis.

(L'Alcade, prenant Piquillo pour un amant, se retire avec les Alguazils, en lui faisant signe de ne pas se déranger.)

PIQUILLO.
Il s'éloigne en sourdine
D'ici;
Ma bonne mandoline,
Merci!
L'aimable camarade!
Vrai-Dieu!
Adieu, seigneur alcade!
Adieu!

Allons, remettons-nous au travail maintenant,
Et que chacun dise en le voyant
« Ah! quel homme habile!
Quelle main subtile.
Fit un coup si beau?
C'est un grand maître;
Ce ne peut-être
Que Piquillo!
Bravo!
Piquillo! »

(Il entre.)

## SCÈNE VI

L'Alcade, MENDOCE, les Alguazils, au fond; PIQUILLO
dans la maison.

L'ALCADE.
Ceci m'est fort suspect, seigneur cavalier!

MENDOCE.
C'est cependant la vérité, seigneur alcade.
L'ALCADE.
Un homme à cette heure de nuit dans un bois !
MENDOCE.
Rien de plus naturel, ce me semble, quand il faut traverser ce bois pour regagner sa maison.
L'ALCADE.
Comment ! cette maison ?...
MENDOCE.
Est la mienne.
L'ALCADE, à part.
Plus de doute, c'est le mari.
MENDOCE, voulant entrer.
Ainsi vous permettez ?...
L'ALCADE.
Cependant, seigneur, vous ne paraissez pas être attendu céans.
MENDOCE.
Soit ! mais ma femme est dans la maison, et vous verrez bien vous-même si elle me connaît.
L'ALCADE.
Un instant ! (Aux Alguazils.) Diable ! diable ! c'est bien le mari, qu'on croyait sans doute à la ville ; il revient, il a des soupçons.
MENDOCE.
Seigneur...
L'ALCADE.
Nous nous consultons ! (Aux Alguazils.) Le devoir de la justice est moins encore de punir le scandale que de le prévenir ; sauvons l'honneur d'une femme, et peut-être la vie d'un homme... car il paraît que le chanteur est entré... Diable !
MENDOCE.
La nuit est froide, seigneur !
L'ALCADE.
Il y a dans votre fait quelque chose qui n'est pas clair... (A part.) Comment donc avertir l'autre ?
MENDOCE.
Alors pour qui me prenez-vous ?
L'ALCADE.
Je vous prends pour un honnête homme ou pour un vo-

leur. C'est évident. (Très-haut.) Si vous êtes l'honnête homme...
(A part.) Il n'entend rien. (Haut.) Si vous êtes le maître de cette
moison, où rien n'indique que vous soyez attendu, vous en
avez la clef, alors?

MENDOCE.

La voilà.

L'ALCADE.

Ceci est, en effet, une clef.

MENDOCE.

Ainsi vous n'avez plus de doute?

L'ALCADE.

Un instant ! tout le monde peut avoir une clef...

MENDOCE.

Ah! pardieu ! j'ai de la patience ; mais elle m'échappe !...
(Il tire son épée.) Entrerai-je à présent ?

L'ALCADE.

Rébellion ! Sainte-Hermandad ! rébellion !

FINALE

L'ALCADE et LES ALGUAZILS.

A la police,
A la justice
Respect!
Ah! cet esclandre
Doit nous le rendre
Suspect!
Faites silence!
Cette résistance
Vous nuit.
Bien loin, mon maître,
Ceci peut-être
Conduit.
On emprisonne
Ceux qu'on soupçonne
La nuit!

MENDOCE.

J'étouffe de colère,
Sur mon honneur !
Place, marauds! ou je vais faire
Quelque malheur.

LES ALGUAZILS, effrayés.

Faisons silence,
Cette résistance

Nous nuit;
Trop loin, mon maître,
Ceci peut-être
Conduit!
Cette aventure
A triste augure
Pour nous;
Nos cœurs s'émeuvent,
Quand sur nous pleuvent.
Les coups!

(Mendoce s'ouvre un passage, et rentre chez lui en fermant la porte avec colère. En ce moment, Piquillo paraît sur le balcon.)

PIQUILLO.

Stt! stt!

L'ALCADE.

Eh! mais c'est l'homme à la sérénade.

PIQUILLO.

Seigneur alcade,
A descendre aidez-moi.

L'ALCADE, aux Alguazils.

Voyons, le plus grand... toi!
Fais-lui la courte échelle;
Et de sa belle
Sauvons l'honneur.

(Piquillo descend sur le dos de l'Alguazil.)

L'ALCADE, sur le devant.

Fermons les yeux; l'amant s'enfuit comme un voleur.
Pauvre garçon! sur mon âme,
Pour lui la dame
Doit avoir eu grand'peur!

(Piquillo s'enfuit après avoir remercié par un signe.)

MENDOCE, entrant brusquement.

Seigneur alcade, arrêtez!
Faites courir de tous côtés:
On a volé chez moi, la muraille est percée
Une armoire est forcée;
Oui, sur ma foi!
L'on a volé chez moi.

L'ALCADE.

Grand Dieu! quel soupçon!
Un vol dans la maison!
D'honneur, le trait est rare!
Quoi! l'homme à la guitare

N'était qu'un fripon!
Ah! quelle trahison!
(Ici, l'on aperçoit l'ouverture, la maison étant éclairée à l'intérieur.

L'ALCADE, continuant.
Dans cette ouverture
D'étrange figure,
Et qui, je vous jure,
En architecture
Est un beau morceau,
Je crois reconnaître
La main d'un grand maître,
Et ce ne peut être
Que Piquillo!

TOUS.
Oui, c'est Piquillo.

ENSEMBLE

MENDOCE et L'ALCADE.
Tant d'audace m'étonne;
J'en reste confondu.

LÉONOR.
Ah! la force abandonne
Mon esprit éperdu.

LES ALGUAZILS.
Ah! l'aventure est bonne!
Il reste confondu.

CHŒUR GÉNÉRAL
Poursuivons le coupable,
Qui devant nous s'enfuit
La nuit.
Notre bras redoutable,
Sans relâche et sans bruit
Le suit.

(Ils allument des flambeaux.)

Allons, courage!
Baissons la voix;
Qu'on se partage
Et qu'on cerne à la fois
Le bois.

Poursuivons le coupable, etc.

## ACTE DEUXIÈME

#### L'appartement de Silvia.

### SCÈNE PREMIÈRE

#### SILVIA, LES FEMMES.

##### CHŒUR

Ici, l'on passe
Des jours enchantés !
L'ennui s'efface
Aux cœurs attristés,
Comme la trace
Des flots agités.
Heure qui vole
Et qu'il faut saisir !
Passion folle
Qui n'est qu'un désir,
Et qui s'envole
Après le plaisir !

Ici, l'on passe, etc.

##### SILVIA.

Non, non, je ne veux plus de ces pensers frivoles,
Enfants capricieux d'un sentiment moqueur ;
Non, je ne dirai plus de ces tendres paroles
  Dont la source n'est pas au cœur.

(Elle renvoie ses Femmes.)

Ah ! dans mon cœur quelle voix se réveille !
Quel doux accent vient frapper mon oreille !
Oui, je le sens, dans mon cœur il s'éveille
   Un souvenir puissant ;
  C'est une image trop chérie
  Qui revient et que j'avais fui.
  Hélas ! de ma coquetterie
  L'amour me punit aujourd'hui !
Mais pourquoi donc livrer à de nouveaux tourments
   Mon repos, mon indépendance ?
   L'amour se rit de ma souffrance,
   L'amour se rit de mes tourments.

Et c'est folie,
Jeune et jolie
Comme je suis,
De laisser prendre
Sans le défendre
Mon cœur trop tendre
A ces ennuis.

Chaque heure nouvelle,
En touchant de l'aile
La fleur la plus belle,
La flétrit soudain;
Chaque jour qui passe
De son pied efface
Quelque douce trace
Sur notre chemin.

C'est donc folie, etc.

## SCÈNE II

SILVIA, une Camérière.

LA CAMÉRIÈRE.

Señora! señora!

SILVIA.

Eh bien?

LA CAMÉRIÈRE.

Il y a là un cavalier qui demande la faveur de vous entretenir.

SILVIA.

A-t-il dit son nom?

LA CAMÉRIÈRE.

Don Diego.

SILVIA.

Faites entrer vite, faites entrer à l'instant... Eh bien, voilà que mon cœur bat... Folle que je suis!

## SCÈNE III

SILVIA, MENDOCE.

SILVIA.

Seigneur cavalier, ce m'est d'un bon augure de vous voir

chez moi, lorsque j'avais dit que j'irais chez vous. Ne vous asseyez-vous point?

MENDOCE.

Mille grâces!... Je voulais vous remettre ces bijoux que vous m'aviez confiés. (Lui donnant un écrin.) Je vous les rapportais... Les voici.

SILVIA.

Pardonnez-moi, seigneur Diego; mais l'écrin n'en était pas. (Montrant les armes et la couronne imprimées sur l'écrin.) Je ne suis pas marquise. (Elle ouvre l'écrin.) Ce ne sont point là mes bijoux, monsieur; ceci est un collier beaucoup plus magnifique et plus splendide... Votre maison possède une propriété merveilleuse, celle de changer les perles en diamants. Le moyen est nouveau, ingénieux et galant, et je vous remercie; mais je n'accepte pas.

MENDOCE.

Vous vous trompez tout à fait, señora : ce n'est point un cadeau, c'est une restitution.

SILVIA.

Que voulez-vous dire?

MENDOCE.

Que les bandits dont je vous avais délivrée, profitant du moment où j'étais sorti pour vous reconduire, ont pénétré chez moi.

SILVIA.

Et vous ont volé?

MENDOCE.

Hélas! non pas moi, mais vous.

SILVIA.

Je vous préviens que je ne crois pas un mot de cette aventure; mes voleurs ont été vus à l'autre bout de la ville.

MENDOCE.

Cette aventure est pourtant parfaitement vraie, je vous l'affirme.

SILVIA.

C'est possible... Mais est-ce une raison pour venir parler de bijoux perdus à celle qui allait perdre la vie, et à qui vous l'avez sauvée? Au lieu de cela, parlons de vous, de vous, mon libérateur... Savez-vous qu'en réfléchissant à ce qui s'est passé hier au soir, je ne saurais trop remercier la Providence?

MENDOCE.

La Providence, madame!

SILVIA.

Sans doute... Ne fallait-il point que la Providence s'en mêlât pour que je rencontrasse à point nommé un seigneur jeune, brave, vivant en anachorète au milieu d'un bois, dans une maison isolée? Les ermites portant épée sont rares à Séville, et je suis sûre que, si vous vouliez, vous auriez des choses beaucoup plus intéressantes à me raconter que cette histoire de diamants, qui n'avait pas le sens commun, convenez-en! Par exemple, ne pourriez-vous me dire quelle aventure vous a forcé d'oublier à Séville le nom que vous portiez à Burgos?

MENDOCE.

Comment vous sauriez?...

SILVIA.

Le seigneur Mendoce se souvient-il d'avoir fait, il y a six mois, la route de Burgos à Barcelone?

MENDOCE.

Sans doute.

SILVIA.

Et se rappelle-t-il encore que, quelques lieues en deçà de Saragosse, sa voiture se brisa?

MENDOCE.

Oh! oui, oui... Et ma tête porta contre un rocher, et je m'évanouis..

SILVIA.

Et, lorsque vous revîntes à vous, vous étiez sur un lit, étendu, blessé...

MENDOCE.

Mes yeux s'ouvrirent, et, à travers le voile qui couvrait encore mes paupières, je vis une femme qui, penchée sur moi, semblait attendre avec anxiété mon retour à la vie; je crus alors que c'était un ange qui venait me chercher pour me conduire à Dieu... J'étendis les bras, je voulus me soulever; la force me manqua, je m'évanouis une seconde fois, et, lorsque je repris mes sens... elle n'était plus près de moi... Je demandai ce qui m'était arrivé et comment je me trouvais là... et l'on ne put rien me dire, si ce n'est...

SILVIA.

Que cette femme vous avait rencontré mourant sur la route, vous avait recueilli dans sa voiture, et conduit, évanoui toujours, jusqu'à Tudela; que, là, pendant deux jours et deux nuits, elle avait attendu votre retour à la vie; puis que, vous sachant enfin hors de danger, elle était partie sans dire son nom...

MENDOCE.

C'était donc vous... vous, madame?... Oh! oui, oui, mon cœur vous avait reconnue avant mes yeux : ce n'était pas hier la première fois que vous m'apparaissiez, et que cette voix si douce me faisait frissonner jusqu'au fond du cœur!

SILVIA.

Pardon, seigneur Mendoce, mais, parmi tous les souvenirs qui vous reviennent, il y en a un que vous paraissez oublier, et qu'il est de mon devoir de vous rappeler, je pense.

MENDOCE.

Et lequel?

SILVIA.

Celui de votre femme.

MENDOCE.

Léonor?

SILVIA.

Oui; elle est cependant assez belle pour ne pas mériter cette injure.

MENDOCE.

Oh! si vous saviez...

SILVIA.

Quoi?

MENDOCE.

Si je pouvais vous dire...

SILVIA.

Parlez.

MENDOCE.

Mais, non, non; impossible!

SILVIA.

Je n'insiste pas, seigneur Mendoce... Vos secrets sont à vous.

MENDOCE.

Non; mes secrets sont à l'exil. Mais vous, madame, vous n'êtes pas proscrite, forcée de vous cacher, de changer de nom; vous n'avez aucun motif de ne pas me dire qui vous êtes...

SILVIA.

Aucun; car ma vie est beaucoup moins mystérieuse que la vôtre. Veuve à vingt-deux ans...

MENDOCE, à part.

Veuve !

SILVIA.

Maîtresse de ma fortune...

MENDOCE.

Oh ! que m'importe cela ?

SILVIA.

Douée, à ce que l'on dit, de quelques agréments...

MENDOCE.

Charmante !

SILVIA.

Romanesque à l'excès, folle des modes nouvelles, coquette, vaine, insoucieuse... n'ayant jamais aimé, ne voulant aimer jamais... vous ayant retrouvé par hasard, et ne voulant pas vous revoir pour raison...

MENDOCE.

Oh ! madame...

LA CAMÉRIÈRE.

Señora...

SILVIA.

Eh bien, qu'y a-t-il ?

LA CAMÉRIÈRE.

Un grand seigneur qui arrive en litière.

SILVIA.

Je n'y suis pas.

MENDOCE.

Oh ! vous consentez pour moi ?...

SILVIA.

Point du tout, monsieur : je n'y suis pas plus pour vous que pour les autres ; je n'y suis pour personne ; je déteste le monde et je m'enferme chez moi pour faire de la misanthropie à mon aise.

(Elle sort et ferme la porte.)

## SCÈNE IV

MENDOCE, seul.

Elle m'aime !... et ce dépit n'est rien autre chose que de la jalousie... Oh ! si j'avais pu tout lui dire... Mais non, cela était impossible... Un mot imprudent suffirait pour nous faire découvrir... Oh! le temps n'est pas éloigné, je l'espère, où je pourrai... Mais, si je lui écrivais?... Oui, c'est le seul moyen... Eh quoi! on entre malgré l'ordre donné... Quelle insolence!

## SCÈNE V

**MENDOCE, PIQUILLO,** en grand seigneur, dans une chaise à porteurs; **LA CAMÉRIÈRE, VALETS, PORTEURS.**

CHŒUR

Honneur
Au noble seigneur
Qui de ses richesses
Fait si bien largesses!
Honneur
Au noble seigneur,
Honneur, honneur, honneur!

PIQUILLO.

Silence, marauds, silence!
C'est trop vous étonner de la magnificence
D'un homme de ma qualité!
Ma bourse est pleine, en vérité,
Mais aussi ma canne est bonne,
Et je frappe comme je donne :
Avec libéralité!

CHŒUR

Honneur, etc.

LA CAMÉRIÈRE.

Mais, monseigneur, je vous ai dit que ma maîtresse ne voulait recevoir personne.

PIQUILLO.

Eh bien, tu t'es trompée, ma charmante, puisqu'elle a reçu monsieur... Dites-lui que c'est le seigneur don Alphonse Oliferno y Fuentes y Badajos y Rioles... Allez... (Tout le monde sort. S'approchant de Mendoce.) Oh! oh! seigneur cavalier, il paraît que nous admirons tous deux le même objet, et que nous pourrions bien avoir quelque démêlé sur la question de préséance.

MENDOCE.

Vous vous trompez, monsieur : je connais à peine la señora Silvia, et vos droits sont probablement moins nouveaux et mieux assurés que les miens...

PIQUILLO.
Ne parlons pas de mes droits ; les vôtres, en ce moment, sont
de toute évidence ; vous êtes ici le premier.
MENDOCE.
Mais je quitte la place, je me retire, monsieur !
PIQUILLO.
Je ne demandais que mon tour, et vous me cédez le vôtre.
C'est d'un admirateur bien froid, ou d'un visiteur bien timide ;
dois-je en remercier votre indifférence ou votre courtoisie ?...
MENDOCE.
Seigneur cavalier, je ne sais pas de quelle province vous êtes ;
mais il perce dans vos manières une certaine légèreté qui m'étonne beaucoup ici... Nous autres Castillans, nous avons l'habitude de ne pas laisser passer une parole hasardée sur une
personne que nous estimons assez pour qu'on nous rencontre
chez elle !
PIQUILLO, s'ajustant devant une glace.
Ah ! vous êtes de Madrid ?... J'en arrive... Il venait de s'y
passer de très-grands événements, à l'époque de mon départ...
MENDOCE.
De très-grands événements ? (A part.) Mon affaire, sans doute,
avec don Fabrice.
PIQUILLO.
D'abord, on commençait à porter le haut-de-chausses lâche
et flottant comme le mien, au lieu de le boutonner au genou,
comme l'est encore le vôtre ; ensuite, la comtesse de Villaflor
avait pris pour amant le toréador Nuñez, ce qui faisait grandement crier les actrices du Théâtre-Royal... Enfin, la belle
des belles, le diamant de l'Espagne, l'étoile de Vénus, la déesse
de céans, la belle Silvia s'était échappée de Madrid sans dire à
personne où elle allait... Si bien que, le lendemain de ce départ, nous avons trouvé clos son salon, qui était ouvert à la
plus élégante compagnie de Madrid ; ce qui a manqué de faire
grande émeute dans la ville.
MENDOCE.
Il suffit, monsieur !... Seriez-vous assez bon pour me rendre
un service ?...
PIQUILLO.
Avec plaisir, mon jeune seigneur...
MENDOCE.
C'est de remettre de ma part à la señora Silvia ce collier,

que je comptais lui donner moi-même... et de lui dire qu'elle ne me reverra de sa vie...

PIQUILLO.

Comment!... vous me confiez ce collier, à moi?... Vraiment?...

MENDOCE.

N'êtes-vous pas gentilhomme? n'êtes-vous pas des amis de la señora?...

PIQUILLO.

Sans doute... Mais c'est qu'il est magnifique!... des diamants de la plus belle eau; il vaut dix mille piastres comme un maravédis... Où diable avez-vous volé cela?

MENDOCE.

Monsieur!...

PIQUILLO.

Pardon! pardon! c'est un mot sans conséquence, qui m'échappe quelquefois, une manière de parler qui m'est familière. Et vous me laissez ce collier?

MENDOCE.

A moins que vous ne refusiez de vous charger de ma commission.

PIQUILLO.

Point du tout; je l'accepte, au contraire, avec grand plaisir. Mais de quelle part le lui remettrai-je?

MENDOCE.

De la part de don Diègue.

PIQUILLO, bas.

Tiens! c'est notre homme! (Haut.) Et vous ne reverrez jamais la señora?

MENDOCE.

Je quitte Séville aujourd'hui.

PIQUILLO, bas.

Diable! voilà qui est bon à savoir. (Haut.) Vous quittez Séville aujourd'hui?

MENDOCE.

Je l'ai juré...

PIQUILLO.

Serment d'amant!

MENDOCE.

Serment de gentilhomme!

(Il sort.)

## SCÈNE VI

PIQUILLO, seul.

Diable, diable! il n'y a pas une minute à perdre alors... et il faut écrire ce détail à don Fabrice... Une plume, de l'encre... Bon! voilà... (Écrivant.) « Monseigneur, le seigneur don Diègue quitte Séville aujourd'hui... L'enlèvement qui devait avoir lieu cette nuit sera donc avancé, si tel est votre bon plaisir. Envoyez nos hommes sur la route de Burgos; dans une heure, je les rejoins... » (Il sonne; un Valet entre.) Portez cette lettre à don Fabrice d'Olivarès, mon ami, arrivé depuis trois jours de Madrid, et logeant rue de l'Alcazar, hôtel du *Soleil*... Allez, voilà pour vous. (Il met le collier dans sa poche.) Allons, Piquillo, mon ami, si la chance continue, tu pourras te retirer des affaires avec une fortune de prince, et, en attendant, essayer de tous les plaisirs d'un grand seigneur, comme tu l'as fait, Dieu merci, jusqu'à présent...

### AIR

Moi, pauvre enfant de rien, moi, pauvre Piquillo,
    J'ai, grâce à mon adresse,
    J'ai bien plus de richesse
Qu'un noble cavalier, qu'un vaillant hidalgo,
    Fiancé d'une altesse.

Car, lorsque j'aperçois, riche d'un beau bijou,
    Quelque fils de famille,
Collier ou chaîne d'or, je suis sûr qu'à mon cou
    Le soir le bijou brille.
Moi, pauvre enfant, etc.

Et, lorsque je désire un plus riche trésor,
    Beauté demi-farouche,
J'ai, pour prix de ma chaîne ou de mon collier d'or,
    Un baiser de sa bouche.

Voilà, voilà comment, moi, pauvre Piquillo,
    J'ai, grâce à mon adresse,
    J'ai bien plus de richesse
Qu'un noble cavalier, qu'un vaillant hidalgo,
    Fiancé d'une altesse.

Eh! oui, messieurs, enfant de rien, enfant perdu, enfant

de grand seigneur peut-être... enfant de prince, enfant de roi, qui sait? mais, à coup sûr, enfant de gentilhomme... cela se voit tout de suite aux mains... mains qui savent prendre et qui savent donner... Sont-ce là des mains de roture, qui ne savent que mendier et retenir?... (Se mirant à la toilette de Silvia.) Messieurs, messieurs, ai-je volé mon titre et mes bijoux de famille, et mes habits de grandesse et ma bonne mine de seigneur? ne suis-je pas le nôble hidalgo y Fuentes y Badajos y Rioles!... Hein! je crois qu'il y a ici un certain Piquillo qui fait le plaisant et qui me raille : ce Piquillo, c'est un faquin, c'est mon valet, mon intendant, mon marjordome, homme intègre d'ailleurs, qui prend soin de mon revenu et de mon patrimoine, que Dieu a dispersés dans les mains de la société. Il est utile, ce Piquillo; c'est lui qui remplit la bourse et moi qui la vide... Cependant je le chasserai s'il se donne des airs d'insolence. Mais cette beauté se fait bien attendre, et me prend pour quelque autre. Holà, valets!... venez à moi, et me procurez au plus vite un supplément de coussins pour établir ma jambe droite et n'en pas froisser les dentelles.

(On apporte un coussin.)

## SCÈNE VII

PIQUILLO, assis; SILVIA, entrant, fait signe aux Valets de sortir; Piquillo se lève.

SILVIA.

Ne vous dérangez pas, monseigneur; je suis contente que vous preniez chez moi les aises qui conviennent à un homme de votre rang.

PIQUILLO.

Ah! fussé-je sur un trône, madame, ma place est à vos pieds, du moment que je vous vois paraître.

SILVIA.

Je n'oserais y tenir longtemps une personne de si grande condition... Et cependant je ne sais encore de quel titre vous saluer; vos traits me sont inconnus et vous n'êtes assurément pas de Madrid.

PIQUILLO.

Je suis don Alphonse Oliferno y Fuentes y Badajos y Rioles, troisième fils du vice-roi du Mexique, et je viens simplement prendre l'air de la cour d'Espagne et lui donner un peu du ton de la nôtre, si vos seigneurs sont gens de goût... Avez-vous vu mes équipages?

SILVIA.

Ils faisaient si grand bruit, que j'ai bien été forcée de regarder par la fenêtre.

PIQUILLO.

C'était par mon ordre et pour vous faire honneur...

SILVIA, à part.

Allons, c'est un original... (Haut.) Sont-ce là, seigneur don Alphonse, les dernières modes que l'on portait à Mexico?

PIQUILLO.

Et les premières, je l'espère, que l'on portera à Madrid... Nous ne suivons pas vos modes, nous les devançons. Mais parlons de vous, mon bel astre d'Europe, ma belle étoile d'Orient! Savez-vous que vous me faites marcher au rebours de mes aïeux? Ils sont allés chercher un trésor d'Espagne en Amérique; moi, j'en viens découvrir un d'Amérique en Espagne...

SILVIA.

Oh! que voilà une déclaration d'un goût supérieur et bien approprié au sujet! cela me donne une grande idée de l'esprit qu'on a dans le nouveau monde.

PIQUILLO, lui montrant le pommeau de son épée.

Que pensez-vous de ce brillant?...

SILVIA.

Qu'il est de grand prix, s'il est de bon aloi.

PIQUILLO.

Fi! mon père en met de pareils aux gourmettes de ses chevaux, et je ne le porte que pour ne pas humilier les gentilshommes de ce pays... Et, maintenant que vous connaissez votre adorateur, permettez-lui de se déclarer l'humble soupirant de vos charmes, et de changer tous ses nœuds de ruban pour les porter de la couleur des vôtres.

SILVIA, à part.

J'étais dans l'erreur, c'est un fat... (Haut.) Mais il n'y a qu'un inconvénient à cela, c'est que j'en porte tous les jours de différente couleur.

PIQUILLO.

Je prendrai tous les soirs votre fantaisie du lendemain....

SILVIA.

Prenez garde! je change aussi de soupirants tous les matins.

PIQUILLO.

Que ce soit donc mon tour, si j'ai eu le bonheur d'arriver le premier.

SILVIA.

Hélas! non, seigneur Oliferno, il y avait quelqu'un inscrit avant vous.

PIQUILLO.

Pour longtemps?

SILVIA.

Pour toujours.

PIQUILLO.

Un caprice!

SILVIA.

Un amour.

PIQUILLO.

Oh! du sentiment!

SILVIA.

Mieux encore, de la passion.

PIQUILLO.

Ainsi rien à espérer?...

SILVIA.

Pas la moindre chose.

PIQUILLO.

Oh! tout au moins, je vous requiers, au nom des Muses et des sirènes, de me faire entendre quelques sons de cette voix délicieuse dont l'Espagne dit des merveilles, et que mon pays envie à l'Espagne.

SILVIA.

Veuillez m'excuser, je ne suis pas en voix.

PIQUILLO.

N'est-ce que cela? Nous avons remède à la chose.

SILVIA.

Êtes-vous médecin?

PIQUILLO.

Je suis enchanteur.

SILVIA.

Et vous avez des recettes?

PIQUILLO.

J'ai des talismans.

SILVIA.

Je serais curieuse d'en faire l'essai.

PIQUILLO.
Rien de plus facile... Détournez la tête et tendez le bras... Là... (Il lui met un bracelet.) Vous n'aurez pas plus tôt regardé ce bracelet, que la voix vous reviendra...
SILVIA.
Ce bracelet... (Elle regarde.) Que vois-je?
PIQUILLO.
Eh bien, n'éprouvez-vous pas du mieux?
SILVIA.
Oui, oui, déjà... (A part.) Mais, sans aucun doute, c'est le mien... Comment les bijoux que l'on m'a volés hier se trouvent-ils entre les mains de ce seigneur?
PIQUILLO.
Essayons-nous de filer un son?
SILVIA, à part.
Voyons jusqu'où cela ira... (Elle chante.) Ah! ah! ah! ah! (Elle tousse.) Il y a quelque chose.
PIQUILLO.
Diable!...
SILVIA.
Pour que la cure soit complète, je crois qu'il faudrait...
PIQUILLO.
Que faudrait-il, mon enchanteresse?
SILVIA.
Il faudrait la paire... L'avez-vous?
PIQUILLO.
Sans doute...
SILVIA.
Voilà de merveilleux bijoux!... Viennent-il du Mexique?
PIQUILLO.
Je les y ai fait fabriquer à votre intention.
SILVIA.
Vous-même?
PIQUILLO.
Moi-même.
SILVIO, à part.
Je m'étais trompée, ce n'était ni un original ni un fat : c'est un fripon.
PIQUILLO.
Eh bien, cette voix?...

14.

SILVIA, tendant l'autre bras.

Je vous ai dit ce qu'il manquait pour qu'elle revînt...

PIQUILLO.

Oh! ne soyons pas trop prodigue; quand vous aurez chanté.

SILVIA.

Allons, soit pour la ballade... (Appelant.) Paquita!

PIQUILLO.

Que voulez-vous, madame?

SILVIA.

Ma guitare. (A Paquita.) Prévenez l'alcade, et qu'il vienne à l'instant même.

PIQUILLO.

Ici?...

SILVIA.

Ici... Allez...

PIQUILLO.

Permettez-vous que je vous accompagne?

SILVIA.

Volontiers. La ballade que je vais vous chanter est intitulée *la Femme du bandit.*

PIQUILLO.

Ah! je la connais!...

SILVIA.

Au pays d'Espagne
Une voix gémit;
C'est, dans la montagne,
La triste compagne
D'un pauvre bandit :
« Ah! pour ce qu'on aime
Toujours s'affliger,
Et sur son cœur même
Craindre le danger!
Reviens, Peblo,
Reviens, Peblo! »
Une voix répond... N'est-ce que l'écho?

« Folle,
Que désole
Un danger lointain,
Ta crainte frivole
Passera demain;
Sois fidèle et forte;

PIQUILLO

Ce soir, je t'apporte
Ta part du butin;
Tu pourras te faire,
Avec ce trésor,
Des colliers de verre,
Des aiguilles d'or. »

Au pied des montagnes
Une femme en pleurs,
Le soir, aux campagnes,
Loin de ses compagnes,
Redit ses douleurs.
Elle écoute, appelle;
Mais rien ne redit
A son cœur fidèle
Le chant du bandit;
Rien ne redit
Ce chant lointain,
Ce chant du matin.

ENSEMBLE

« Folle
Que désole
Un danger lointain,
Ta crainte frivole
Passera demain;
Sois fidèle et forte;
Ce soir, je t'apporte
Ta part du butin;
Tu pourras te faire,
Avec ce trésor,
Des colliers de verre,
Des aiguilles d'or. »

(L'Alcade entre avec les Alguazils et les Gens de Silvia.)

## SCÈNE VIII

SILVIA, PIQUILLO, L'ALCADE, ALGUAZILS, GENS DE SILVIA.

PIQUILLO.

Bravo! bravo! délicieusement chanté... Eh bien, est-ce que vous ne finissez pas la ballade?

SILVIA.

A quoi bon?... Vous savez ce qui est arrivé au bandit?

PIQUILLO.

Il est mort?

SILVIA.

Non, il est pris!... (A l'Alcade.) Soyez le bienvenu, monsieur l'alcade.

PIQUILLO.

Ah! pauvre moi!...

L'ALCADE.

Vous m'avez fait demander, madame?

SILVIA.

Oui, monsieur l'alcade; je désirerais vous présenter le seigneur don Alphonse Oliferno y Fuentes y Badajos y...

PIQUILLO.

Y Rioles.

L'ALCADE, s'inclinant.

Monsieur!

SILVIA.

Deuxième ou troisième fils...

PIQUILLO.

Précisément.

SILVIA.

Du vice-roi du Mexique.

L'ALCADE.

Monseigneur!

SILVIA.

A qui son auguste père a fait don, pour ses menus plaisirs, des mines de diamants de Guadalaxara.

L'ALCADE.

Votre Altesse!... Saluez, messieurs, saluez...

SILVIA.

Et qui, pour ma bonne fortune, a découvert le coquin qui avait volé les bijoux que j'avais déposés, hier au soir, chez don Diègue.

L'ALCADE.

Voyez-vous!...

PIQUILLO.

Hein! comme cela se rencontre!

SILVIA.

De sorte que le seigneur Oliferno lui a repris les bijoux.

L'ALCADE.

A-t-il fait résistance?

PIQUILLO.
Hum! il en avait bonne envie.
SILVIA.
Mais il a compris qu'il avait affaire à plus fort et plus habile que lui... N'est-ce pas?
PIQUILLO.
Sans doute.
SILVIA.
De sorte qu'il vous a remis...
PIQUILLO.
Ce bracelet.
SILVIA.
Il devait avoir aussi sur lui un collier?
PIQUILLO.
Un collier?... Non, je ne crois pas...
SILVIA.
Oh! rappelez-vous bien...
PIQUILLO.
Oui... oui, en effet, j'oubliais... Voilà, madame, voilà.

(Il lui donne le collier de don Diègue.)

SILVIA.
Pardon, pardon... ce n'est pas celui-ci... Celui-ci... mais celui-ci, si je ne me trompe, appartient à don Diègue.
PIQUILLO.
C'est possible.
L'ALCADE.
Mais ce coquin-là avait donc la passion des bijoux?
PIQUILLO.
Il a le faible de les aimer beaucoup, monsieur l'alcade... Il les adore...
SILVIA.
Mais enfin, quand il se trouve entre sa sûreté et son amour pour eux...
PIQUILLO.
Vous voyez qu'il s'en sépare.
SILVIA.
Difficilement! car il paraît que mon collier... Vous avez eu grande peine à le tirer de ses mains?
PIQUILLO.
Madame, il m'a avoué une chose qui m'a touché profondé-

ment : c'est que, amoureux d'une belle dame, chez laquelle il ne pouvait se présenter avec le costume simple qu'il porte d'habitude, il avait, il faut le dire, troqué le malheureux collier contre un accoutrement de meilleur goût et de la dernière mode, dans le genre de celui-ci... Alors j'ai pensé... j'ai cru... j'ai espéré... que vous seriez assez bonne pour ne pas exiger...

SILVIA.

Oh ! certes !

L'ALCADE.

Et quel est le nom de ce drôle ?

PIQUILLO.

Il a préféré ne pas me le dire.

SILVIA.

Oh ! mais vous l'avez deviné... Ne serait-ce pas un certain Piquillo ?

PIQUILLO.

Oui, oui, je crois... En effet, c'était Piquillo.

L'ALCADE.

Je ne m'étais donc pas trompé ?

PIQUILLO.

Vous le connaissez, monsieur l'alcade ?

L'ALCADE.

De réputation, le drôle !... J'ai dans ma poche certains papiers qui le concernent.

PIQUILLO.

Son signalement, peut-être ?

L'ALCADE.

Hélas ! non...

PIQUILLO, à part.

Ouf !... je respire...

L'ALCADE.

Mais, puisque vous avez eu affaire à lui, soyez assez bon pour me donner vous-même son signalement.

PIQUILLO.

C'est difficile !... je ne l'ai vu que de nuit... de sorte que je ne me rappelle plus bien.

SILVIA.

Je vous aiderai, seigneur don Oliferno.

PIQUILLO.

Merci; c'est inutile... La mémoire me revient.

## MORCEAU D'ENSEMBLE

L'ALCADE, écrivant.
Puisque vous voulez bien éclairer la justice,
Je vous écoute. Commençons.
PIQUILLO, à part.
Comment détourner les soupçons ?
(Haut.)
Permettez que je réfléchisse.
L'ALCADE.
D'abord
Quel est son port,
Son air ?...
PIQUILLO.
Son air ?...
L'ALCADE.
Oui, son abord,
Son apparence.
PIQUILLO.
Fort bien, fort bien ; il a, d'honneur,
L'air distingué...
SILVIA.
L'air d'un seigneur ;
On dit qu'il prend le ton d'un homme d'importance.
PIQUILLO, à part.
On veut m'embarrasser, je pense.
SILVIA.
On dit qu'il prend le ton d'un grand seigneur.
L'ALCADE.
Permettez que je m'informe
De sa taille.
SILVIA.
L'on m'a dit qu'il était
Mince et fluet.
PIQUILLO.
Quelle erreur!... C'est un homme énorme,
Et quand, on le pendra,
La corde cassera.
L'ALCADE.
Écrivons... Un homme énorme ;
Je vous crois : un tel bandit
Ne pouvait être petit.
Sans doute même, il est difforme ?

PIQUILLO.
Oh! non pas; c'est un homme énorme,
Mais d'un port très-majestueux.
L'ALCADE.
Très-majestueux.
PIQUILLO, à part.
Ah! si fort que je dissimule,
Vraiment je me ferais scrupule
De trop enlaidir le tableau.
Ne jetons pas de ridicule
Sur le beau nom de Piquillo.
L'ALCADE.
Sa figure?
SILVIA.
On la dit ordinaire,
Très-ordinaire.
PIQUILLO.
Non, elle est fort bien, au contraire.
L'ALCADE.
Son front?
PIQUILLO.
Très-grand.
L'ALCADE.
Ses yeux?
PIQUILLO.
Très-bleus.
Nez retroussé, bouche agréable.
L'ALCADE.
Et ses cheveux?
PIQUILLO.
Ah! ses cheveux...
SILVIA.
On les dit noirs.
PIQUILLO.
Noirs? Oh! non!
(A part.)
Diable!
Les miens le sont...
(Haut.)
Ses cheveux... roux!
SILVIA.
Que dites-vous?
Le portrait n'est pas aimable;
Ce Piquillo doit être affreux.

PIQUILLO.
Mettez plutôt : d'un blond douteux.
L'ALCADE.
Il suffit !... D'un blond douteux.
PIQUILLO.
Attendez; il faut qu'on sache
La couleur de sa moustache :
Elle est noire comme l'enfer.
L'ALCADE.
Comme l'enfer!
SILVIA.
Le signalement n'est pas clair :
Cheveux roux, moustache noire,
Des yeux bleus !
S'il faut vous croire,
Ce doit être un homme affreux.
PIQUILLO.
Non, madame ;
Il est fort bien, sur mon âme,
Et j'en dois croire mes yeux ;
Un abord majestueux,
OEil brillant, figure aimable,
Cheveux d'un blond agréable,
Nez aquilin, front très-beau,
Avec de noires moustaches,
Comme en portent les bravaches
Qu'on voit le soir au Prado.
SILVIA.
Mais, d'après votre tableau,
Il est affreux, ce Piquillo.
PIQUILLO.
Non, tout lui va bien, madame;
Sur mon âme,
C'est un cavalier très-beau.

ENSEMBLE

L'ALCADE.
Ah ! que de grâces à vous rendre!
Vous m'avez donné le moyen
De reconnaître et de surprendre
Le vaurien.
LES ALGUAZILS.
Monseigneur, que de grâces à vous rendre!
Nous avons enfin le moyen

De reconnaître ce vaurien.
Quel honnête homme et quel excellent citoyen!

PIQUILLO.

Ce n'est rien, non, ce n'est rien.
Guider la justice,
Éclairer la police,
C'est un devoir pour tout bon citoyen.

SILVIA.

En somme,
Il s'en tire fort bien,
Et ce vaurien
A plus d'esprit qu'un honnête homme.
Vraiment, il s'en tire fort bien.

(Ils accompagnent, en le remerciant beaucoup, Piquillo jusqu'à sa chaise; puis ils sortent.)

## SCÈNE IX

SILVIA, puis LA CAMERIÈRE.

SILVIA.

Enfin, ils sont partis... J'espère que je trouverai, au milieu de toutes ces aventures, une heure pour ma toilette.

LA CAMÉRIÈRE, entrant.

Señora, le seigneur Fabrice...

SILVIA.

Fais entrer, et laisse-nous.

(La Camérière sort.)

## SCÈNE X

SILVIA, FABRICE.

FABRICE.

Bonjour, ma belle Circé; où en sommes-nous de nos enchantements?

SILVIA.

Vous le voyez, je les prépare.

FABRICE.

Ne sommes-nous donc pas plus avancée que les apparences ne l'indiquent?

SILVIA.

Si fait, il est venu.

FABRICE.

Et il doit revenir?

SILVIA.

Pour qui ai-je fait toilette?

FABRICE.

Tenez, Silvia, j'ai une peur.

SILVIA.

Laquelle?

FABRICE.

C'est que vous n'oubliiez mes intérêts pour vous occuper des vôtres.

SILVIA.

Ne sont-ils pas les mêmes?

FABRICE.

Mais, moi, je suis amoureux.

SILVIA.

Eh bien, moi, j'aime.

FABRICE.

Vous, Silvia?... Ah! pardieu! voilà un habile homme et notre maître à tous, puisqu'en vingt-quatre heures, il est plus avancé que Henrique et Paez au bout de six mois.

SILVIA.

C'est que je connais le seigneur Diego depuis longtemps, voilà tout.

FABRICE.

Vous le connaissez, dites-vous?

SILVIA.

Oui, Fabrice; et à vous qui paraissez sous l'influence d'un amour réel, je puis ouvrir mon cœur, fermé aux regards de ces jeunes fous... Oui, depuis longtemps, je l'ai vu et je l'aime; et c'est cet amour qui m'a fait quitter Madrid, renoncer à la vie de plaisirs que j'y menais... A Séville, je l'ai retrouvé; je ne le cherchais pas... mais, en le revoyant, un espoir que j'avais toujours repoussé s'est emparé de moi : celui de me faire aimer de lui... Un projet, qui avait pour apparence de vous servir, à peine conçu, a été mis à exécution... Je l'ai revu hier, je l'ai revu aujourd'hui!

FABRICE.

Eh bien?

SILVIA.

Eh bien, Fabrice, je suis la plus heureuse ou la plus malheureuse des femmes; car je ne puis être à lui... Fabrice, il m'aime.

FABRICE.

Il vous aime? il vous l'a dit?

SILVIA.

Non; mais j'en suis sûre; à sa voix, à ses yeux, à ses paroles même...

FABRICE.

Il vous a promis de revenir?

SILVIA.

Vous voyez bien que je l'attends.

FABRICE.

Pauvre Silvia!

SILVIA.

Quoi?

FABRICE.

Mais don Diègue quitte Séville à l'instant...

SILVIA.

Don Diègue quitte Séville! Le croyez-vous?

FABRICE.

J'en suis sûr.

SILVIA.

Et vous me dites cela ainsi!

FABRICE.

J'ai pris mes précautions.

SILVIA.

Lesquelles?

FABRICE.

Écoutez, Silvia : je suis un homme reconnaissant, moi... même de l'intention... Vous m'avez promis d'éloigner le mari, pour me laisser la femme... Eh bien, moi, j'éloigne la femme pour vous laisser le mari.

SILVIA.

Qu'est-ce que vous dites?

FABRICE.

Que six hommes à mes ordres, commandés par le drôle le plus adroit de toutes les Espagnes, sont embusqués à cent pas d'ici...

SILVIA.
Et vous croyez qu'ils oseront?

(On entend un coup de pistolet.)

FABRICE.
Tenez, les voilà qui nous donnent de leurs nouvelles.

SILVIA.
Mon Dieu, Seigneur, protégez-le!

FABRICE, riant.
Soyez tranquille, Silvia, j'ai recommandé pour lui la plus grande considération, les plus grands égards...

SILVIA.
Oh! vous avez fait là une chose affreuse, terrible!

FABRICE.
Mais où allez-vous?

SILVIA.
Je ne sais... Je vais le défendre, me mettre entre lui et les assassins...

FABRICE.
Mais vous êtes folle, Silvia; ce ne sont point des assassins.

SILVIA.
Laissez-moi!

FABRICE.
Quelqu'un vient... Je ne me trompe pas, c'est don Diègue!

SILVIA.
Don Diègue!

FABRICE.
Allons, Silvia, à l'œuvre chacun de notre côté... Celui qui aura réussi le premier préviendra l'autre.

(Il sort.)

## SCÈNE XI

SILVIA, MENDOCE.

MENDOCE.
Sommes-nous seuls, madame?

SILVIA.
Oui, seigneur... Qu'y a-t-il?

MENDOCE.
Il y a qu'il m'arrive des choses si étranges, qu'il faut bien que, malgré la promesse que je m'étais faite de ne jamais vous

revoir, qu'il faut bien, dis-je, que je demande l'explication de tout ceci à la seule personne qui peut me la donner!... Parmi ces bandits qui viennent d'arrêter ma voiture et de m'enlever doña Léonor... car il s'agit d'un enlèvement... d'un rapt à main armée, entendez-vous, madame?... eh bien, parmi ces bandits, j'ai reconnu un homme que j'avais vu ce matin chez vous... Où retrouverai-je cet homme? son nom, son adresse?

SILVIA.

Je ne le connais pas; je vous jure que c'était la première fois que je le voyais.

MENDOCE.

Il vous connait cependant bien, lui!

SILVIA.

Il vous a dit?...

MENDOCE.

Tout... Mais il ne s'agit plus ici de mon fol amour... Il s'agit de Léonor, il s'agit de ma sœur!

SILVIA.

De votre sœur!... Léonor était votre sœur?... Que ne me l'avez-vous dit, mon Dieu!... que ne me l'avez-vous dit ce matin?

MENDOCE.

Et pourquoi?

SILVIA.

Parce que, ce matin, il était encore temps de la sauver.

MENDOCE.

Mais vous saviez donc tout?... Parlez alors... Au nom du ciel, parlez!...

DUO

SILVIA.

Grâce, grâce, monseigneur, grâce!
Oh! ne m'accablez pas, je suis à vos genoux.

MENDOCE.

A mes genoux! ce n'est point votre place.
Levez-vous donc, madame, levez-vous.

SILVIA.

Seigneur, je vous conjure
De m'écouter, il faut que je vous dise tout,
Et que vous connaissiez mon crime jusqu'au bout.
J'avais, hier, fait la folle gageure
D'obtenir votre amour

Dans l'espace d'un jour.
Ah! maintenant, de ma coquetterie,
Seigneur, seigneur, suis-je punie assez?
A vos genoux c'est moi qui prie,
Et c'est vous qui me repoussez.

ENSEMBLE

MENDOCE.
Mais vous ne dites rien, madame,
De l'enlèvement de ma sœur;
Si j'en crois le cri de votre âme,
Vous connaissez pourtant le ravisseur.

SILVIA.
Oui, j'étais du complot, et, dans ce moment même,
Don Fabrice quitte ce lieu.

MENDOCE.
Don Fabrice?... C'est bien, adieu!
Je cours punir son insolence extrême.
Merci, madame...

SILVIA.
Non, c'est moi...
Don Diègue, je vous en conjure...
Qui dois courir... Oh! voyez mon effroi!

MENDOCE.
Non, c'est à moi de venger mon injure;
Laissez-moi donc, madame, laissez-moi.

SILVIA.
Que Dieu me frappe, et que je meure
Sans pénitence et sans appui,
Si votre sœur n'est pas près de vous dans une heure.

MENDOCE.
Faites mieux que cela, conduisez-moi vers lui.

SILVIA.
Non, c'est impossible,
Votre cœur terrible
Est trop courroucé,
Et, jusqu'à cette heure,
Ah! déjà je pleure
Trop de sang versé.

MENDOCE.
Un pareil outrage
Veut que mon courage
En réponde encor,
Ou bien que le lâche

Qu'à mes yeux l'on cache
Rende Léonor!...

SILVIA.

C'est à moi de vous la rendre !

MENDOCE.

Non, je ne puis pas attendre !

SILVIA.

Au nom du ciel, demeurez,
Et, si je ne la ramène,
Seigneur, ah! par votre haine,
C'est moi que vous punirez.

(Silvia tombe à genoux devant la porte, que Mendoce n'ose franchir.)

## ACTE TROISIÈME

Chez Fabrice.

### SCÈNE PREMIÈRE

PIQUILLO, seul, tenant entr'ouverte la porte d'un cabinet, et parlant à la cantonade.

Oh! mais, parole d'honneur, votre douleur est exorbitante, et vous vous désolez à tort... Je n'ai jamais vu un enlèvement mal tourner... Oh! alors... et si nous nous désespérons comme ça... j'y renonce... (Il ferme la porte.) C'est vrai... moi, je ne peux pas voir pleurer les femmes. (Regardant par le trou de la serrure.) Tiens, la voilà qui se calme... Ce que c'est que de croire qu'on ne vous regarde plus !... Allons, allons, don Fabrice se chargera du reste... Que diable peut-il faire, qu'il tarde si longtemps?... Il ne sait donc pas qu'un enlèvement, c'est tout à fait contre mes habitudes? Me voilà compromis, moi... Il faut que je parte; je sens que je respire ici un air de police excessivement malsain, un air qui me prend à la gorge... Oui, oui, décidément, je crois qu'un petit voyage à l'étranger est nécessaire pour ma santé... mais pour revenir bientôt... car je veux consacrer à mon pays mes travaux et ma gloire! Oui, terre chérie, c'est dans ton sein que je veux vivre et mourir!

AIR

Mon doux pays des Espagnes,
Qui voudrait fuir ton beau ciel,
Tes cités et tes montagnes,
Et ton printemps éternel,
Ton air pur qui vous enivre,
Tes jours moins beaux que tes nuits,
Tes champs, où Dieu voudrait vivre,
S'il quittait son paradis?
Mon doux pays, etc., etc.

Autrefois ta souveraine,
L'Arabie, en te fuyant,
Laissa sur ton front de reine
La couronne d'Orient,
Et l'écho redit encore
A ton rivage enchanté
L'antique refrain du More :
« Gloire, amour et liberté. »

## SCÈNE II

PIQUILLO, SILVIA, frappant à la porte.

PIQUILLO.

Qui frappe ?

SILVIA.

Ouvrez !

PIQUILLO.

Votre nom ?

SILVIA.

J'aime mieux vous dire le vôtre.

PIQUILLO.

Dites !

SILVIA.

Piquillo !

PIQUILLO, ouvrant la porte.

Entrez... Comment ! c'est vous, señora ?

SILVIA.

Don Fabrice n'est pas encore arrivé avec la voiture et les chevaux ?

PIQUILLO.

Non, pas encore.

SILVIA.

Bien!

PIQUILLO.

La señora est donc du complot?

SILVIA.

Sans doute.

PIQUILLO.

C'est autre chose.

SILVIA.

Et Léonor... où est-elle?

PIQUILLO.

Dans ce cabinet.

SILVIA, ouvrant la porte du cabinet.

Venez, señora.

PIQUILLO.

Que va-t-elle faire?

## SCÈNE III

### Les Mêmes, LÉONOR.

LÉONOR.

Oh! venez-vous à mon secours, madame!

SILVIA.

Oui, mon enfant.

LÉONOR.

Soyez bénie!... Et mon frère, où est-il?

SILVIA.

Chez moi, où il vous attend.

PIQUILLO.

Mais que dites-vous donc?

SILVIA.

Je dis que la señora Léonor n'a pas un instant à perdre, et que vous allez la conduire à la litière qui est à la porte avec deux de mes valets.

PIQUILLO.

Mais, madame...

SILVIA.

Dépêchez-vous... Le troisième est allé chercher l'alcade.

PIQUILLO.

C'est autre chose, madame; je suis à vos ordres.

SILVIA, à Léonor.

Suivez cet homme jusqu'à ma litière, señora; mes valets savent ce qu'ils ont à faire.

LÉONOR.

Que de grâces!

SILVIA.

C'est bien, c'est bien; ne perdons pas un instant...

PIQUILLO.

Mais vous?

SILVIA.

Je reste à la place de la señora.

PIQUILLO.

Ici?...

SILVIA.

Dans ce cabinet... Allez!...

PIQUILLO.

Vous avez le secret de faire de moi tout ce que vous voulez, madame.

(Il sort avec Léonor.)

## SCÈNE IV

SILVIA, seule.

Sauvée! sauvée!... j'aurai tenu ma parole... Mendoce n'aura aucun reproche à me faire... et si jamais... pendant cette absence éternelle qui va nous séparer, mon souvenir se représente à sa pensée... oh! ce ne sera pas, je l'espère, pour me maudire... ce sera pour me plaindre... On monte... C'est la voix de don Fabrice et de Piquillo... Allons, et que Dieu nous mène à bien!

(Elle entre dans le cabinet.)

## SCÈNE V

FABRICE, PIQUILLO, SILVIA, puis DES ALGUAZILS.

FABRICE.

Mais où diable courais-tu donc ainsi, quand je t'ai rencontré?

PIQUILLO.

Je courais?... Vous croyez que je courais?... J'allais au-devant de vous. Voyant que vous ne veniez pas, je...

FABRICE.

Et Léonor?...

PIQUILLO.

Elle est là.

FABRICE.

Et comment la chose s'est-elle passée?

PIQUILLO.

Avec grande peine.

FABRICE.

Le mari?...

PIQUILLO.

S'est défendu comme un lion.

FABRICE.

Il ne lui est rien arrivé, je l'espère?...

PIQUILLO.

Non, non, non... On l'a contenu avec les plus grands égards.

FABRICE.

Bien.

(Il va à la porte du cabinet.)

PIQUILLO.

Monseigneur...

FABRICE.

Quoi?

PIQUILLO.

Avec votre permission...

FABRICE.

Eh bien?

PIQUILLO.

Nous avons un petit compte...

FABRICE.

Reviens dans la soirée.

PIQUILLO.

S'il était égal à Votre Excellence, pendant que je suis là...

FABRICE.

De la défiance?

PIQUILLO.

Non pas, seigneur Fabrice, Dieu m'en garde!... mais je ne serais pas fâché de m'éloigner de Séville; je commence à y jouir d'une réputation qui m'inquiète...

FABRICE.
C'est bien; l'argent est dans cette bourse.
PIQUILLO.
Merci. La dame est dans ce cabinet.
FABRICE, mettant la main sur la clef.
Et, si j'avais besoin de toi, où te retrouverais-je?
PIQUILLO.
Le renseignement est assez difficile à donner, monseigneur : je compte franchir la sierra, visiter l'Estramadure, traverser le royaume de Léon, et gagner incognito la Galice, où j'ai voté un pèlerinage à Saint-Jacques de Compostelle; et puis, s'il faut vous le dire, je ne suis pas fâché de m'éloigner momentanément des capitales; on trouve en province plus de simplicité dans les mœurs et dans la police...
FABRICE, entr'ouvrant la porte du cabinet.
Bon voyage, seigneur Piquillo !
PIQUILLO, ouvrant la porte du fond.
Joyeuse vie, seigneur Fabrice !... (A deux hommes en noir qui gardent la porte.) Pardon, messieurs.
LES ALGUAZILS, croisant la hallebarde.
On ne passe pas !...
FABRICE, se retournant.
On ne passe pas ! Qui parle ainsi en maître chez moi
LES ALGUAZILS.
La loi.
PIQUILLO.
Nous sommes pincés, seigneur Fabrice.
FABRICE.
Tu auras fait quelque bêtise !
PIQUILLO.
Pas de récriminations, ce n'est pas l'heure... Je suis votre valet, vous êtes mon maître... Tirez-moi du trou, je vous donnerai la main... Silence, voici l'alcade !...
(On entend la marche de l'Alcade.)

## SCÈNE VI

FABRICE, PIQUILLO, L'ALCADE, SILVIA, dans le cabinet.

L'ALCADE.
Ah ! pardieu ! seigneur Fabrice, j'avais peur de ne pas vous rencontrer chez vous...

FABRICE.

Ah! pardon, monsieur l'alcade, enchanté de vous voir... mais, vous le voyez, j'allais sortir... Pedrillo, mon manteau!...

L'ALCADE, s'asseyant.

Je suis vraiment désolé d'arriver dans un moment comme celui-ci... Eh bien...

FABRICE.

Eh bien?

L'ALCADE.

Nous sommes donc amoureux?...

FABRICE.

Après la guerre, l'amour n'est-il pas la plus noble occupation d'un Espagnol?

L'ALCADE.

Bien répondu... Mais il paraît que les parents nous refusaient la dame de nos pensées, de sorte que nous avons fait un petit enlèvement avec effraction, un petit rapt à main armée.

PIQUILLO.

Diable! diable!...

FABRICE.

Monsieur l'alcade!...

L'ALCADE.

Il n'y a pas de mal à cela, monseigneur!... il n'y a pas de mal, et le roi Alphonse le Chaste, dans son amour pour sa brave noblesse, avait prévu le cas où un grand seigneur, comme vous, serait réduit à en venir à cette extrémité.

FABRICE.

Ah! oui, la loi, je la connais...

L'ALCADE.

Vous la connaissez? Alors il n'y aura pas de surprise. (Se retournant vers Piquillo, qui s'approche de la porte.) Empêchez cet homme de sortir... « Article 31 de l'ordonnance de 1229... » Il paraît que vous aimez beaucoup la jeune dame?... Tant mieux!... j'encourage toujours les mariages d'inclination; j'ai la main heureuse.

FABRICE.

Mon Dieu, monsieur l'alcade, je profiterais avec reconnaissance de vos bons offices, d'autant plus que j'ai reçu ce matin du roi l'autorisation de me marier à ma guise...

(Silvia entr'ouvre la porte du cabinet et écoute.)

L'ALCADE.

Dans cette circonstance, vous n'aviez pas besoin de l'agrément de Sa Majesté... (Voyant que Piquillo s'approche de la porte.) Empêchez cet homme de sortir !

FABRICE.

Mais, dans le cas présent, il n'y a qu'une difficulté à ce que la loi d'Alphonse le Chaste s'accomplisse...

L'ALCADE.

Et laquelle, monseigneur?

FABRICE.

C'est que la femme que j'ai enlevée est déjà mariée.

L'ALCADE.

Diable !...

SILVIA, s'avançant et levant son voile.

Vous vous trompez, seigneur Fabrice, elle est libre...

PIQUILLO.

Pécaïre !...

(Il fait un bond vers la porte.)

L'ALCADE.

Empêchez cet homme de sortir.!...

QUATUOR

L'ALCADE.
Puisque la chose se complique,
En attendant que tout s'explique,
Comme un enlèvement n'en existe pas moins,
A faire agir la loi je dois mettre mes soins.

ENSEMBLE

L'ALCADE.
Plus de doute, la chose est claire :
Seulement, pour finir l'affaire,
Il faut un prêtre et deux témoins.

PIQUILLO.
Gagnons la porte avec mystère;
Sans moi, pour terminer l'affaire,
Ils ont bien assez de témoins.

SILVIA.
Pour vous, seigneur, la chose est claire,
Et l'affront qu'on vient de me faire
N'a déjà que trop de témoins.

FABRICE.
Ce n'est pas elle, quel mystère!
Je suis trahi, la chose est claire;
Mais lui me le paiera du moins.
(Arrêtant Piquillo, qui est près de sortir.)
J'ignore encor, seigneur alcade,
Ce que vous pouvez contre moi;
Mais arrêtez ce camarade
Qui veut se soustraire à la loi.
Il est plus coupable que moi!
L'ALCADE.
Comment!... mais celui-ci, je crois le reconnaître.
Ailleurs déjà je vous ai vu, mon maître.
PIQUILLO.
Diable!
L'ALCADE.
Mais sous de plus beaux habits.
PIQUILLO.
Aïe!... je suis pris!...
L'ALCADE.
Oh! de nouveau la chose se complique.
Il faudra bien que tout s'explique;
Mais un enlèvement n'en existe pas moins :
A proclamer la loi je dois mettre mes soins.
(Il ouvre un livre.)
« Quiconque aura par force enlevé veuve ou fille,
Si grands que soient son rang et sa famille,
Devra, par l'hymen le plus prompt,
Réparer son affront,
A moins qu'il ne préfère
De tous ses biens lui faire
L'abandon. »
FABRICE.
O ciel!
SILVIA.
C'est tout, seigneur alcade?
FABRICE.
Madame, dites-moi quelle sera la fin
De cette étrange mascarade :
Voulez-vous ma personne, ou voulez-vous mon bien?
SILVIA.
A l'édit qui sur nous prononce
Il faut céder,
Pour le destin qu'il nous annonce

Vous décider.
Je sais que votre cœur appelle
    De cet arrêt;
Je sais que je ne suis point celle
    Qu'il vous faudrait.
Moi, je perds mon indépendance;
Mais une si haute alliance
    C'est un honneur,
        Seigneur!...
Mon droit ne peut faire aucun doute,
Et de l'invoquer il m'en coûte;
    Mais j'ai la loi
        Pour moi.

FABRICE.

Bien... Je réfléchirai.

L'ALCADE.

    Cet autre qui se glisse
Vers la porte... à son tour, réglons son compte aussi.

FABRICE.

Tu vas payer ta trahison... Voici,
Seigneur, s'il est un crime en tout ceci,
Voici mon agent, mon complice!

L'ALCADE.

Son nom?

PIQUILLO.

Oh! monseigneur...

FABRICE.

            Piquillo.

L'ALCADE.

                L'aventure
S'éclaircit à la fin.
Traître, ton affaire est sûre;
    Ce jour, je t'assure,
        Verra ta fin!...

PIQUILLO.

Monseigneur l'alcade, de grâce,
    Apaisez-vous!
Ah! voyez, je pleure et j'embrasse
    Vos deux genoux.
Contre moi je veux qu'on emploie
    Tous les moyens;
Oui, je m'y résigne avec joie :
    Prenez mes biens,
Châteaux, terres, qu'on les confisque;
Bien plus, à l'hymen je me risque,

Oui, de grand cœur,
Seigneur;
Et qu'au refus de don Fabrice,
A la señora l'on m'unisse...
Appliquez-moi
La loi!...

### L'ALCADE.

Non, point de grâce! ici demeura...
Je l'ai dit, l'arrêt est rendu.
Vous avez tous deux un quart d'heure :
Vous, pour vous marier ;... toi, pour être pendu.

### SILVIA.

Ah! pour lui quelle surprise!
C'est une cruauté vraiment.
Dans cette étrange méprise,
Pour son amour quel dénoûment!
Du sort qui vous désespère
Bien des cœurs seraient jaloux ;
Mais le temps saura, j'espère,
Adoucir votre courroux.

### L'ALCADE.

Ainsi vous entendez bien mon arrêt, vous avez tous deux un quart d'heure; vous, pour vous marier, et toi, pour être pendu.

## SCÈNE VII

### PIQUILLO, FABRICE.

*Ils se regardent.*

### PIQUILLO.

Eh bien, seigneur, Fabrice?

### FABRICE.

Eh bien, monsieur le drôle?

### PIQUILLO.

Vous avez un quart d'heure pour vous décider à vous marier.

### FABRICE.

Et toi, quinze minutes pour te préparer à être pendu.

### PIQUILLO

Que dites-vous de la position ?

FABRICE.

Je dis que nous l'avons méritée tous les deux: moi, par ma sottise; toi, par ta maladresse.

PIQUILLO.

Ma foi, seigneur Fabrice, mon étonnement vaut bien le vôtre, et il y a là quelque tour de passe-passe du diable; je fais entrer doña Léonor dans ce cabinet, et c'est doña Silvia qui en sort...

FABRICE.

Misérable!...

PIQUILLO.

Ah! voilà... On n'est pas plus tôt dans une situation équivoque, que non-seulement on vous abandonne, mais encore qu'on vous injurie... Eh bien, monseigneur, je ne suis pas si ingrat que vous, et, si je puis vous être bon à quelque chose dans l'embarras où vous vous trouvez, disposez de moi.

FABRICE.

Trêve de fanfaronnades, monsieur le faquin! votre position n'est pas tellement brillante, ce me semble, qu'il vous reste du temps à perdre à vous apitoyer sur celle des autres... Je ne suis pas forcé de vivre avec ma femme, moi, tandis que vous êtes forcé de mourir avec votre corde, vous!...

PIQUILLO.

Tout beau, monseigneur, tout beau! nous ne sommes encore que fiancés, et j'espère bien que le mariage n'aura pas lieu, par défaut de consentement de l'une des parties.

FABRICE.

Pardieu! je voudrais bien savoir comment tu y échapperas?

PIQUILLO.

En mettant mon cou à une assez grande distance de la corde pour qu'ils ne puissent jamais se rejoindre.

FABRICE.

Alors, si tu as un moyen de sortir d'ici, comment n'en profites-tu pas à l'instant même?...

PIQUILLO.

Parce que j'ai pour principe de ne jamais faire les choses qu'au moment où elles doivent être faites. L'alcade nous a donné un quart d'heure, c'est juste le temps qu'il me faut pour procéder à l'inventaire de quelque chose que j'ai là.

FABRICE.

Ce drôle m'amuserait, sur mon honneur, si je n'avais autre chose à faire que de l'écouter !...

PIQUILLO.

D'abord, fermons la porte en dedans, afin de ne pas être dérangés dans nos petites affaires... Ah! celle-ci... j'oubliais... Et maintenant que nous sommes chez nous...

FABRICE

Que diable tires-tu de ta poche?

PIQUILLO.

De ma poche?... Je tire la poche du commissaire, que je lui ai coupée en embrassant ses genoux... Quand j'ai vu que je perdais mon temps à le prier, j'ai voulu tirer le meilleur parti possible de ma position, et alors je lui ai... Je suis un peu curieux de savoir ce qu'il y a dans cette poche ; et vous, hein ?...

FABRICE.

Que veux-tu que cela me fasse, à moi?

PIQUILLO.

Vous avez tort d'être si indifférent... Qui peut dire ce que contient la poche d'un commissaire !

FABRICE.

Vide-la alors, et n'en parlons plus !...

PIQUILLO.

Peste ! comme vous y allez !... ce n'est pas ainsi que cela se pratique... Procédons selon les règles... Nous avons affaire à un homme de justice... Gare les nullités !... (Il tire une montre qu'il pose sur la table.) A huit heures de relevée...

FABRICE.

Mais c'est ma montre que tu as là ?

PIQUILLO.

Vous croyez?

FABRICE.

J'en suis sûr...

PIQUILLO.

C'est possible : vous me l'aurez prêtée sans y faire attention... J'emprunte comme cela beaucoup de choses, et, quand on ne me les redemande pas, j'oublie de les rendre.

FABRICE.

Coquin !

PIQUILLO.

La séance est ouverte... Dans une poche de commissaire, qui a été reconnue avoir fait autrefois partie d'un vieux pourpoint râpé, et avoir été violemment séparée dudit pourpoint à l'aide d'un instrument tranchant, avons trouvé : *Premièrement.* Une bourse assez plate, objet qu'il nous a paru inutile de mentionner au procès-verbal. *Deuxièmement.* Des lettres de noblesse accordées à l'alcade Zambulos, en récompense de l'habileté qu'il a déployée dans ses fonctions... Voilà une récompense méritée; mais, comme ceci peut nous servir dans l'occasion, confisquons!... *Troisièmement.* Oh! oh! « Note sur les faits et gestes du nommé Piquillo... Liste des vols qu'il a commis... » Des vols!... « Dans les villes de Madrid, de Tolède, de Saragosse, d'Irun, de Barcelone, de Ségovie, etc. » Ceci étant des mémoires particuliers qui ne doivent être imprimés qu'après ma mort, je m'oppose à leur publicité. *Quatrièmement.* Ah! ah! le sceau royal, une lettre de Sa Majesté! « Le seigneur Zambulos fera chercher dans Séville et ses environs un jeune seigneur de Burgos, qui se cache sous le nom de don Diègue. »

FABRICE.

Qu'est-ce que tu dis? don Diègue?

PIQUILLO.

C'est écrit.

FABRICE.

Après? après?...

PIQUILLO.

« Pour plus ample renseignement, il saura que le fugitif, dont le véritable nom est don Carlos de Mendoce, a auprès de lui sa sœur doña Léonor, qu'il fait passer pour sa femme. »

FABRICE.

Sa sœur! doña Léonor! Léonor est sa sœur?... Mais lis donc, bourreau!

PIQUILLO.

Ma foi, lisez vous-même, monseigneur, si vous êtes pressé...

FABRICE.

« Il lui annoncera... »

PIQUILLO.

L'alcade Zambulos, toujours.

FABRICE.

Oui... « Il lui annoncera... » Sa sœur! et moi qui avais cru...
« Il lui annoncera que, sur la lettre que nous avons reçue
de lui, et d'après les instances de don Fabrice d'Olivarès, nous
lui accordons sa grâce pleine et entière, et qu'il peut revenir à Madrid... » Sa grâce? Oh! Piquillo, mon enfant, quelle
idée tu as eue là... de couper la poche de ce vieil imbécile!...

PIQUILLO.

J'en ai souvent de pareilles; seulement, elles ne réussissent pas toujours aussi bien.

DUO

FABRICE.

O bonheur étrange!
Qui tout à coup change
Mon mauvais destin!
Eh quoi! Léonore
Est donc libre encore,
Et j'aurai sa main!

PIQUILLO.

Aventure étrange!
Qui tout à coup change
Son mauvais destin!
Oui, sa Léonore
Sera libre encore
De donner sa main!
Mais un instant, seigneur, j'y pense,
Vous êtes engagé d'autre part.

FABRICE.

Ce n'est rien,
Je suis libre en perdant ma fortune et mon bien,
Et de cet abandon m'attend la récompense!
O Dieu! si je pouvais leur écrire...

PIQUILLO.

Et pourquoi
N'écririez-vous donc pas? que faut-il davantage?
Voici plume et papier...

FABRICE.

Mais par qui mon message
Leur sera-t-il porté?

PIQUILLO.

Par qui? Parbleu! par moi!

FABRICE.
Par toi?...
PIQUILLO.
Mais sans doute !...
FABRICE.
Et moi qui l'écoute !
PIQUILLO.
Ah ! monseigneur doute ?
FABRICE.
Mais l'alcade ici
Nous garde.
PIQUILLO.
Qu'importe !
Pourvu que je sorte ?
FABRICE.
Par où ?
PIQUILLO.
Par la porte !
FABRICE.
Elle est close...
PIQUILLO.
Ah ! oui !
(Montrant la porte.)
Celle-là, mon maître,
Est close, peut-être ;
(Montrant la cheminée.)
Mais pas celle-ci.
FABRICE.
Quoi ! tu vas t'en aller par cette cheminée ?
PIQUILLO.
A quel usage donc est-elle destinée ?
FABRICE.
Ah ! mon cher Piquillo, tu me sauves la vie !
PIQUILLO.
Seigneur, j'en ai l'âme ravie ;
Mais il ne s'agit point de perdre notre temps.
A peine s'il nous reste encor quelques instants !
Allons donc, mon maître,
Vite, à votre lettre !
Écrivez...
FABRICE.
J'écris :
« Chère Léonore, »

PIQUILLO.
Bien!
FABRICE, écrivant.
« Je vous adore. »
PIQUILLO.
Adorez encore !
Si j'ai bien compris,
Plus à sa maîtresse
On peint sa tendresse
En mots insensés,
Plus on doit attendre ;
Car, pour un cœur tendre,
Qui cherche à se rendre,
Trop n'est pas assez.
FABRICE.
Tiens, voici la lettre.
PIQUILLO.
Je cours la remettre.
FABRICE.
Bientôt?
PIQUILLO.
Aussitôt!
FABRICE.
Prends garde, mon enfant, la route n'est pas sûre:
Que feras-tu qui me rassure ?
PIQUILLO.
Je chanterai quand je serai là-haut...

ENSEMBLE

FABRICE.
Adieu donc; le ciel te garde!
Qu'il te sauve de la garde,
Toi qui portes mon bonheur !
PIQUILLO.
Grand merci, monseigneur! Dieu toujours garde
Des alcades, de la garde,
Tout amant, tout voleur;
Adieu, monseigneur!

FABRICE.
On frappe... Il était temps... Piquillo! es-tu parti?... Piquillo!... Plus rien, il est en route; je puis ouvrir. (Il ouvre, don Diègue paraît.) Don Diègue !

## SCÈNE VIII

### FABRICE, MENDOCE.

MENDOCE.

Ne vous attendiez-vous pas à ma visite, seigneur don Fabrice?

FABRICE.

J'avoue que je l'espérais, mais pas sitôt...

MENDOCE.

Et moi aussi, j'ai été trompé dans mon espérance. Je cherchais un homme que je croyais libre, et je trouve un prisonnier; je venais demander raison, et l'on me fait justice... Dans tout cela, je ne trouve pas le compte de mon honneur, don Fabrice.

FABRICE.

Oh! plus de paroles hautaines et ennemies entre nous, don Diègue... ou plutôt don Carlos de Mendoce.

MENDOCE.

Vous connaissez mon nom?

FABRICE.

Écoutez, j'aime votre sœur.

MENDOCE.

Vous savez que Léonor?...

FABRICE.

N'essayez plus de me rien cacher, je sais tout...

MENDOCE.

Et qui vous a livré mes secrets?

FABRICE.

Une lettre du roi qui contient votre grâce, la permission de revenir à Madrid...

MENDOCE.

Cette lettre?...

FABRICE.

La voici... et je suis heureux de vous la remettre... Maintenant, j'aime votre sœur, vous le savez; je l'aime avec passion! Ces folies que vous croyez avoir à me reprocher sont un signe de mon amour, ces poursuites qui vous fatiguaient sont un gage de ma constance, cet enlèvement dont vous veniez me demander raison est une preuve que je ne puis vivre sans elle... Allons, Mendoce, au lieu de me menacer de votre épée, tendez-moi la main; au lieu de me croire votre ennemi, appelez-moi votre frère!...

#### MENDOCE.

Mais comment le marquis d'Olivarès obtiendra-t-il de son père, duc et ministre, la permission de s'allier à un obscur hidalgo?

#### FABRICE.

J'ai celle du roi!...

#### MENDOCE.

Et la loi qui vous condamne à épouser Silvia?

#### FABRICE.

Me dégage de cette obligation, pourvu que j'abandonne mes biens et ma fortune...

#### MENDOCE.

Et vous ferez ce sacrifice à votre amour pour ma sœur?

(Entre Silvia avec Léonor voilée.)

#### FABRICE.

Un pauvre marquis, ruiné pour le moment, mais qui a quelques espérances dans l'avenir, vous convient-il pour beau-frère?

#### MENDOCE.

Fabrice, doña Léonor a dix mille piastres de rente, et doña Léonor est à vous.

#### FABRICE.

Merci, frère, merci!... A Léonor mon amour, à Silvia ma fortune.

## SCÈNE IX

#### Les Mêmes, SILVIA, LÉONOR.

#### SILVIA, s'avançant.

Et qui vous a dit, seigneur Fabrice, que Silvia était assez orgueilleuse pour ambitionner l'un, ou assez vile pour accepter l'autre?

FABRICE et MENDOCE.

Silvia!...

SILVIA.

Oui, Silvia, qui, selon sa promesse, vous ramène votre sœur.

LÉONOR.

Mendoce!

MENDOCE.

Léonor!

FABRICE.

J'ai le pardon de votre frère, madame.

LÉONOR.

Puisque Mendoce me donne l'exemple, je ne serai pas plus sévère que lui.

## SCÈNE X

LES MÊMES, L'ALCADE.

L'ALCADE, entrant.

Eh bien, le quart d'heure est passé... Sommes-nous décidé à nous marier?

FABRICE.

Oui, monsieur l'alcade.

L'ALCADE.

Bien! (Se retournant et cherchant Piquillo.) Et nous... sommes-nous prêt à être?... Eh bien, où est donc mon prisonnier?

FABRICE.

Que cherchez-vous donc, monsieur l'alcade?

L'ALCADE.

Rien, rien... Vous dites donc que vous êtes prêt au mariage?

SILVIA.

Oui; seulement, il y a substitution de la fiancée, et je cède tous mes droits à doña Léonor, sœur de don Diègue.

L'ALCADE.

Don Diègue?... Attendez donc. Vous vous appelez don Diègue?

MENDOCE.

C'est-à-dire, maintenant que j'ai repris mon vrai nom, je m'appelle don Carlos de Mendoce.

L'ALCADE.

Oui, don Diègue, don Carlos... C'est cela... (Il fouille dans sa poche ; sa main passe au travers. Cherchant toujours Piquillo.) Il faut pourtant qu'il soit quelque part...

MENDOCE.

Aviez-vous quelque chose à me dire?...

(Entre Piquillo en moine.)

L'ALCADE.

Certainement, que j'avais quelque chose à vous dire : une lettre du roi qui vous concerne. (Regardant son bras, qui est passé tout entier à travers sa poche.) Eh bien, mais j'avais une poche cependant!...

## SCÈNE XI

### Les Mêmes, PIQUILLO.

PIQUILLO, frappant sur l'épaule de l'Alcade, et lui montrant sa poche qu'il tient.

N'est-ce pas cela que vous cherchez, mon frère?

L'ALCADE.

Tiens, tiens... justement!... Et comment diable ma poche se trouve-t-elle à votre main?

PIQUILLO.

Elle vient de m'être confiée par un grand pêcheur nommé Piquillo, qui a eu le bonheur de se tirer sain et sauf des mains de l'alcade le plus habile!...

L'ALCADE.

Oh! le brigand!

PIQUILLO.

Cette poche contenait vos lettres de noblesse, et comme

un alcade aussi habile ne saurait avouer s'être laissé duper de la sorte, Piquillo m'a chargé de vous proposer un échange.

L'ALCADE.

Et lequel?...

PIQUILLO.

Ces lettres contre un sauf-conduit.

L'ALCADE.

Un sauf-conduit... Et qu'en fera-t-il?

PIQUILLO.

Il se repent... et veut devenir honnête homme...

L'ALCADE.

Mais il y avait dans la poche une bourse?...

PIQUILLO.

La voici.

L'ALCADE.

En effet, je vois la bourse; mais l'argent qui était dans la bourse...

PIQUILLO.

Il me l'a remis afin que je dise des messes pour son heureuse conversion...

L'ALCADE.

La liste des méfaits que le drôle a commis?...

PIQUILLO.

N'avez-vous pas son signalement?

L'ALCADE.

Mais enfin la lettre du roi pour le seigneur Mendoce?

MENDOCE.

Merci, monsieur l'alcade, elle est arrivée à son adresse?

L'ALCADE.

Le diable m'emporte si j'y comprends quelque chose!... C'est bien, c'est bien... Voici un sauf-conduit.

PIQUILLO.

Merci, mon alcade.

L'ALCADE.

Mais à la condition qu'il ne se représentera jamais devant mes yeux!..

PIQUILLO, *détachant un coin de sa barbe et se faisant reconnaître de l'Alcade.*

Peste! il n'aurait garde!...

CHŒUR

Oh! quel homme habile!
Quelle main subtile
Fit un coup si beau?
C'est un grand maître!
Ce ne peut être
Que Piquillo!
Bravo!
Piquillo.

FIN DU TOME CINQUIÈME

# TABLE

| | Pages |
|---|---|
| DON JUAN DE MARANA. | 1 |
| KEAN. | 101 |
| PIQUILLO. | 213 |

F. Aureau. — Imprimerie de Lagny

www.ingramcontent.com/pod-product-compliance
Lightning Source LLC
Chambersburg PA
CBHW050639170426
43200CB00008B/1080